Human Behavior And Social Environment

인간행동과 사회환경

머리말

인간은 사회적 동물이다. 인간은 사회라는 공간에서 태어나 성장하고 그리고 생의 대부분을 이 공간에서 소비한다. 즉 인간은 이 사회라는 공간과는 유리될 수 없는 존재이다. 사회복지분야는 바로 이 공간 속에서 태동하고 성장하였다. 따라서 인간은 사회와는 계속해서 공존하는 장이다. 이 책은 이러한 의미에서 인간이 사회와 더불어 살 수 있는 방법에 관해서 이야기하고자 한다.

첫째, 사회복지를 공부하는 사람 누구나 쉽게 공부할 수 있도록 하였다. 깊이 있는 내용보다는 누구나 알 수 있도록 내용을 서술하였다. 따라서 내용을 축약하고 표를 사용하여 한눈에 보기 쉽도록 하였다.

둘째, 최근 한국사회복지협의회에서 권장한 15장을 학교 강의에 맞도록 13강으로 줄여서 내용을 서술하였다. 따라서 수업을 진행하는 강의자들은 강의 일정에 맞춰서 수업을 할 수 있도록 하였다.

셋째, 사회복지에서 필수적인 요소들만 수록하였고, 핵심적인 내용을 벗어난 부분은 과감히 삭제하였다. 따라서 수업의 진행에 있어서 빠른 진도를 확보할 수 있을 것이다.

이 책에서는 위의 방안에 따라 다음과 같은 주요 내용을 통해 저술에서 원하는 목적을 달성하고자 하였다.

1장은 인간행동, 인간발달 그리고 사회환경과 사회복지를 통해 왜, 사회복지에서 인간행동과 사회환경을 배워야 하는가를 이야기하였다.

2장과 3장은 인간행동에 관한 가장 중요한 이론인 정신역동이론에 관하여 설명하고자 하였다. 프로이트, 융 그리고 에릭슨 등을 다루었다.

4장은 행동주의 이론가들과 주요 이론에 대해서 서술하였다. 고전적 조건이론과 조작적 조건이론에 대해 설명하였다.

5장은 인본주의 이론가들과 주요 이론에 대해서 서술하였다. 인본주의 학자인 로저스와 매슬로에 대해 다루었다.

6장은 사회체계이론과 생태학이론에 대해서 서술하였다. 인간과 체계 그리고 인간과 생태학에 대해 다루었다.

7장은 사회환경의 수준에 미시체계, 중간체계, 거시체계에 대해 설명하였다. 이를 통해서 사회환경의 수준에 대한 이해를 높이도록 하였다.

8장은 인간의 성장과 발달 중 태아기, 영유아기, 학령전기를 설명하였다. 인간의 성장과 발달에서 가장 중요한 시기에 대해 쉽게 이해할 수 있도록 하였다.

9장은 인간의 성장과 발달 중 아동기를 설명하였다. 아동기에서 발생할 수 있는 문제점과 아동기의 사회복지적 측면에 대해 서술하였다.

10장은 인간의 성장과 발달 중 청소년기를 설명하였다. 청소년기에서 발생할 수 있는 문제점과 청소년기의 사회복지적 측면에 대해 서술하였다.

11장은 인간의 성장과 발달 중 청년기를 설명하였다. 청년기에서 발생할 수 있는 문제점과 청년기의 사회복지적 측면에 대해 서술하였다.

12장은 인간의 성장과 발달 중 장년기를 설명하였다. 장년기에서 발생할 수 있는 문제점과 장년기의 사회복지적 측면에 대해 서술하였다.

13장은 인간의 성장과 발달 중 노년기를 설명하였다. 노년기에서 발생할 수 있는 문제점과 노년기의 사회복지적 측면에 대해 서술하였다.

이처럼 인간행동과 사회환경에 관한 주요 부문을 다루고자 하였지만 아직까지 부족함이 많다. 따라서 향후 지속적인 노력을 통해서 발전할 수 있도록 노력하겠다.

저자 일동

차례

CHAPTER 1 인간행동, 인간발달, 사회환경과 사회복지

CHAPTER 4 인간행동에 관한 주요 이론 : 행동주의이론

CHAPTER 5 인간행동에 관한 주요 이론 : 인본주의이론

CHAPTER 9 인간의 성장과 발달 : 아동기

CHAPTER 10 인간의 성장과 발달 : 청소년기

CHAPTER

1

인간행동, 인간발달, 사회환경과 사회복지

1. 인간행동과 사회환경 이해의 틀

인간행동과 사회환경은 인간과 사회환경 간 상호작용의 과정도 이해되어야 한다. 또한 인간행동과 사회환경에 관한 통합적 이해를 기초로 생애주기별로 파악할 수 있을 것이다. 즉 인간행동에 관한 이해는 정신역동이론을 비롯하여 인지이론, 행동주의이론, 인본주의이론, 사회체계이론을 통해 가능하다. 따라서 인간행동은 그 자체로 이해되는 것보다는 인간을 둘러싼 사회환경으로서 가족, 집단, 조직, 지역사회, 문화 등에 관한 이해를 바탕으로 이루어지는 것이 바람직하다.

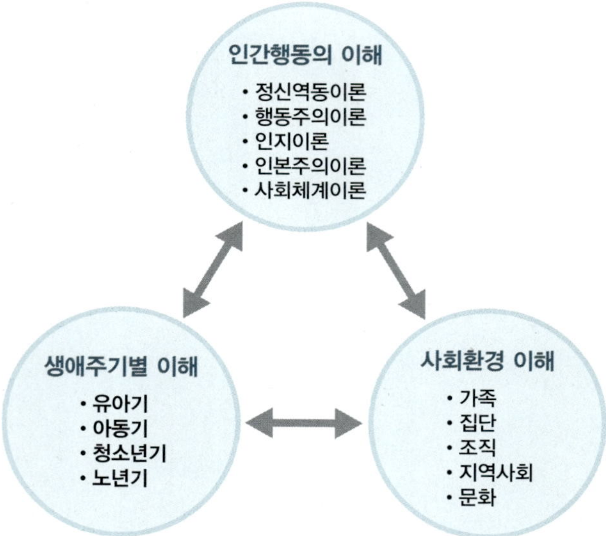

1) 인간행동의 이해

(1) 환경 속의 인간person in environment

인간행동은 겉으로 드러난 행동뿐 아니라 사고, 감정 등 인지적, 정서적 요소들까지 포함함으로써 복잡한 체계 내에서 다양한 요인들에 의해 특정한 행동이 유발된다. 그러므로 인간행동은 개인을 둘러싼 환경 내에서 이해되어야 한다.

(2) 인간발달의 이해

인간행동을 정확하게 이해하기 위해서는 인간을 신체, 심리, 사회적 요인이 통합되어 있는 전체로서의 인간으로 이해해야 한다. 인간의 신체, 심리, 사회적 요인과, 이들 요인과 인간의 상호작용과 수정부터 사망에 이르기까지의 전 생애에 걸친 성장, 성숙, 노화의 과정인 발달은 역동적으로 변하기 때문이다.

(3) 인간 성격의 이해

인간행동은 주로 개인의 성격에 의해 결정되므로, 인간행동을 이해하기 위해서는 인간의 성격도 이해해야 한다. 인간의 성격을 이해하면 인간행동을 있는 그대로 기술description하고, 그 행동의 원인을 설명explanation할 수 있으며, 미래의 행동을 예측prediction할 수 있고, 그 행동을 바람직한 형태로 변화 또는 통제할 수 있는 방안을 찾을 수 있다.

(4) 부적응행동에 대한 이해

사회복지실천에서는 개인, 집단, 가족 수준에서 내담자의 이상행동이나 부적응행동을 더욱 바람직한 적응행동으로 변화시키고 내담자의 사회적 기능을 향상시키고자 한다. 따라서 사회복지실천에 기초가 되는 인간행동의 이해와 변화를 위해서는 이상행동과 부적응행동에 관한 정확한 이해를 갖추어야 한다.

2) 인간발달의 의미와 사회적 담론

(1) 인간발달의 의미

인간발달이란 출생에서 사망에 이르기까지 전 생애발달을 의미한다. 즉 인간의 발달은 태아기부터 청소년기와 노년기를 거쳐서 죽음을 맞이하는 순간까지 계속되는 과정이다.

(2) 인간발달에 관한 사회적 담론

인간발달에 관한 사회적 담론에는 다음과 같은 것이 있다.

- 인간의 생애는 어떤 과정을 거쳐서 이루어지는가?
- 전 생애에 걸친 발달과 변화에 영향을 미치는 요소는 무엇인가? (유전적 요소 대vs. 환경

적 요소)

- 인간발달에서 육체적, 인지적, 정서적, 사회적 기능은 어떻게 상호작용하는가?
- 각 단계에서 나타나는 중요한 사회적 관계는 인간발달에 어떤 영향을 주는가?

(3) 발달이론과 사회복지실천

발달이론은 생애주기life-cycle를 순서대로 정리할 수 있도록 돕는다. 각 단계에서 개인이 수행해야 할 과제들을 제시하고, 또 그 단계의 발달에 기여하는 요소들을 제시한다. 또한 발달의 내용을 구성하는 신체-심리-사회적bio-psycho-social 요소들과 그 요소들 간의 관계를 설명하여 결혼, 퇴직과 같은 생활 변천에서 변화와 안정의 차원을 파악하게 한다. 그리고 출생부터 사망에 이를 때까지 변하거나 지속되는 과정을 제시하여 이전 단계의 결과로서 출현하는 각 발달단계의 특징에 대해 설명한다. 즉 각 발달단계의 성공이나 실패에 미치는 영향을 보여준다. 발달에서 개인적 차이가 존재한다.

3) 인간행동 발달이론과 사회복지실천

(1) 성격이론과 사회복지실천

인간행동은 주로 개인의 성격에 의해 결정되므로, 인간행동을 이해하기 위해서는 인간의 성격을 이해하여야 한다.

성격이란 개인이 갖고 있는 특성들의 다양한 일면을 포함하며 개인의 정서적, 심리적, 행동적 특성들의 복합체이다. 또한 개인의 행동, 사고, 감정의 독특한 양상을 창조하는 개인 내부의 심리, 신체적 체계의 역동적 조직이다.

사회복지 전문직에서 인간의 성격에 대해 관심을 가지게 된 이유는 인간행동을 이해하여 개인의 문제를 체계적이고 과학적으로 돕기 위해서이다. 또한 인간의 과거 행동 패턴을 이해하고 현재와 미래의 행동을 예측하기 위해서이다.

성격이론에는 인간행동을 체계적으로 정리해서 알기 쉽게 제시한 서술적 기능과, 아직 나타나지 않은 사건과 그 사건의 결말을 예언하는 예측적 기능이 있다.

(2) 다양한 성격이론의 관점들

다양한 성격이론의 관점들을 살펴보면, 정신역동이론 관점은 인간행동의 과거와 현재 경험과의 관계, 방어기제, 발달과업, 생활양식, 가족관계, 인간의 무의식 등에 초점을 두며, 내담자의 문제 사정 및 문제 해결을 위한 개입 틀을 제공한다. 행동주의이론 관점은 인간의 무의식보다는 수정 가능한 행동에 초점을 두는데, 주요 개념으로는 고전적 조건화, 조작적 조건화, 관찰학습 등이 있다. 인지이론 관점은 인간의 사고기능과 학습기능, 인간의 환경에 대한 적응과 잠재력을 강조한다. 인본주의이론 관점은 인간의 존엄성, 자기결정권 등을 강조하며 비심판적 태도로 내담자를 이해하고 그들의 행동을 설명한다.

4) 사회체계와 사회복지실천

(1) 인간행동의 결정적 요인인 사회환경들

① 가족

- 영·유아기의 자녀 양육
- 모자관계의 질
- 형제와의 관계
- 가족체계의 역기능

② 집단

- 또래와 연합놀이나 협동놀이 경험
- 집단 참여로 타인이 보는 자신에 대한 관점을 받아들여 정체감 형성 기반
- 타인과 우호적 정서 교류

③ 조직

- 조직 속에서 자신감과 안정감 확보할 기회 추구
- 개인에게 할당된 목적 달성하고 인정받고 싶어함
- 순응적 행동, 때론 조직에 저항적 행동 표출

④ **지역사회**

- 지역사회의 일반적 지식, 사회적 가치, 수용 가능한 행동 전수
- 사회규범 내면화, 자신의 행동에 대한 통제력 증진
- 협력, 결손 통해 사회적 소외 극복
- 이타성이라는 성격 특징 발달시킴

⑤ **문화**

- 생활양식
- 가치 및 규범 체계
- 종교, 정부, 신화 등

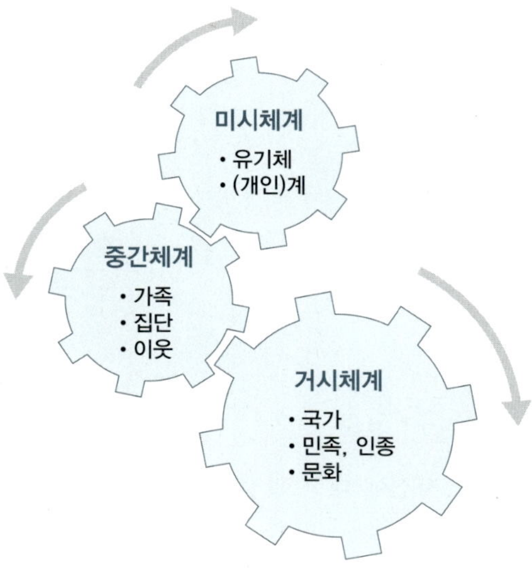

2. 인간발달의 이해

1) 인간발달의 개념

인간발달human development이란 시간에 따라 개인에게 일어나는 신체 구조, 사고, 행동의

변화를 가리킨다. 이러한 변화는 점진적으로 진행되고 축적되며, 그 결과로 신체의 확장, 복잡한 활동 수행능력이 증가된다.

2) 발달과 유사한 의미로 사용되는 용어

인간은 수정되는 순간부터 죽을 때까지 전 생애를 통하여 끊임없이 변하고, 그 변화는 신체적, 심리적, 사회적, 문화적 측면에서 다양하게 일어난다.

(1) 인간발달

인간발달은 생물학적 과정(성장 및 성숙)에 의한, 환경적 영향(학습 및 사회화)에 의해서 인간이 전 생애 동안 성장, 성숙, 학습 및 사회화를 통해서 신체적, 심리적, 사회적, 문화적 측면에서 양적으로나 질적으로 연속적, 상승적으로 변화하는 것이다.

(2) 성장

성장은 주로 외형적인 측면으로 나타난다. 신체의 크기나 근육의 세기 등과 같이 신체의 양적 변화를 의미한다. 20세 전후까지 성장하지만 그 후부터는 조금씩 노화된다.

(3) 성숙

성숙은 주로 호르몬의 작용으로 인해 발생한다. 운동기능과 감각기능의 세련과 같이 신체의 기능이 유능하게 변하는 것이다.

(4) 학습

학습은 주로 환경의 영향을 많이 받는다. 후천적인 경험이나 연습을 통하여 지식, 기술, 태도, 정서, 가치, 사고방식 등이 발달하는 것이다.

(5) 사회화

사회화는 개인이 사회에 적응하기 위해서 개인이 가족을 포함한 사회구성원과의 상호작용을 통해서 개인의 태도, 신념, 관습, 가치, 역할, 문화 및 사회집단의 기대 등을 전 생애 동안 익혀나가는 과정이다.

3) 발달의 양적인 면과 질적인 면

양적 발달은 특별한 외부 환경의 자극 없이도 연령이 증가함에 따라 나타나는 신체적 성장이다. 질적 발달은 지능이나 정서 및 사회성 등의 외부 환경에 대한 자극이나 학습 경험 등을 통해 성숙하는 것이다.

3. 인간발달의 원리

1) 연속성의 원리

인간의 발달은 정체됨이 없이 연속적으로 발달해 가고 있다. 태어나면서부터 조금씩 발달되며, 노인이 되어서도 발달과업을 완수한다.

2) 성장률 차이의 원리

생체의 성장속도는 시기와 부분에 따라 각기 다르다. 정신적인 면이나 신체적인 면이 출생부터 개인차가 잇다. 하지만 시간이 지남에 따라 그 격차는 줄어들게 된다.

3) 성장률 성별 차이의 원리

성장률에는 성별 차이가 있어서 태아기 때도 여아가 남아보다 빨리 성장한다.

4) 성장 개인차의 원리

연령과 성별이 같아도 신체적, 심리적, 사회적, 문화적 측면에서 발달의 속도는 양적인 면이나 질적인 면에서 개인에 따라 다르다.

5) 상호작용의 원리

인간발달은 신체적, 정신적 특질과 같은 유전인자의 영향과 물리적·심리적 조건과 같은 환경의 역동적 상호작용의 산물이다.

6) 분화와 통합의 원리

인간발달은 전체적 측면에서 부분적 측면으로 분화되어 가는 동시에 분화된 각 측면들이 통합되어 하나의 체제를 형성한다.

7) 적응과 협응의 원리

각 신체조직이 여러 가지 순서succession에 따라서 성숙하게 되면, 각기 특징적인 모습으로 작용하여 환경과의 적절한 상호작용이 가능하다.

8) 방향성의 원리

발달은 어떤 일정한 방향을 향해서 진행된다. 인간발달은 일반적이고 보편적인 순서와 방향성에 따라 진행되고 순서가 일정하다. 상체→하체, 중심→말초, 전체 활동→특수 활동, 한 단계→높은 차원의 다음 단계로 발달한다.

9) 점성성* 또는 연속성의 원리

성장은 기존의 기초 위에서 이루어지는 점성성 또는 연속성의 원리에 의한 일련의 단계로 발달이 이루어진다.

10) 결정적 시기의 원리

인간의 발달에는 결정적 시기가 있기 때문에 그 시기에 이루어져야 할 발달이 이루어지지 못할 경우에는 성격 형성에서 결함을 나타낸다.

11) 순응성의 원리

환경에 저항하기보다는 순응하여 환경에 적응하려는 시도를 말한다.

---

*점성의 원리 : 인간발달이 유전적 요인에 의존한 일련의 단계에 의해 지배되며, 이전의 단계의 발달을 토대로 다음 단계의 발달이 이루어진다. 즉 특정 단계의 발달은 이전 단계의 발달과업에 영향을 받는다는 것이다.

4. 인간발달의 특성

1) 기초성

인생 초기의 신체적, 정서적, 지적, 사회적, 성격적 발달은 그의 일생을 결정하는 기초이다. 출생부터 만 8세까지 지능의 80% 정도가 발달하고, 만 6세까지는 성격의 기본 틀이 형성된다(예 세 살 버릇 여든까지 든다, 될 성 부른 나무는 떡잎부터 안다).

2) 적기성

인간발달에서 어떤 특정한 발달과업을 성취하는 데는 가장 적절한 시기가 있다. 적절한 시기를 놓치면 다음 시기에 특정한 발달과업을 보충하기 어렵다는 것이다(예 세 살이면 이미 늦다). 인간의 지능은 8세 무렵까지 거의 80%가 발달하기 때문에 이 시기에 지능발달을 촉진시킬 수 있는 문화적 자극을 충분히 제공받은 아동은 인지발달이 더욱 촉진되지만, 그렇지 못한 아동은 문화실조 아동으로 자라기 쉬우며, 후일 학업 성취에도 큰 영향을 미친다.

3) 누적성

적절한 시기에 특정한 발달과업을 성취하지 못하면 다음 시기에 계속적으로 누적되며 인생 후기에 보충하기 어렵다는 뜻이다. 발달 현상에서 생기는 결손의 누적성은 신체적이든 지적, 사회적, 정서적인 것이든 교정하기 힘든 것이 그 특징이며, 누적성이라는 발달적 성격 때문에 발달이 더욱 중요시되고 있다.

4) 불가역성

인간의 신체적, 정서적, 지적, 사회적, 성격적 발달은 최적기를 놓치면 그 이후에 이를 교정하거나 보충하기가 매우 힘들고 거의 회복하기 어렵다는 것이다. 발달의 최적기를 놓치면, 그 시기 이후에 이를 보완하거나 교정하기가 매우 힘들게 되는데, 이러한 성격을 곧 발달의 불가역성이라고 한다.

5. 인간발달의 단계

1) 발달단계의 개념과 특징

발달단계stages of development란 발달상에서 어떤 과제의 성취와 특정한 측면의 발달이 강조되는 삶의 기간이며, 시간의 흐름에 따라 나타나는 인간의 특징적인 발달을 근거로 그 과정을 세분화한 것이다. 각 발달단계는 고유한 특징이 있어서 그 이전 단계나 이후 단계로 구분된다. 발달은 연속적으로 이루어지기 때문에 한 단계에서 성취한 발달은 이후 다음 단계에 영향을 미친다.

2) 발달단계의 구분

발달단계를 구분하는 연령은 대략적이다. 다시 말해서 대개 이러한 연령을 전후해서 발달 전환이 이루어진다고 본다. 발달단계의 구분과 각 단계의 명칭은 학자마다 차이가 있으므로 공통된 견해를 찾기는 어렵다.

표 1-1 **발달단계의 구분**

발달단계	교과목 지침서	프로이트	에릭슨	피아제(인지)
태아기 (임신~출산)	태아기	구강기 (출생~18개월)	유아기 (신뢰 대 불신) 0~2세	감각운동기 (0~2세)
영아기 (0~2세)	영유아기	항문기 (18개월~3세)	초기 아동기 (자율성 대 수치심)	전조작기 (2~7세)
유아기 (3~6세)	학령전기	남근기 (3~6세)	학령전기 (주도성 대 죄의식) 4~6세	
아동기 (7~12세)	아동기	잠복기 (6~사춘기)	학령기 (근면성 대 열등감) 6~12세	구체적 조작기 (7~11, 12세)
청소년기 (13~18세)	청소년기	생식기 (사춘기 이후)	청소년기 (자아정체감 대 역할 혼란) 12~20세	형식적 조작기 (12세~성인)

(계속)

발달단계	교과목 지침서	프로이트	에릭슨	피아제(인지)
성인기 (19~39세)	청년기		성인 초기 (친밀감 대 고립) 20~24세	
장년기 (40~64세)	장년기		성인기 (생산성 대 침체) 24~65세	
노년기 (65세 이후)	노년기		노년기 (자아통합 대 절망) 65세 이후 노년기	

3) 발달단계에 따른 발달과업

인간의 발달단계에서 성취해야 할 과업에는 발달과업 또는 발달과제가 있다. 발달과업 developmental tasks은 인간환경에 대한 지배를 증가시키는 기술과 능력으로 구성된다. 신체적, 인지적, 사회적, 정서적 기술의 획득을 반영한다.

발달과제는 특정한 사회에서 각 연령에 부합하는 정상적 발달이 어떤 것인지를 정의한다. 즉 사회는 연령에 따라 다른 행동기대를 갖기 때문에 발달과업은 연령에 따라 변한다.

표 1-2 **발달단계별 주요 발달과업**

발달단계	주요 발달과업
영아기(출생~2세)	신체적 성장, 감각운동, 대상영속성 습득, 사회적 애착
학령전기(3~6세)	자아를 의식하면서 자율적이고 독립적인 존재로 발달
아동기(6~12세)	구체적·조작적 사고와 사회화 습득, 도덕성 발달
청소년기(13~18세)	자율성 및 성적 사회화, 자아정체감 확립
청년기(19~39세)	친밀감 형성, 직업 준비와 직업 생활, 결혼과 가정 형성
장년기(40~64세)	사회적 의무 완수와 자녀 양육, 경제적 표준생활 확립과 유지, 장년기 위기 극복
노년기(65세 이후)	역할 변화에 적응, 자아 통합, 삶과 죽음의 수용

6. 인간발달의 연구방법

1) 종단적 방법

종단적 방법은 동일한 개인이나 집단을 일정 기간 그들에게 나타나는 발달 현상을 연구하는 것이다. 장점은 시간 경과에 따른 개인의 성장과 행동 특성의 변화 양상을 확실하게 밝혀낸다. 단점은 많은 시간과 비용이 필요하며 연구자의 재배치, 연속적인 환경 통제, 표본의 변화(이주, 사망 등) 등에 대처하기 어렵다.

2) 횡단적 방법

횡단적 방법은 서로 다른 개인이나 집단으로부터 원하는 자료를 얻기 위해 동시에 비교하여 연구하는 방법이다. 장점은 동시에 여러 연령층을 연구하므로 시간과 비용이 적게 들며 발달현상을 단기간에 발견할 수 있다. 단점은 개개인의 발달 연속성을 무시하므로 분명한 개인차나 연령에 따른 변화를 밝혀내기 어렵고, 자료의 정확성과 신뢰성이 부족하다.

3) 단기종단적 방법

단기종단적 방법은 횡단적 방법과 종단적 방법의 장점을 채택하고 단점을 극복할 수 있도록 대상에 대해 수년 동안 추적하여 연구하는 방법이다. 장점은 연구기간이 짧으면서 개인의 성장과 발달에 영향을 미칠 수 있는 시간 효과와 사회적 영향을 배제시킬 수 있다. 단점은 시간과 비용의 투입에 비하여 연령에 따른 정확한 변화를 연구하기에 부족하다.

CHAPTER

2

인간행동에 관한 주요 이론 : 정신역동이론 1

1. 정신분석이론

정신역동이란 프로이트의 정신분석이론에서 출발해서 그의 제자인 애들러, 융 그리고 자아의 중요성에 초점을 둔 에릭슨으로 연결되는 자아심리학 등을 포함한다. 정신역동이라고 하는 이유는 이 이론들이 대부분 인간의 행동을 '정신 내의 운동과 상호작용'에 초점을 두었기 때문이다.

1) 의의

정신분석은 인간의 내적 갈등의 역동에 초점을 두었고, 인간의 심리적 문제는 내부에 존재한다는 정신결정론의 입장을 취했다. 인간의 성격은 과거와 무의식의 산물이라고 보며, 특히 심리성적 욕구에 초점을 맞추었고, 심리성적 에너지인 리비도의 흐름에 따라 5개의 발달단계를 구분했으며, 사회적·도덕적으로 용납할 수 없는 성적, 공격적 충동으로 야기되는 갈등을 처리하기 위해 자아가 사용하는 다양한 방어기제를 소개했다.

2) 특징

(1) 내적 갈등의 역동

인간의 마음 또는 정신은 다양한 힘들이 상호작용하는 에너지 체계로서 에너지를 방출시키고 긴장을 낮추려는 작용을 한다. 인간은 긴장이 감소하면 즐거움을 느끼지만, 사회는 개인이 에너지를 방출시키는 방법을 모두 허용하는 것이 아니고 일정 정도 통제와 제약을 가한다. 에너지를 방출하고 긴장을 감소하고 싶은 개인과 통제를 가하는 사회는 갈등을 겪는다. 이런 갈등은 인간 내부에서도 발생한다. 즉 프로이트는 인간 정신이 가진 에너지의 양이 일정하게 제한되어 있다고 보았다. 즉 인간 혹은 인간의 정신을 폐쇄체계로 보았다.

(2) 정신결정론

정신분석이론의 기본원리, 인간의 모든 정신활동에는 목적이 있으며, 이는 지나온 과거의 발달과정에서 경험한 것에 의해 결정된다고 보는 것이다. 과거의 일과 전혀 관계없이 우연히 일어난 일인 것처럼 보인다 하더라도 실제로는 과거의 일과 긴밀히 관련되어 있으며, 과거가 미래의 사건을 결정한다는 의미이다. 인간이 겪는 심리적 문제는 내부에 존재하는 정신적 원인이 작용한다.

(3) 과거 경험의 중요성 강조

어린 시절에 겪었던 정서적 경험을 중요시한다. 인간의 기본적 성격구조는 초기 아동기, 특히 만 5세 이전의 경험에 따라 결정된다. '현재는 과거의 축적물에 불과하므로, 현재를 바꾸기 위해서는 과거를 변화시켜야 한다'는 전제로, 초기 아동기의 경험을 재구성하는 것이 필수적이다.

(4) 무의식과 심리성적 욕구

인간행동은 의식적 요인보다 무의식적 요인에 의해 더 많은 영향을 받는다. 인간의 무의식적 동기 중 심리성적 욕구는 개인의 행동에 지대한 영향을 끼친다.

2. 프로이트의 정신분석이론

1) 프로이트의 생애

프로이트Sigmund Freud, 1856~1939는 빈민가에서 자라면서 자신이 학대받는 소수민족인 유대인임을 항상 의식하였고, 의학을 전공했다. 프로이트의 부모는 20살이나 차이가 나는 재혼부부였으며, 그의 아버지는 엄격하고 권위적인 사람이었고, 어머니는 매력적이고 정이 깊었으며 사려 깊게 보살펴 주는 사람이었다. 아버지가 세상을 떠났을 때 자신이 느낀 혼란스러운 감정으로 인해 자신의 꿈, 기억, 어릴 때 경험 등을 분석하면서 아동기 성욕에 관한 확신을 얻고, 오이디푸스 콤플렉스를 발견했다고 한다.

몹시 질투했던 갓난 동생이 죽은 후 평생 동안 느껴야 했던 죄책감, 어린 시절 목격한 어머니의 나체에 대한 강한 성적 흥분, 가부장적인 아버지에 대한 증오와 반발 등의 경험들이 그로 하여금 심층심리에 관심을 갖게 했다. 40대 초반에 프로이트는 죽음에 대한 공포와 그 밖의 다른 공포증과 더불어 다양한 정신적·신체적 장애를 겪으면서 이 시기

동안 자기분석이라는 어려운 과제를 수행했다.

2) 인간관

(1) 수동적 인간

인간을 의식의 영역 밖에 존재하는 비합리적이고 통제할 수 없는 무의식적 본능의 지배를 받는 수동적 존재로 보고 있다. 인간의 자유의지, 책임감, 자발성, 자기결정과 선택을 할 수 있는 능력을 인정하지 않았다. 인간의 자율성도 인정하지 않는다. 인간의 모든 행동과 사고, 감정은 신체적 긴장상태에 의해 유발되는 무의식적 성적 본능과 공격적 본능에 의해 결정된다고 하였으며, 인간은 이러한 본능적 긴장을 해소하기 위해 행동을 한다고 보고 있다.

(2) 결정론적 인간

인간의 기본적 성격구조는 초기 아동기, 특히 만 5세 이전의 경험에 의해 결정된다. 인간의 심리적 문제는 출생부터 5세까지 어린 시절의 경험이 무의식 속에 잠재되어 있는 심리성적 사건들에 의하여 결정된다. 인간은 과거의 생활경험에 의한 무의식적 경험에 의해 행동과 선택을 결정하는, 과거 속의 포로 같은 존재이다.

(3) 투쟁적 존재

인간 존재를 자신의 행복을 극대화하기 위해 사회에 지속적으로 대항한다. 인간은 무의식적 내적 충동에 의해 야기된 긴장상태를 제거하여 쾌락을 추구하려는 속성을 지니고 있으며, 이를 방해하는 사회적 요인에 대하여는 지속적으로 대항하는 존재이다.

3) 주요 개념

(1) 정신결정론

기본원리는 정신결정론이다. 신체와 마찬가지로 정신도 우연히 또는 되는 대로 일어나는 일은 없다는 것이다. 전혀 관계없고 우연히 일어난 것처럼 보이는 사건이라 하더라도 실제로는 반드시 과거의 일과 연결되어 발생한다는 것이다. 즉 과거의 일이 그 이후의 일을 결정한다는 것이다(예 실수로 과거 애인 이름으로 현재 애인을 부른다. 정신분석이론에 따르면 이것은 결코 실수가 아니라, 과거의 애인을 잊지 않은 무의식에 따른 것이다).

(2) 지형학적 모형

프로이트는 인간의 마음이 사고, 감정, 본능, 충동, 갈등, 동기로 채워져 있다고 하였다. 이 대부분은 무의식 혹은 전의식에 위치하는데 전의식은 의식의 영역으로 쉽게 바뀔 수 있지만, 무의식은 의식의 영역으로 쉽게 바뀌지 않는다.

① 의식consciousness

우리가 자신에게 주의를 기울이는 바로 그 순간에 알아차릴 수 있는 경험과 감각들을 뜻한다. '보고, 듣고, 만지고, 냄새 맡고, 맛보는 것이다'와 같은 여러 가지 감각을 인식하고 슬픔과 고통 같은 것을 그 순간 쉽게 알아차릴 수 있는 정신생활의 영역, 깨어 있을 때 작용하는 영역이다. 프로이트는 우리가 지각하고 있는 의식은 빙산의 일각에 불과하고 마음의 극히 일부분이며, 바다 깊은 곳에 더 큰 빙산의 몸체가 존재하듯이 의식하지 못한 부분이 더 많다는 것을 강조하였다.

② 전의식pre-consciousness

의식과 무의식을 연결하는 다리 역할을 한다. 의식 속의 자료들이 저장되는 영역으로 현재는 의식되지 않지만 주의를 집중하면 쉽게 의식될 수 있다. 전의식은 흔히 이용 가능한 기억이다.

③ 무의식nonconsciousness

무의식에는 마음을 구성하는 사고, 감정, 본능, 욕구, 동기, 갈등 등의 자료들이 저장되어 있다. 무의식 속의 대부분의 자료들이 의식되지 못한 채 인간의 행동을 결정한다고 보았다. 무의식은 인간행동을 결정하는 주된 원인이나, 우리가 인식하거나 직접 확인할 수는 없다. 무의식의 내용들이 인간행동의 동기로 작용하기 때문에 프로이트가 가장 중요하게 생각하였다. 물 위에 떠 있는 빙산보다 물 아래에 보이지 않는 더 큰 부분인 무의식은 실제 정신 내용의 대부분에 해당되며 인간행동의 동기가 된다.

무의식은 의식되지 못하는 영역으로 대부분의 자료들은 억압이라는 기제를 통해 무의식 속에 들어가게 된다. 억압된 자료들은 인간으로 하여금 원하지 않는 감정이나 행동을 일으키도록 자극하는 요인이 된다. 무의식의 증거로 말실수, 망각, 꿈의 존재를 들었다. 특히 '꿈'은 무의식에 이르는 왕도이며 꿈의 해석을 통해 무의식의 자료들을 알 수 있다고 했다. 주로 원초아와 초자아로 구성되어 있으며, 방어기제도 무의식의 일부분으로 나타난다.

(3) 구조적 모형(성격의 구조)

마음에 대한 프로이트 개념의 두 번째 영역은 원초아, 자아, 초자아의 영역이다. 이것들은 서로 관련되어 영향을 미친다.

① 원초아id

무의식에 존재한다. 성격의 가장 원초적인 부분으로 타고나는 것이다. 매우 노골적이고 동물적이며, 조직적이지 못하고 경험을 많이 쌓아도 변하지 않는 특징을 가진다. 인간이 생존하는 데 필요한 모든 본능이다. 두 가지 특성을 가지고 있다.

첫째, 일차적 사고과정이다. 원초아가 긴장을 해소하기 위해 사용하는 기제로 '목마르다'라는 긴장이 발생하면 물이나 음료수 병을 떠올림으로써 욕구를 충족시키는 것이다. 실제적인 욕구를 충족시켜 줄 수는 없다.

둘째, 쾌락원칙이다. 원초아를 지배하는 원리로 인간은 원초아의 욕구가 충족되지 않고 박탈되었을 때 발생하는 긴장을 해소하고 본래의 욕구를 충족하고 자동 기화된다. 이때 자아는 이러한 원초아의 욕구를 이상적 수단으로 충족할 수 있도록 도와주는 기능을 한다.

② 자아ego

원초아의 욕구를 현실적 방법으로 충족시키기 위해 기능한다. 자아는 마음의 이상적 요소로서, 출생하면서 경험을 통해 발달한다. 자아는 성격의 조정자로서 인간의 생각과 행동을 통제한다. 생후 4~6개월부터 발달한다. 자아의 두 가지 특성으로는 첫째, 2차적 사고과정이다. 현실적인 계획을 세울 때까지 만족을 지연하는 사고과정이다. '목이 마를 때 물'의 심상을 떠올리는 것이 아니라, 기다리면 물을 가져다주리라는 것을 기대하는 것으로 합리적 사고과정이다. 둘째, 현실 원칙이다. 환경을 지배하여 불안을 통제하려는 자아의 수단으로 적절한 시기까지 긴장의 방출을 지연시켜 궁극적으로 사회가 수용 가능한 형태로 만족을 얻는 능력이다.

③ 초자아superego

3~5세에 발달하는 초자아는 부모가 아이에게 전달하는 사회의 가치관과 관습을 말한다. 특히 오이디푸스 갈등을 해결하는 과정에서 초자아가 발달한다고 본다. 성장하면서 위인이나 지도자의 위대한 삶을 동일시하면서 초자아는 계속 발달하게 된다. 초자아는 자아로부터 발달한다. 쾌락보다는 안정을 추구하고 현실적인 것보다는 이상적인 것을 추구한다. 초자아의 주요 기능은 옳고 그른 것을 결정하여 사회가 인정하는 도덕적 기준에 따라 행동하는 것이다. 초자아는 성격의 도덕적 부분이며 심판자로서 자아와 함께 작용하여 개인이 스스로 자신의 행동을 조절할 수 있게 해준다.

초자아에는 양심과 자아 이상의 두 측면이 있다. 첫째, 자아 이상이다. 긍정적인 이상형이라는 의미로, 상을 통해 발달하며 자아가 긍지를 느끼도록 작용한다. 부모나 타인으로부터 받은 칭찬이 토대가 되어 그에 대한 자아 이상을 추구하게 된다. 잘한 행동에 대한 칭찬이나 수용을 통하여 형성되는 보상적 측면이 있다. 둘째, 양심이다. 마음의 도덕적 가르침으로 벌을 통해 발달하며, 자아가 죄책감을 느끼도록 작용한다. 양심은 어린 시절에 영향을 주었던 부모나 양육자가 비난이나 벌을 주었던 일들이 토대가 되어 그와 같은 행동이나 생각을 할 때 죄책감을 느끼는 잘못된 행동에 대한 처벌을 통하여 형성되는 처벌적 측면이 있다.

4) 인간의 본능

삶의 본능과 죽음의 본능은 서로 영향을 미치며 또 융합하기도 한다. 예를 들면, 음식물을 섭취하는 것은 배고픔을 해결한다는 면에서 삶의 본능을 표현하지만, 그것을 위해 음식물을 파괴하여 섭취한다는 점에서 죽음의 본능이기도 한다.

(1) 삶의 본능eros

생동적인 삶을 가능하게 해주고 종족 번식을 책임지는 각종의 힘을 포함한다(성, 배고픔, 갈증). 생명을 유지시키고 발전시키고 타인과 사랑을 나누며 창조적 발전을 도모하는 본능이다. 삶의 본능 중 인간의 성격발달에 가장 큰 영향력을 미치는 것은 성 본능이다. 리비도libido는 삶의 본능이 가지고 있는 에너지, 성적 에너지와 같은 뜻으로 쓰이기도 한다.

(2) 죽음의 본능thanatos

인간행동의 파괴적 혹은 부정적인 힘이다. 모든 유기체는 자신의 근원인 무생물상태로 되돌아가려는 충동이 있기 때문에 죽고자 하는 무의식적 소망이 있다. 인간이 가지는 잔인성과 공격성, 자살, 살인, 전쟁 등 일상생활에서의 공격성을 의미한다.

5) 방어기제

(1) 정의

방어기제란 자아의 무의식적 영역에서 일어나는 심리기제로서 인간이 고통스러운 상황에 적응하려는 무의식적 노력이다. 개인이 최적의 정신건강을 유지하려면 각 단계의 위기를 원만히 해결하는데, 이 경우 적절한 방어기제의 사용이 요구된다. 자아가 불안에 대응하고 대처하는데 동원하는 심리적 책략이다.

불안은 닥쳐올 위험에 대한 신호를 말한다. 불안의 기능은 사람들에게 반격하거나 피해야 하는 절박한 위험(예를 들면, 원초아의 본능적 충동이 자아의 영역을 침범할 때)을 알려주는 것이다. 프로이트는 성인들의 불안을 다음 세 가지로 구분했다.

① 현실적 불안

현실 세계의 위험에 대해 자아가 느끼는 두려움이다. 외부 환경에 객관적인 공포의 대상이 있을 때 무서워하는 것으로 정상인의 타당한 불안이다(예 화재가 났을 때 느끼는 불안, 거리의 폭력배에 대한 불안 등).

② **신경적 불안**

원초아-자아 간 갈등으로 발생하는 불안이다. 원초아의 성적·공격적 본능을 자아가 조절할 수 없을 것이라는 위협을 느낄 때 생기는 정서적 반응이다. 쾌락을 추구하는 원초아와 현실 사이의 갈등에서 발생하는 것이다(예 수업시간에 교수로부터 야단을 맞았을 때, 교수에게 대들고 싶은 충동을 참는 경우에 느끼는 불안).

③ **도덕적 불안**

초자아와 자아 간의 갈등으로 발생하는 불안이다. 사회적, 도덕적으로 용납되지 못하는 성적 충동, 공격적 욕구, 미움, 원한 등의 충동이 개인과 사회의 가치관에 모순되는 경우 느끼는 불안이나 갈등이다. 자아가 초자아의 처벌을 받을지도 모른다고 예감할 때 발생한다. 자아가 죄책감·수치심을 경험하고 양심으로부터 위험을 의식함으로써 발생하는 불안이다('훔치는 것'은 사회의 도덕적이고 이상적인 기준 '훔치면 안돼'와 대립되므로 죄책감이나 수치심을 느낌). 자아가 원초아와 초자아의 요구, 그리고 과거의 기억과 외부 세계의 요구 등으로부터 스스로를 보호하기 위해 무의식적으로 작동시키는 심리기제로 갈등의 원천을 왜곡하거나 차단한다.

(2) 특징

주로 갈등이나 불안, 좌절, 죄책감 등으로 인한 심리적 불균형이 초래될 때 심리 내부의 평형상태를 유지하기 위해 일어난다. 내적 긴장을 완화시키기 위한 심리적 기교이다. 자존감은 유지하고 실패, 박탈, 죄책감을 줄이려는 시도이다. 불안·고통에서 개인을 지킨다는 점에서 긍정적인 기능을 하지만, 지나치게 의존·무분별하게 사용하면 병리적 증상을 초래할 수 있다. 때로는 긍정적인 사회적 결과를 가져오기 때문에 정상적으로 방어기제를 사용한다.

정신치료에서는 방어기제를 제거하는 것만이 목표가 아니라 더 적응적으로 생활할 수 있도록 하기 위해 어떤 방어기제는 강화되기도 한다.

한 번에 한 가지 이상의 기제를 사용하기도 한다. 방어기제의 병리성은 방어기제의 강도, 한 가지 방어를 사용하거나 여러 가지 방어기제를 사용하는지와 관련된 균형, 사용한 방어기제가 연령의 측면에서 적절한지의 여부, 위험이 사라지고 나서도 방어기제가 사용되는지, 또는 사용되지 않는지를 통해서 판단한다. 프로이트가 특별히 관심을 가졌던 방어기제들은 퇴행, 억압, 반동 형성, 투사, 합리화 등이다. 방어기제에는 위계 서열이 존재한다. 안나 프로이트가 제시한 방어기제의 위계적 서열을 보면 합리화, 억압, 대치, 동일시, 전환, 지성화, 반동 형성, 취소, 내면화, 투사, 부정 순이다.

(3) 종류

① 퇴행regression

좌절을 당했을 때 그동안 이루었던 발달의 일부를 상실하고 안정적이었던 과거로 돌아가 어린아이처럼 행동하는 것이다. 동생이 태어나 부모님의 관심이 모두 동생에게로 집중되자, 갑자기 우유병을 빤다거나 대소변을 가리지 못하는 유아가 그 예이다.

② 억압repression

가장 보편적이고 일차적인 방어로 받아들일 수 없는 욕망, 감정, 기억, 사고 등을 의식 수준에서 몰아내어 무의식 깊은 곳으로 집어넣는 것이다. 억압을 통해서 자아는 위협적인 충동, 감정, 소원, 환상, 기억 등 위협적 요소들이 의식화되는 것을 막음, 특히 죄책감, 수치심 또는 자존심을 상하게 하는 경험일수록 억압의 대상이 된다. 아예 안 보고, 안 들음으로써 불안을 일으킬 소지가 있는 대상을 자아가 깨닫지 못하도록 하는 경우이다.

억제

- 억압과 유사한 방어기제가 바로 억제suppression이다. 억제는 받아들이고 싶지 않은 욕구나 기억을 의식적으로 잊으려고 노력하는 것으로 무의식적인 억압과는 구별된다.
- 억압-무의식, 억제-의식 : 혼돈하지 말고 기억하자.
- 예를 들어, 실연, 창피를 당한 기억들을 머리에서 지우려 하는 경우이다.

③ **반동 형성**reaction formation

억압된 무의식적 충동과 반대되는 수용 가능한 행동이 태도를 보이는 것이다. 불안을 막기 위해 자신의 진정한 감정과 반대되는 감정을 표현하는 것이다. 이때 표현되는 감정은 자연스럽지 못하고 상당히 융통성 없이 표현되는 특성이 있다(예 미운 놈 떡 하나 더 준다).

④ **투사**projection

자신이 받아들일 수 없는 충동이나 욕망, 자신의 실패 등을 타인의 탓으로 돌리는 것이다. 주체와 객체를 바꿈으로써 불안을 감소시킬 뿐 아니라 상대방의 증오와 공격에 대한 방어로 공격성을 표현할 수 있으므로 적대적 충동을 만족시킨다. 투사는 관계망상이나 피해망상 등을 불러일으키는 등 환각이나 착각, 망상 형성의 중요한 기제이다(예 잘 되면 내 탓, 잘못되면 조상 탓).

⑤ **합리화**rationalization

자신의 언행 속에 숨어 있는 용납하기 힘든 충동이나 욕구에 대해 실제 동기를 받아들이기 어려울 때 자아가 의식에서 용납할 수 있는 '그럴듯한' 이유를 대는 것이다. 경쟁에서 이기고 싶은 아이가 친구의 잘못을 선생님께 이르고 그것이 친구를 위한 것이라고 믿는 경우로, 이는 거짓말과 달라 본인이 의식하지 못한다.

합리화 방어기제에는 어떤 목표를 달성하려 했으나 실패한 사람이 자신은 처음부터 그것을 원하지 않았다고 변명을 하는 신 포도sour grapes형, 자기가 현재 가지고 있는 것이야말로 바로 자신이 원하던 것이라고 스스로 믿은 달콤한 레몬sweet lemon형, 자신의 결함이나 실수를 자기 이외의 다른 대상에게 책임을 전각시키는 투사projection형, 원하는 일이 마음대로 되지 않을 때 자신의 능력에 대해 허구적 신념을 가짐으로써 실패의 원인을 합리화시키는 망상delusion형 등이 있다.

⑥ **승화**sublimation

의식적으로는 받아들이기 어려운 본능적 욕구들을 수용 가능한 형태로 만족하는 것이다. 원초적이고 용납되지 않는 충동을 적절히 억압할 수 없을 때 사회적으로 용납되는 다른 형태로 전환하여 표출하는 경우를 말하며, 방어기제 중 가장 능률적이고 창조적인 것이다. 예를 들면, 강한 공격적 욕구를 가진 사람이 격투기 선수가 되거나, 심한 열등감을 가진 사람이 열심히 공부해서 학자로 성공하는 경우이다.

⑦ **취소**undoing

자신의 성적·공격적 욕망이나 충동으로 인하여 상대에게 피해를 주었다고 생각하며 무의식적으로 죄책감을 지워버리기 위해 상대가 입은 피해를 원상복구하려는 행위이다. 예를 들면, 순간적으로 화가 난 엄마가 아이를 때리고는 곧바로 "엄마가 잘못했어. 아팠지?"라고 미안해하면서 쓰다듬어 주는 경우이다.

⑧ **부정**denial

의식화하기에는 불쾌한 어떤 생각, 욕구, 충동, 현실 등을 무의식적으로 부정함으로써 현실과 관련된 정신적 고통이나 불안을 피해 보려는 것이다. 예를 들면, 할아버지의 죽음을 부정하며 마치 할아버지가 살아 있는 것처럼 행동한다. 또한 불치병에 걸려 3개월밖에 살 수 없음을 알면서도 미래의 계획을 화려하게 세우는 환자에게서 부정을 볼 수 있다.

⑨ **보상**compensation

자신의 실제 혹은 상상의 결점과 열등감을 실제나 상상의 우월감으로 채우는 것이다. 예를 들면, 자신의 친부모에게 효도를 하지 못한 사람이 이웃의 홀로된 노인을 극진히 부양하는 경우이다.

⑩ **격리**isolation, 분리

특정 대상(기억, 경험, 사고 등)을 그와 관련된 감정과 분리하여 마치 그 대상에 대해 아무런 감정이 없는 것처럼 보이는 것이다. 예를 들면, 누군가에 대한 분노를 언급하면서도 아무런 표정 없이 이야기하여 분노에 따른 감정을 의식에 떠오르지 않도록 하는 것이다.

⑪ **동일시**identification

어떤 사람이 자신이 우상으로 여기는 사람(부모, 친척, 유명인 등)의 행동, 태도, 속성을 닮아가는 것으로 불안을 없애기 위해 오히려 불안의 원인이 되는 그 사람과 똑같이 되려는 것이다. 청소년들이 유명 연예인들의 옷, 태도, 행동 등을 따라 하는 것이 예이다.

⑫ **대치**substitution, 대리 형성

받아들일 수 없는 소망, 충동, 감정 또는 목표가 좀 더 받아들여지도록 대처하는 기제이다. 이는 목적하는 것을 못 가지는 데에서 오는 좌절감과 불안을 최소화하기 위해 원래의 것과 비슷한 것을 가짐으로써 만족하는 것이다. 예를 들면, 오빠에게 매력을 느끼는 여동생이 오빠와 비슷한 용모를 가진 사람과 사귀는 것이다.

⑬ **전치**displacement

실제 대상에게 향했던 생각이나 감정 그대로를 표현해도 덜 위험한 다른 대상에게 표현하는 기제이다. 전치와 대치는 유사한 개념이지만 대치는 대체물이 되는 대상 자체를 강조하며, 전치는 대상에 대한 감정에 강조점을 두는 차이가 있다. 예를 들면, 아버지에게 혼이 난 아이가 마당의 개를 발로 차버리면서 화를 푸는 경우이다.

⑭ **상징화**symbolization

곧바로 의식화하기에는 어려운 어떤 억압된 대상을 의식화해도 무난한 중립적인 대상으로 바꿈으로써 상징성을 부여하는 것이다. 상징화를 통하여 원래 대상은 중립적인 대상으로 전치되는 경우가 많다. 꿈, 공상, 신화 등은 상징화의 가장 흔한 예가 된다. 예를 들면, 남근이 길게 팽창하는 것이나 뱀 등으로 상징화되며, 아이를 낳고 싶은 강렬한 소망을 지닌 여인은 꿈에 달걀이나 새알을 보기도 한다. 태극기나 무궁화는 대한민국을 상징한다.

⑮ **해리**dissociation

의식세계에서 받아들이기 힘든 성격의 일부가 자아의 지배를 벗어나 하나의 독립된 기능을 수행하는 경우이다. 예를 들면, 이중인격자, 몽유병, 잠꼬대, 건망증 등을 들 수 있다.

⑯ 저항resistance

억압된 감정이 의식화되면 너무 고통스럽고 불안하기 때문에 억압된 것들이 더 이상 의식화되는 것을 방해하는 과정이다. 자유연상을 통해 억압된 내용을 상기시킬 때 흔히 부딪히는 연상의 단절, 당혹, 침묵, 불안 등이 이에 해당된다. 무의식의 내용을 의식화할 때 심층 수준에서 이의 의식화를 방해하는 방어기제가 바로 저항이다. 상담 시 치료자가 내담자의 중요한 문제에 접근하면 침묵하거나 갑자기 '기억이 잘 나지 않는다'고 말하거나 울어버리는 등 상담을 지연시키는 행위와 그 다음 상담시간에 나타나지 않아 상담에 협조를 하지 않는 경우이다.

⑰ 내면화introjection

대개는 공격적 충동이 타인이 아닌 자신에게로 향하는 것이다. 존경하는 사람에게 어떤 공격적인 언행을 한다는 것을 받아들일 수 없는 것이므로 대신 자신에게 화풀이하거나 해치는 것이다. 어머니로부터 심한 꾸지람을 받은 아이가 자신의 머리를 벽에 부딪쳐 자해하는 경우, 이 경우는 미운 어머니를 자신의 머리로 전치한 것이기도 하다.

⑱ 전환conversion

심리적 갈등이 신체 감각기관과 수의근계통의 증상으로 표출되는 경우이다. 예를 들면, 글을 쓰는데 갈등을 느끼는 소설가에게 원고를 쓰는 오른팔이 마비되는 것이다. 신체화somatization는 심리적 갈등이 감각기관이나 수의계통 이외의 신체 증상으로 표출되는 것이다(예 사촌이 땅을 사면 배가 아프다).

⑲ 지성화intellectualization

고통스러운 감정과 충동을 누르기 위해 그것들을 직접 경험하는 대신 그것들에 대해 생각을 많이 하는 것을 말한다. 마음에 드는 여학생에게 제대로 말도 못 붙이는 남학생이 친구들과 "사랑이 뭐냐?", "인생이 뭐냐?" 등의 토론을 벌이는 것과 사춘기에 철학이나 종교에 심취하는 것 등을 말한다.

6) 치료법

(1) 정신분석의 목표

정신분석적 치료는 비정상적인 행동이나 증상의 원인을 파악하고 이를 제거하는 치료적 절차이다. 문제를 일으키는 무의식 속의 정서를 의식 속에서 표현하게 하여 통찰력을 갖도록 하는 것이다. 이러한 과정을 통해 의식 속에서 카타르시스를 경험하고 그 문제를 해결하도록 하는 것이다.

(2) 치료적 방법

① 자유연상free association

내담자 스스로가 어떤 감정이나 생각도 억압하지 않고, 마음에 떠오르는 생각이나 느낌을 무엇이든 자유롭게 말하도록 하는 방법이다. 내담자 머릿속에 떠오르는 것들을 자유롭게 연상하다 보면 무의식 속의 고통스런 자료들이 의식으로 떠오르게 되고, 치료자는 이런 자료들의 연관성을 해석해 줌으로써 통찰력을 가질 수 있도록 돕는다.

② 해석interpretation

해석은 내담자의 행동의 의미를 설명하고 때로는 가르치기도 하는 것으로, 행동에 대한 단순한 설명이 아닌 자아가 더 깊은 무의식의 자료를 탐색할 수 있도록 돕는 기능이다. 적절한 해석을 하기 위해 치료자는 내담자의 준비상태를 민감하게 지각하고 있어야 한다. 해석의 유형에는 내용해석, 저항해석(방어해석), 전이해석, 꿈 해석 등이 있다.

③ 꿈의 분석dream analysis

꿈을 통하여 무의식적 욕구를 찾아내고 해결되지 않은 문제에 대한 통찰을 얻을 수 있다. 프로이트는 꿈이야 말로 무의식 세계에 이르는 왕도로 보았다. 즉 프로이트에게 있어서 꿈은 무의식적 소망 또는 두려움이 위장된 형태로 나타난 것이다. 꿈의 자료들에 대해 자유연상을 하게 하고 꿈꾸는 자의 개인적 정신세계와 연결하여 꿈의 상징을 해석해 준다. 꿈을 통하여 무의식적 욕구를 찾아내고, 내담자의 해결되지 않은 문제에 대한 통찰을 얻을 수 있도록 해준다.

꿈은 내용면에서 잠재적 내용과 명시적 내용으로 구분한다. 잠재적 내용은 고통스럽고 위협적이기 때문에 위장되고 숨겨진 무의식적 동기로 구성된다. 명시적 내용은 잠재적 내용이 용납 가능한 내용으로 대체되어 나타나는 것을 일컫는다.

④ **전이**transference

내담자가 치료자에게 자신의 중요한 인물에 대한 감정과 사고를 전이시키도록 한다. 분석하는 내담자의 어린 시절 중요한 인물에 대한 감정과 사고를 깨닫고 이를 내담자에게 해석해 주며 스스로 통찰력을 갖도록 돕는다. 전이는 치료과정에서 내담자가 치료자에게 보이는 반응이다. 내담자가 자신의 사고와 정서가 향하고 있는 표적 인물(실제 표적 인물은 따로 있는데)이 치료자라고 여기는 경향을 말한다. 즉 내담자가 실제로는 자신의 생애에서 소중한(혹은 소중했던) 사람에 대해 느끼는 그 태도(사고와 정서)를 치료자에 대해서 느끼는 태도인 것처럼 표현하는 것이다.

전이의 분석은 내담자로 하여금 과거 자신의 미결사항이 현재 자신에게 어떻게 영향을 미치는지를 통찰할 수 있는 기회를 부여한다. 통찰된 미결사항을 적절히 해석하고 훈습함으로써 내담자에게 자신을 변화시킬 수 있는 기회를 갖게 한다.

전이와 달리 역전이는 치료자가 내담자에게 보이는 반응을 일컫는 말로, 역전이가 치료의 흐름을 방해하지 않도록 치료자는 자신의 정신분석에 철저해야 하며 객관성을 잃지 말아야 한다. 훈습working through은 억압된 갈등에 대한 초기 해석이 제공된 후에 지속되는 저항을 극복하기 위해 분석작업을 계속하는 극복과정이다.

⑤ **저항**resistance

저항은 치료적 발전을 저해하고 내담자가 무의식적 욕구를 표출하는 것을 방해하는 것으로, 프로이트는 저항을 참을 수 없는 불안에 대항하여 자아를 방어하려는 무의식적 역동으로 보았다. 저항은 다음의 두 가지 측면을 동시에 갖는다고 할 수 있다. 저항은 치료를 방해하며, 동시에 내담자에 관한 중요한 정보의 원천이며 변화를 위한 도구이다. 치료자는 효과적인 치료를 위하여 이 저항을 지적하고 해석함으로써 내담자가 이에 대한 통찰을 더 깊이 할 수 있도록 도와야 한다.

7) 심리성적 발달단계

(1) 리비도 중심의 발달단계

각 발달단계는 리비도가 신체의 어떤 부위에 집중되느냐에 따라 구분된다. 프로이트는 인간의 성격이 성적인 욕구와 관련하여 발달한다고 믿기 때문에 이를 심리성적 발달이라고 한다. 리비도는 처음에는 입에, 그다음에는 항문에, 그리고 마지막에는 성기에 집중된다. 리비도는 개념에 따라 성격 형성에서 가장 중요한 단계는 5단계 중에서 구강기, 항문기, 남근기라 본다. 리비도가 어떤 대상을 향해 정지하고 있을 때를 고착이라고 한다. 리비도 그 에너지를 방출하지 못하고 축적되면 신경증이 나타난다.

(2) 고착

모든 사람이 모든 발달단계에서 성공을 거두는 것은 아니다. 지나치게 만족하거나 좌절하기도 하는데, 다음 단계로 진행하지 못하고 특정 단계에 머무르게 되는 것을 고착이라고 한다. 고착이 일어나면 성인기 성격에 나쁜 영향을 미치므로 최적의 정신건강을 유지하기 위해서는 각 단계의 위기를 원만하게 해결해야 한다. 고착이 일어난 경우 적절한 방어기제를 사용해야 한다. 고착의 강도가 강할수록 그 시기로의 퇴행이 일어나는데 여기서 퇴행은 여러 가지 갈등 상황에 직면했을 때 고착된 단계로 심리적 퇴행을 해서 그 단계의 욕구를 만족시키려는 행동을 하게 된다는 것이다.

리비도libido

성 본능, 성 충동, 사랑과 쾌감의 모든 표현을 뜻하는 것으로, 태어나면서부터 서서히 발달하는 것이라고 보았다. 프로이트는 이 본능적 에너지가 행동과 사고의 동기라고 보았다. 프로이트는 리비도를 죽음의 본능, 즉 삶을 파괴하려는 본능과 대립시켰다.

8) 프로이트의 심리성적 발달단계 과업

표 2-1 **프로이트의 발달과업**

단계	주요 과업
구강기(출생~18개월)	분리·개별화, 대상관계의 형성
항문기(생후 18개월~3세)	책임성과 통제의 수용, 권위적 인물과의 협상
남근기(3~6세)	가족 내에서 자신의 지위와 일치하는 성적 오리엔테이션 설정, 한 사회의 가치와 윤리적 지향을 다룰 수 있는 능력의 표현
잠복기(6~12, 13세)	보다 높은 수준의 자아 방어기제 활용
생식기(사춘기 이후)	일과 성공적인 사랑

(1) 구강기(출생~18개월)

유아는 리비도가 입에 집중되어 있어 입으로 빨고, 삼키고, 깨무는 행위를 통해 쾌감을 느낀다. 생존을 위해 타인에게 전적으로 의존하는데, 만족을 얻는 수단은 의존이다. 리비도가 추구하는 방향은 타인이 아닌 자기 자신에게 국한된다. 생후 6개월이 되기 전까지 대상 부재의 상태로 자신의 욕구를 만족시켜 주는 사람이 자신과 분리된 다른 사람이라는 생각을 하지 못한다. 6개월이 지나면서 자신의 욕구를 채워 주는 대상(어머니)이 존재한다는 것을 알게 되면서 어머니가 보이지 않으면 불안해지고, 또 이유가 시작되면서 어머니에 대한 욕구 불만을 가지는 등 최초의 양가감정을 느낀다. 구강기 동안 신체적·정서적으로 무시당하거나 박탈당한 아이는 성인이 된 후 충족되지 못한 보살핌에 대하여 강한 열망을 경험하기 쉬우며, 타인에 대한 불신으로 대인관계가 어려울 수 있다.

이 시기에 고착된 성인은 다음과 같은 성격 유형을 보인다. 첫째, 구순 동조적 성격은 유아가 먹는 것이 너무 과도하거나 혹은 불충분한 경우 발달하는 성격이다. 낙천적이고 타인에게 의존적이며, 희생을 감수하면서도 인정받고 싶어한다. 수동적이고 미숙하며, 안정감이 없고 남에게 잘 속는 특성을 보인다. 둘째, 구순 공격적 성격은 이가 나면서 깨물고 뜯음으로써 불쾌 또는 불만족을 표현한다. 논쟁적이고 비판적이며, 상대방을 비꼬고 자신에게 필요하다면 이용 가치가 없어질 때까지 타인을 이용하거나 지배한다.

(2) 항문기(생후 18개월~3세)

리비도가 항문에 집중되어 있어 아동은 괄약근을 조절하면서 최후의 순간까지 배설을 참아내 장의 압력을 증가시켜 마지막 방출의 쾌감을 높이려 한다. 또한 배설물에 흥미를 느껴 그것을 가지고 놀려고 한다. 이런 행동은 양육자에 의해 강하게 통제 되면서 아동들은 배변훈련을 받게 된다.

① 항문 폭발적 성격

부모가 지나치게 엄격하고 강압적인 배변훈련을 하고 유아가 이에 반항할 경우에 잔인하고 파괴적이며 난폭하고 적대감을 공개적으로 표현한다. 성인이 되면 권위에 대한 불만을 무질서, 고집, 인색, 난폭, 분노, 적개심 등으로 표출하기도 한다.

② 항문 강박적 성격

부모의 규칙에 동조하고 순응하는 유아들은 질서정연하게 정돈하고 결백한 행동을 하려는 강박적 욕구가 발달하여 지나치게 통제된 행동을 하게 된다. 분노 감정을 표현하지 못하고 소극적이고 완고한 행동을 하며, 자신의 계획을 다른 사람에게 강요하고 검소하며, 깔끔하고 인색한 것이 특성이다.

(3) 남근기(3~6세)

유아의 성적 관심과 흥분이 더욱 강해지며 성기에 성적 관심이 집중되어 있다. 이 기간에 유아는 자신의 성기를 자세히 관찰하고 자위행위를 하기도 하며, 부모에게 출산과 성에 대한 질문을 하기도 한다. 이 시기의 남아는 오이디푸스 콤플렉스를 갖는 시기이다.

남성이 아버지를 증오하고 모친에 대해서 품는 무의식적인 성적 애착을 말한다. 어머니에 대한 애정을 구하는 경쟁자로서 아버지는 너무 크고 결국 아버지로부터 보복을 당할지도 모른다는 '거세불안'을 느낀다. 어머니에 대한 근친상간적 욕구를 포기하면서 아버지를 동일시하게 된다. 여아의 경우 엘렉트라 콤플렉스를 갖는다. 딸이 아버지에게 애정을 품고 어머니를 경쟁자로 인식하며 반감을 갖는 경향이다. 남아와 비교하여 자신에게 남성의 성기가 없음을 알게 되면서 남근선망을 가지게 되며, 남성의 성기를 주지 않은 어머니를 원망한다.

이런 실망을 아버지에게 보상받고자 아버지와 결혼하려고 한다. 하지만 현실적으로 불가능하다는 것을 알고 근친상간적 욕구를 포기하면서 어머니의 여성적 가치를 자기와 동일시하고 초자아가 형성되면서 이런 욕구를 피하게 된다.

이 시기에 고착된 남성은 대부분 경솔하고 과장되며 야심적이고 항상 남성다움을 나타내려고 노력한다. 또한 여성의 경우에는 난잡하고 유혹적이며 경박한 기질을 갖거나, 강하게 자기주장을 하여 남성을 능가하고자 하는 노력을 한다고 보았다.

(4) 잠복기(6~12, 13세)

아동의 성적·공격적 환상들이 무의식 속에 잠복하여 리비도가 특정 신체 부위에 집중되지 않는다. 에너지는 신체의 발육과 성장, 지적인 활동, 친구와의 우정 등에 집중되어 성적 관심은 줄어들며, 원초아보다 자아와 초자아가 강해진다. 이 시기에 고착되면 성인이 되어서도 이성에 대한 정상적인 관심을 발달시키지 못하고 동성 간의 우정에 집착할 수 있다.

(5) 생식기(사춘기 이후)

호르몬과 생리적 요인들로 인해 그동안 억압되었던 성적 감정들이 크게 강화되어 성적 에너지가 직접적으로 표현된다. 프로이트는 사춘기 이후 중요한 과제는 '부모로부터 자유로워지는 독립'이라고 한다. 이런 독립이 오랫동안 부모에게 의존하여 오던 상태에서 쉽게 이루어지지 않으면 독립이 매우 고통스럽게 받아들이게 된다고 하였다.

생식기적 성격을 가장 이상적인 성격 유형이라고 하는데, 이런 성격의 사람은 말하고 사랑할 수 있는 능력을 갖추어 사회적·성적 인간관계가 원만하고 책임감이 잘 발달되어 이성과의 사랑이 만족스럽다고 하였다.

표 2-2 **프로이트의 심리성적 발달단계와 성격 특성**

단계	갈등의 장	방어기제	주요 내용
구강기 (출생~18개월)	음식 섭취	투사 거부 내면화	• 리비도가 입에 집중 • 빨고, 깨무는 행위를 통해 쾌감 • 양가감정, 대상 부재

(계속)

단계	갈등의 장	방어기제	주요 내용
항문기 (생후 18개월~3세)	배변훈련 대상관계 발달	지성화 반동 형성 격리	• 리비도가 항문에 집중 • 배변훈련 → 항문 폭발적, 강박적 성격
남근기 (3~6세)	거세불안과 남근선망 오이디푸스·엘렉트라 콤플렉스	억압	• 성기에 리비도 집중 • 오이디푸스·엘렉트라 콤플렉스 • 동일시를 통한 초자아발달(도덕발달)
잠복기 (6~12, 13세)	성 본능과 관련 없는 사회적 기능 습득 동성끼리 어울림, 경쟁의식, 사회화		• 성적 관심 감소 • 에너지가 신체, 지적 활동, 친구와의 우정 등에 집중 • 자아, 초자아 발달
생식기 (사춘기 이후)	정신적·신체적 성숙 거의 완성	승화	• 성적 에너지 직접 표현 • 부모로부터의 독립이 중요 과제

9) 사회복지실천과의 연관성

사회복지실천의 과학적 토대를 마련하는 데 크게 기여하였다. 정신분석이론의 관점을 수용하여 사회복지실천에서는 내담자 문제의 원인인 과거의 정신 내적 갈등이나 정신적 외상을 밝혀내어 이를 해결하는 데 많은 관심을 기울인다. 개인의 과거 경험을 중심으로 개별적으로 접근하는 진단주의학파에 영향을 주었다. 문제에는 일정한 원인이 있다는 직선적 원인론을 채택함으로써 사회복지실천이론의 과학적 토대를 제공한다.

생애 초기의 경험 중 감춰진 정신적 외상을 밝혀내는 과정은 내담자의 문제를 사정하는 데 기여한다. 사회복지의 이중적 초점이라고 할 수 있는 인간과 환경 중에서 인간의 정신 내적 현상을 지나치게 강조하고, 지나치게 기계론적이고 결정론적 인간관과 이에 따른 실천을 조장함으로써 사회복지전문직의 분열과 사회복지실천상의 불균형을 초래하는 문제점을 야기하기도 했다.

CHAPTER

3

인간행동에 관한 주요 이론 : 정신역동이론 2

1. 에릭슨의 심리사회이론

심리사회이론은 인간발달이 심리사회적 측면에서 이루어진다고 본다. 이 이론은 주로 자아의 성장에 관한 것이며 자아의 기능을 강조했기 때문에 자아심리학이라고도 한다.

에릭슨은 프로이트로부터 정신분석의 영향을 많이 받았기 때문에 신新프로이트학파라고도 불리지만, '문화와 사회를 인성발달의 가장 중요한 결정 요인으로 추가하였다'는 점이 프로이트와 다른 점이다. 에릭슨은 프로이트의 중심 개념을 받아들였으나, 발달단계에 성인기를 포함함으로써 프로이트의 발달이론을 확대하였다.

에릭슨은 인간행동의 기초로서 원초아id보다 자아ego를 더 강조한다. 자아는 환경에 대한 유능성과 지배감을 확보하려고 하기 때문에 중요한 역할을 한다. 에릭슨은 자아를 성격의 자율적 구조로 보고 있다. 자아는 원초아로부터 분화된 것이 아니라 그 자체로 형성되며 환경에 대해 적극적이고 창조적으로 대응한다는 것이다.

프로이트는 부모가 아동 성격발달에 주는 영향을 강조한 반면, 에릭슨은 개인과 부모의 관계를 비롯해서 가족에게 영향을 미친 역사적·사회적 상황에까지 관심을 갖는다. 즉 성격 형성에 영향을 미치는 심리사회적 환경을 강조한다.

프로이트는 성격발달을 생식기까지 심리성적 5단계로 제시한 반면, 에릭슨은 전 생애로 확장하였다. 즉 유아기로부터 노년기까지 설명함으로써 발달에 대해 더 넓은 조망을 가졌다.

1) 에릭슨의 생애

에릭슨Erik Homburger Erikson, 1902~1994은 1902년 독일의 프랑크푸르트에서 덴마크인 아버지와 유태인 어머니 사이에서 태어났다. 부모는 에릭슨이 태어나기 전에 이혼했고, 에릭슨이 3살 되던 해에 어머니는 소아과 의사인 유태인과 재혼했다. 전형적인 덴마크인 외모를 가진 에릭슨은 유태인들 사이에서 이방인으로 취급당했고, 학교에 잘 적응하지 못한 채 형식적으로 다녔다. 고등학교 졸업 후 1년간 유럽여행을 했고 잠시 미술공부를 하다가 다시 여행을 했다. 그는 스스로 이 기간을 '유예기'라고 하였다. 27세에 결혼한 후 미국에 정착하여 아동분석가로 활동하였으며, 인디언 보호지역에 들어가 그들과 살면서 그들에 대한 연구를 했다. 이것이 프로이트와 달리 아동들의 생활과 성격에 영향을 미치는 상이한 문화 여건을 연구하게 된 배경이다.

2) 에릭슨의 인간관

에릭슨은 인간을 내적 통합성, 좋은 판단력 그리고 성공할 수 있는 능력을 지니고 있는 합리적이고 이성적이며 창조적 존재로 규정한다. 인간을 가변성을 지닌 존재라고 보며, 각 개인은 끊임없이 새로운 발달과업과 투쟁하고 인생의 전환점에 직면하여 새롭고 더 나은 자아를 획득하려고 하고, 변화와 성장을 하는 존재로 여긴다. 인간을 유전적 요인에 기반을 두어 환경적 요구에 적응하고, 환경적 어려움에 도전하며 이를 극복하고 생의 의미를 추구해 갈 수 있는 총체적인 존재로 보고 있다.

3) 심리사회이론의 주요 개념

(1) 기본가정

성격이 일생을 통해 발달한다고 가정하며 자아의 발달에 영향을 미치는 사회적 현상을 고려한다. 프로이트처럼 에릭슨은 기본적으로 인간의 행동이 생물학적 요인에 의해 동기화된다고 했지만, 발달은 사회적 요인에 의해 자극받는다고 보았다. 에릭슨은 무의식적 갈등이 없다는 것은 아니며, 성격발달의 주요 초점이 환경과의 상호작용에 있다고 하였다.

(2) 자아통제

자아는 환경에 영향력을 행사하게 되는데 자아가 환경을 지배하고자 하는 '자아통제 ego mastery'가 그의 주요 개념이다.

(3) 자아정체감

자아정체감이란 총체적인 자기지각을 말한다. 자아정체감은 자신의 독특성에 대해 비교적 안정된 느낌을 갖는 것으로 행동이나 사고 혹은 정서의 변화에도 불구하고 변하지 않는 부분이 무엇이며 자신이 누구인지 아는 것을 말한다. 자아정체감을 지닌 사람은 개별성, 통합성, 지속성을 경험한다. 정체감의 발달은 평생 과정인데, 초기 정체감의 형성은 아동기의 동일시에서부터 시작되어, 특히 청소년 후기에 가장 중요한 이슈로 등장한다. 자아정체감을 형성한 사람은 신념, 가치관, 정치적 견해, 직업 등에서 스스로 의사결정을 할 수 있다.

⑷ 점성원리

발달은 기존의 기초 위에서 이루어지며, 특정 단계의 발달은 이전 단계에서 성취한 발달과업의 영향을 받는다. 인간의 발달은 점성의 원리를 따르며, 이는 8단계의 단계별 성격이 앞서 전개된 발달단계의 영향을 받는다. 단계별 진보는 그 이전 단계의 성공 또는 실패에 의해 부분적으로 정해진다. 다양한 과업은 두 가지 대립항으로 나타난다. 예를 들어, 유아의 과업은 '신뢰-불신'이라고 한다. 각 단계는 발달의 결정적 시기(최적의 시기)가 있다.

⑸ 위기

인간의 발달단계마다 사회는 개인에게 어떤 심리적인 요구를 하는데 이것을 '위기'라고 한다. 개인은 위기에서 야기되는 스트레스와 갈등에 적응하려고 노력하며 다음 위기에 적응할 준비를 한다. 이 과정을 통해 개인의 성격이 발달한다. 에릭슨의 이론은 개인의 성숙과 사회의 요구 사이의 상호작용의 결과로 성격의 일생 동안 어떻게 발달하는가에 주목한다.

⑹ 치료

주로 꿈과 전이를 해석하여 내담자의 정신병리와 치료자의 관계, 어린 시절의 주요 갈등, 현재 일상생활들이 연결되는 특정 주요 주제들을 찾는다. 에릭슨은 정신병리가 심리사회적 발달에서 오는 신체적, 심리사회적 측면의 갈등에 적절히 대처하지 못했기 때문에 발생한다고 보고 자신의 발달 위기에 적절히 대처하지 못했다는 것을 깨닫는 통찰력 증진이 치료의 1차 목적이라고 했다.

치료자는 내담자와 친밀한 관계를 형성하여 면담하면서 증상과 주요 갈등, 일상생활의 중요 측면들의 관련성을 내담자가 스스로 깨달을 수 있도록 해석해 준다. 내담자가 자신의 발달사를 거슬러 올라가 통찰력을 갖는 자기분석을 시도했다.

표 3-1 **프로이트와 에릭슨의 성격발달이론의 특성 비교**

구분	프로이트	에릭슨
인간행동의 기초	• 원초아(id) : 무의식 • 인간행동의 동기를 원초아에 둠 • 성격발달의 본능적 측면을 주로 강조	• 자아(ego) : 의식
자아	• 원초아에서 분화됨(원초아의 에너지가 현실세계에서의 만족을 추구하는 데 사용되기 시작하면서 자아가 형성됨) • 원초아를 위해 봉사, 즉 원초아의 욕구가 보다 현실적으로 충족될 수 있게 조정하는 역할 담당 • 인간행동의 기초로 원초아 강조	• 원초아에서 분화된 것이 아니라 그 자체로 형성됨 • 자아가 독립적으로 기능함(자아는 성격의 자율구조) • 인간행동의 기초로 자아 강조
성격발달	• 아동의 성격발달에 미치는 부모의 영향 강조 • 아동 초기의 경험 중시 • 성인기는 이미 성격 형성이 종결되어 발달이 완료된 상태 • 단계별 욕구를 만족시켜야만 발달의 다음 단계로 이행 가능 • 성격은 인생 초기에 형성된다는 점 강조	• 성격은 자아의 지배력과 사회적인 지지로 형성 • 전 생애 발달 강조 • 성인기는 발달의 한 상태 • 성격은 전 생애에 걸쳐 계속적으로 발달하며, 특히 청년기의 자아정체감 형성기가 중요 • 단계별 발달과업이 성취되었을 때와 위기를 극복했을 때를 양극개념으로 설명
사회문화적 환경의 영향	• 환경이 발달의 추진력으로 작용하지 않음	• 발달에서 환경이 중요하다는 점 인식 • 개인은 부모와 사회적 환경의 영향으로 일생을 통해 성장하고 발달함
인간관	• 무의식에 지배되는 수동적 인간관	• 잠재 가능성이 있는 능동적 인간관
심리적 문제	• 초기 외상이 성인기 정신병리의 원인	• 초기 문제를 부적절하게 처리하면 성장 후 어려움을 겪음
기타	• 인간의 심리성욕 갈등의 양상과 해결에 있어서 무의식적 작용을 설명하고자 함	• 자아가 형성되는 아동의 심리·역사적 환경의 영향 강조

4) 발달단계(심리사회적 발달단계)

생물학적 성숙으로 인간발달이 자극되고, 성숙을 바탕으로 각 단계에 직면하는 위기를 극복하면 자아발달이 이루어진다고 본다. 프로이트와 다른 점은 문화적 다양성을 존중하였다는 점이다. 각 단계의 모든 위기는 긍정적/부정적 측면이 제시되어 있는데, 긍정적 측면이 더 발달되어야 하지만 부정적 측면이 전혀 없어서도 안 된다. 심리사회적 위기를 극복하면 기본적인 강점을 얻지만, 이런 위기를 적절히 해결하지 못하면 병리적 문제가 나타나기도 한다.

(1) 1단계 : 유아기(신뢰 대 불신-희망, 위축/출생~2세)

출생부터 약 18개월까지로 프로이트의 '구강기'에 해당한다. 자신을 돌봐주는 사람이 자신이 배고프거나 추울 때 그에 대한 욕구를 충족시켜 줄 것이라는 확신에 기인한다(잠을 자고, 먹고, 배변을 하는 등 기본적인 생리적 욕구가 원활하게 충족되고 긴장 없이 잘 이루어지면 자신과 타인 세상에 대한 기본적인 신뢰가 생겨남). 이 시기의 발달은 절대적 양육자인 어머니와의 관계의 질로 결정되는데 어머니가 일관성 있고 스스로 확신 있는 양육태도를 보일 때 유아는 내적 확실성과 외적 예언력을 갖게 된다(협력을 배우며 신뢰와 불신이 형성되는 시기이므로 무엇보다 양육자의 수유의 일관성 중요).

어머니와 '신뢰'가 형성된 유아는 어머니와 떨어져 있어도 불안, 분노를 표현하지 않고 욕구가 즉시 만족되지 않아도 보채지 않고 기다릴 수 있다. 신뢰가 없으면 어머니와 떨어져 있지 않으려 하고, 억지로 떨어지면 어머니가 자신을 버릴 것이라는 공포를 느끼게 된다. 양육자의 자신감이 부족하여 일관성이 없으면 부모의 모호성이 아이에게 전해져 아이는 불신감을 갖게 된다. 어머니를 신뢰할 수 없는 아이들은 타인과 세상을 불신하며 자기신뢰를 형성하지 못한다.

불신은 아이의 사회적 상호작용을 위축시킨다. 부모의 양육방식뿐만 아니라 부모의 실제적인 행동방식도 아이에게 영향을 미친다. 부모의 친사회적 방식의 행동은 아이의 친사회적 행동을 증가시킨다. 같은 맥락으로, 아동기의 공격 성향은 대부분 가족 내에서 생성된다. 건전한 성격발달은 신뢰와 불신의 적절한 비율에서 온다.

이런 심리사회적 위기를 잘 극복하면 자아는 '희망'이라는 특성을 얻게 되지만, 극복하지 못하면 사회적 관계의 '위축'이 나타나 나머지 생애 동안 낮은 자존감, 우울증 등을 보인다. 기본 신뢰감 발달에 심한 결함이 있을 때 나타나는 행동 결과는 유아에게는 급성우울증, 어른은 편집증이다.

(2) 2단계 : 초기 아동기(자율성 대 수치와 회의 : 의지, 강박적 행동/2~4세)

프로이트의 '항문기'에 해당하는 시기로 18개월부터 3세까지이다. 신체 및 지적인 면이 빠르게 발달하여 언어와 사회적 기준을 배우기 시작한다. 괄약근의 발달로 스스로 변의 배설과 보유를 조절할 수 있고, 걷거나 움직임이 자유로워지면서 모든 것을 스스로 하겠다고 한다. 확고하고 친절하며 점진적인 대소변 가리기 훈련을 받은 아동은 자존감을 잃지 않으면서 자기통제 감각을 발달시켜 자율성을 획득한다.

부모들은 이런 유아의 행동을 통제할 수밖에 없는데, '자율성'을 지나치게 통제하면 이는 스스로 행동해 보고자 하는 충동을 자제하게 되고 분노가 내면으로 향하여 '수치심과 의심'이 발달하게 된다. 외부의 통제가 엄격하면 자신의 통제력이 미약하고 무력하다고 느낌으로써 수치심과 의심을 갖게 되며, 향후 절대적이고 고집이 세며, 타인의 도움을 거절하고 인색하며, 소심하고 자신의 행동에 대해 책임을 회피하려는 경향으로 나타난다.

이 단계는 전적으로 의존적이던 아동이 자율성을 발달시키는 단계이다. 아동은 부모의 보호로부터 벗어나는 것을 배워야 자율성을 성공적으로 획득하게 된다. 에릭슨은 이 단계의 심리사회적 위기를 만족스럽게 넘기는냐의 여부는 아동의 이 같은 활동들을 자유롭게 조절하도록 허용하는 부모의 의지에 달려 있다고 한다. 이 시기의 심리사회적 위기를 잘 극복하면 '의지'라는 긍정적 자아 특질을 얻게 되지만, 적절히 극복하지 못하면 수치심이 내면화되어 자신의 결정을 믿지 못하고 불안해하는 '강박적 행동 또는 피해의식' 등이 나타난다고 하였다.

(3) 3단계 : 학령전기(주도성 대 죄의식 : 목적, 억제/4~6세)

프로이트의 '남근기'에 해당하는 단계로 대략 3~6세에 해당한다. 이 단계에서 아동들은 신체적·정신적 능력이 성숙되어 매우 대범하고 경쟁적이며 호기심 많은 행동을 보인다. 부모가 자녀의 호기심 및 환상적 행동을 인정하고 금지하지 않았을 때 자기 스스로 행동하도록 격려된 아동은 자신의 행동에 목표와 계획을 세우고 목표를 설정하며 그것을 달성하고자 노력하는 '주도성'을 보이게 된다. 또한 성적 호기심을 보인다.

신체와 성에 대한 호기심이 부모로부터 강한 제재를 받을 경우 아동들은 '죄책감'을 갖게 되는데, 죄의식이 심한 아동은 체념과 무가치감에 사로잡혀 목적의식이나 용기가 부족하게 된다. 부모의 제재가 일관성 있고 부드러워야 한다. 너무 심한 꾸지람이나 체벌은 아동에게 자신감을 상실하게 하고 죄의식을 갖게 한다. 죄의식을 갖게 된 아동은 무슨 일에나 잘 체념하고 자신에 대한 무가치감을 갖게 된다. 에릭슨은 이런 아동들이 소극성, 성적 무기력, 불감증, 정신병리적 행동 등으로 발전한다고 보았다.

지속적인 죄의식은 성인기에 소극적 성격, 성적 무기력, 불감증, 정신병리적 행동 등을 유발할 수 있다. 이 시기의 심리사회적 위기를 잘 극복하면 자아는 '목적'이라는 자아특질을 얻게 되지만, 위기를 적절히 극복하지 못하면 좌절되어 자유로운 사고와 표현을 제한하는 '억제'의 감정을 가지게 된다.

(4) 4단계 : 학령기(근면성 대 열등감 : 능력, 무력함/6~12세)

대략 6~12세까지로, 프로이트 이론의 '잠재기'와 '생식기' 초기에 해당한다. 자아의 성장이 가장 확실해지며 근면성을 성취하는 시기이다. 인지적·사회적 기술이 숙달되는 자아 성장의 가장 결정적인 시기이기도 하다. 아동은 학교라는 작은 사회를 경험하면서 지적 능력이 발전하고, 친구를 통하여 사회의 가치관과 규범을 획득하는 기회를 갖는다. 친구와의 관계에서 자기주체성self identity을 확립하고 스스로 주도적으로 할 수 있는 능력과 자신감, 근면성을 발전시킨다.

학교에서 지적인 기술을 습득하는 과정에 몰입하면서 '근면성'을 발달시킨다. 이 시기의 위기는 '열등감'인데 자신의 학습능력이나 기술을 또래들과 비교하여 열등하다고 느껴 학습 추구의 동기를 잃게 되는 것이다. 이 시기에는 가정의 역할도 중요하지만 무엇보다 중요한 것이 교사의 태도이다. 개인의 특수한 재능을 찾아내어 격려하는 것이 필요하다. 자신에 대한 가치 결정은 이후 자아정체감에 결정적 영향을 미친다. 심리사회적 위기를 잘 극복하면 자아는 '능력'이라는 자아 특질을 얻지만, 위기를 극복하지 못하면 생산적인 일을 하지 못하는 '무력함'을 느낀다.

(5) 5단계 : 청소년기(자아정체감 대 역할 혼란 : 성실, 거부/12~20세)

이 시기는 12~20세의 청소년기로, 주요 발달과업은 자신이 누구인지를 탐구하고 자신의 정체성을 형성하는 시기이다. 청소년들은 사춘기가 되면서 '자아정체감' 형성을 위한 노력을 하게 된다.

사춘기 동안 급격한 신체적 변화는 정체감의 혼란을 가져오며 급격한 성장과 자신 앞에 놓인 무한한 가능성 때문에 오히려 압도당하게 된다. 이 시기의 정체감 혼란은 다양한 방식으로 표현될 수 있다. 책임 있는 성인처럼 행동하기를 미루거나, 어설프게 계획한 행동에 자신을 몰입하거나, 성인기의 책임을 회피하려고 어린 아이의 유치함으로 퇴행하는 것이다.

'역할혼란'이라는 자신의 다양한 역할을 통합하지 못하고 상충하는 역할들에 적응하는 데 어려움을 겪으며 방황이라는 위기를 겪게 되는데, 이는 정체감을 형성하지 못해 자기가 속한 집단이나 군중의 영웅에게 감정적으로 과잉 동일시하는 것이다. 이런 경우, 자신의 정체성은 혼돈스럽고 불확실하다. 청소년기에는 결정해야 할 일이 너무 많고 모든 결정이 다른 가능성을 줄인다고 생각하기 때문에 결정하기 전 스스로 타임아웃을 하게 되는데 이것이 '심리사회적 유예기간'이다. 심리사회적 유예는 젊은이들에게 가치, 믿음, 역할 등을 시험해 볼 자유를 허락하며, 각자의 장점을 극대화하여 사회로부터 긍정적인 인정을 획득함으로써 사회에 최상으로 적응할 수 있게 한다. 심리사회적 위기를 잘 극복하면 자아는 '성실'이라는 특질을 얻지만, 위기를 적절히 극복하지 못하면 익숙하지 않은 역할과 가치를 '거부'하게 된다.

(6) 6단계 : 성인 초기(친밀감 대 고립 : 사랑, 배척/20~24세)

20~24세를 말하며 중요한 발달과업으로 에릭슨은 친밀감 형성을 들고 있다. 친밀감은 다른 사람과 주고받는 나누는 능력을 말한다. 청소년기에 확립한 자아정체감을 바탕으로 타인과 상호 관계를 형성하여 타인에 대한 보살핌과 사랑을 넓혀 가고 심화시키는 단계를 갖는다. 이 시기의 가장 중요한 과업이 친밀감이며, 이는 성적 '사랑'을 통해 확고해진다고 보았다. 에릭슨에게 친밀감은 성적인 것 이상의 우정, 인류애적인 사랑을 모두 다

포함한다.

사랑은 자신을 타인에게 관여시키고 이 관여를 유지하는 능력으로서 다른 사람에 대한 보호나 존경 또는 책임으로 나타난다. 친밀감이 형성되지 못할 때 '고립'이 일어난다. 고립되면 그 개인은 타인과의 친밀감이 자신의 정체감 확립을 방해한다고 생각하여 친밀한 대인관계를 피하며 융통성 없는 삶을 살게 된다.

(7) 7단계 : 성인기(생산성 대 침체 : 배려, 거절/24~65세)

24~65세의 기간으로 어느 때보다 경제적으로 안정되어 있고 다양한 삶의 경험을 통해 지혜를 터득하며 가정과 사회에서 중요한 역할을 수행하는 인생의 황금기이다. 이 시기의 주요 과업은 자녀 양육이다. 뿐만 아니라, 부하직원이나 동료들을 잘 보호하고 직업이나 여가활동에 참여함으로써 얻게 되는 창조성도 포함된다.

성인 중기가 되면 자신의 세대를 넘어 다음 세대를 양육하는 것에 관심을 갖게 되는데 이것이 '생산성'이다. 생산성이란 다음 세대를 이끌어주고 돌봐주려는 일반적인 관심으로서, 가장 중요한 예는 출산, 양육, 자손의 성취에 관한 개인의 만족감을 들 수 있다. 생산성이 결핍되면 성격이 '침체(타인에게 거짓된 친밀성을 갖고 자기에게만 탐닉하는 것)'되어 자신의 에너지·기술을 오로지 자기확대와 자기만족을 위해 사용하게 된다.

이렇게 되면 젊은 시절의 목표를 결국 달성하지 못했다는 무능력감, 사회에 의미 있는 기여를 못했다는 회의로 인해 침체를 경험하고 자신의 삶이 잘못된 것이라고 인식하여 소위 '중년의 위기'를 겪게 된다.

이 시기의 심리사회적 위기를 잘 극복하면 자아는 타인을 돌보는 능력, 즉 '배려'라는 자아 특질을 얻게 된다. 위기를 적절히 극복하지 못하면 타인에게 충분한 관심을 표현하지 못하는 '거절'을 경험하게 된다.

(8) 8단계 : 노년기(자아통합 대 절망 : 지혜, 경멸/65세 이후)

65세 이후부터 사망에 이르는 기간이다. 새로운 심리사회적 위기의 출현보다는 이전의 7단계를 종합하고 통합 및 평가하는 기간이다. 노년기가 되면 인간은 신체적·사회적 상실에 대처하여야 한다. 노인들은 더 이상 자신의 사회에 필요한 존재가 아니며, 젊었을 때처럼 활동할 수 없다는 사실을 인식하면서 '자아통합'이라는 과업에 직면한다.

자아통합이란 자신의 인생을 수용하고 갈등, 실패, 실망 등을 성공, 기쁨, 보람 등과 함께 전체 삶 속에 포함시키는 것을 의미하며 이의 성취는 두려움 없는 죽음을 보장해 준다. 이 단계의 갈등을 성공적으로 극복하면 지혜, 자기 수용, 지나온 생이 옳고 적합했다는 느낌, 죽음을 위엄과 용기로 직면할 수 있는 능력이 생긴다. 자아통합 달성에 실패하면 지나온 생을 후회하며 '절망'하게 된다.

인생이 무의미하다고 느껴지고 죽음에 대한 두려움과 지나온 삶에 대한 회한으로 절망감에 빠지기 쉽다. 이런 절망을 감추기 위해 다른 사람의 잘못과 말썽을 참지 못하고 사소한 일에도 쉽게 혐오를 느끼게 되는데, 이러한 혐오는 스스로에 대한 '경멸'이다. 심리사회적 위기를 잘 극복하면 자아는 삶에 대한 적극적인 관심과 '지혜'라는 특질을 얻지만, 위기를 적절히 극복하지 못하면 나약함, 즉 자신에 대한 '경멸'을 경험하게 된다.

5) 사회복지실천과의 연관성

에릭슨의 심리사회이론은 인간의 정상적인 위기와 사건을 좀 더 정확하게 이해할 수 있는 준거 틀을 제시한다. 심리사회적 이론의 자아기능에 관한 견해는 사회복지실천 방법론에 중요한 영향을 미쳤다고 평가된다. 개인의 자아를 강화하고 내담자를 둘러싼 환경적 조건을 향상시킴으로써 문제 해결이 가능하다는 관점은 아직도 사회복지 전문직의 핵심적 시각이다.

에릭슨의 성격발달에 대한 접근방법은 사회복지실천 철학과 가치에 일치하며, 사회복지제도가 어떻게 인간발달을 촉진하는지에 대한 사회복지계의 이해에 도움이 되었다. 특히 1940년대에 사회복지실천이 단선적 '의료 모델'로부터 변화를 시도할 때 에릭슨의 이론은 사회복지실천의 심리사회적 접근방법의 지식 기반을 제공한 것으로 평가되고 있다. 에릭슨의 이론을 사회복지실천에 적용하는 데에는 대략 다음과 같은 관점이 필요하다. 사회복지사는 사회환경 내의 인간행동의 역동성 및 청소년기와 청년기의 특징적 상호 관계를 이해하여야 한다.

- 사회복지사는 청소년기의 갈등을 매우 자연스러운 현상으로 보고 내담자 자신의 느

낌이나 행동에 대해 통찰력을 가질 수 있도록 돕는다.

- 부모와 자식 간의 갈등은 청소년기의 보편적인 일로 이해한다.
- 사회복지사는 비행청소년을 돕고 사회에 재적응시키는 프로그램에 지속적으로 참여한다.
- 가족상담소나 청소년 기관을 통해 상담서비스를 제공하기도 하고, 복지관이나 학교에서 반사회적 행동을 한 청소년을 집단 지도하기도 하며, 감별소나 보호관찰소 등에서 교정사회복지사로 활동하기도 한다.
- 동성애, 다양한 정신장애 발발 가능성, 자살의 가능성 등 청소년의 위기적 상황을 이해하고 내담자에게 적절한 개입을 해야 한다.

2. 애들러의 개인심리이론

개인심리학에서는 인간이 성적 만족보다는 우월감을 추구하며 여기에 많은 사람이 관심을 두고 있다고 보았다. 이를 타인에 대한 열등감에서 기인한다고 설명하였다. 애들러는 인간을 사회적이고 목적론적인 존재로 보았으며 이러한 인간을 이해하려고 했다. 애들러는 상담을 통해 잘못된 생활양식을 긍정적인 관점으로 바꾸고 사회적 관심을 발달시키면서 좀 더 나은 생활양식을 개발할 것을 강조했다. 애들러는 가족구성원의 생활양식과 가족구조, 출생서열 등에 많은 관심을 가졌다. 이러한 개념들이 사회복지실천에 있어 가족상담이나 가족치료 등에 이론적 기반을 제공한 것으로 평가되고 있다.

1) 애들러의 생애

애들러Afred Adler, 1870~1937는 비엔나 인근의 펜지히에서 5남 2녀 중 셋째로 태어났다. 그는 형의 그늘에 가려진 어린 시절을 보냈다. 병약했기 때문에 동생들이 태어나기 전에는 어머니의 관심을 독차지했으나 동생이 출생한 후에는 그 위치를 상실했다. 만성적으로 병약한 아이였던 애들러는 육체적으로 친구들과 경쟁 상대가 안 되었으나 이런 신체적 열등감을 극복하려고 꾸준히 노력했다. 정신과 의사가 된 후 프로이트와 같이 활동했으나, 점차 이론적 입장이 대립하게 되어 학회 명칭을 개인심리학회로 변경했다.

2) 애들러의 인간관

애들러는 프로이트의 정신역동이론이 생물학적 요인이나 본능을 지나치게 강조한다고 생각하여 그의 이론에 반대했지만 생애 초기의 경험이 성인기에 많은 영향을 준다는 믿음은 공통적이다. 프로이트와의 차이점은 과거에 대한 탐색에 초점을 두는 것이 아니라 과거의 경험이 현재에 미치는 영향에 더 관심을 두었다는 것이다. 각 개인의 성격은 거의 대부분이 자신의 주관적 선택에 의해 창조된다고 보고 있다. 즉 유전적 요인과 환경적 요인이 성격 형성에 미치는 영향을 인정하고 있지만 각 개인이 지닌 창조적 힘이 인간의 본성을 결정하는 데 더욱 중요하다고 보았다.

인간이 창조적 능력이 있기 때문에 그들의 인생목표를 직시할 수 있고, 스스로 결정을 내리며, 그들의 목적과 가치와 일치되는 여러 삶의 방식을 선택할 수 있는 합리적 존재로 보고 있다. 그러나 사람들은 대부분 가상의 목표를 깨닫지 못하거나 그들의 생활 속에서 그것의 참된 중요성을 모른다는 점을 인정하기 때문에 모든 인간이 반드시 합리적인 존재는 아니라는 점도 동시에 인정하고 있다. 인간을 주관적 존재라고 규정한다. 개인의 일상적인 삶의 모습은 객관적 사실에 근거하여 이루어지는 것이 아니라 개인이 그것을 어떻게 지각하고 어떻게 반응하는가에 따라 달라진다고 본다. 가치, 신념, 태도, 목표, 관점, 현실 지각과 같은 내적 결정인자를 강조하는 인간관, 총체적이고 사회적이며 목표 지향적인 인간관이 특징이다.

3) 개인심리이론의 기본가정

인간은 독특하고, 더 이상 분해할 수 없으며, 자아 일치적이고 통합된 실체이다. 발달이란 완전한 것을 향한 능동적인 노력, 즉 성장을 위한 노력이다. 그리고 유전, 문화적 압력이나 본능적인 욕구는 발달에 영향을 미치는 요인이긴 하지만 대부분의 발달은 개인의 능동적 선택에 의해 이루어진다.

발달은 5세 무렵에 거의 형성되며, 이후에는 근본적 변화가 없다. 개인은 환경을 주관적으로 파악하고, 이러한 주관적 신조나 믿음에 따라 행동한다. 자아는 창조적 힘을 가지고 있으며, 열등에 대한 보상과 미완성을 극복하고자 하는 성향을 지니고 있다. 심리적 건강은 개인이 우월성을 추구하는 과정에서 환경적 방해를 어느 정도 극복하는냐와 사회적 관심 정도에 달려 있다. 따라서 치료과정은 보다 지시적이며, 치료자는 능동적 참여성이다.

4) 개인심리이론의 주요 개념

(1) 가공적 목적

인간이 현실적으로 실현 불가능한 많은 가공적인 생각에 의해 지배된다고 본다. 이런 목적이 일상생활에 도움이 되지 못한다면 수정하거나 버려야겠지만 때에 따라서 현실에 대처하는 데 큰 도움이 되기도 한다. 애들러는 '각 개인의 우월성 추구는 각자의 가상적인 목적에 의해 결정되며, 각 개인의 가상적 목적은 자기 스스로 결정한 것으로 각자의 창조력에 의해 형성된 독특한 것으로 개인의 가상적인 목적을 이해하게 되면 각 개인의 행동이 지니는 의미와 생활양식을 이해할 수 있게 된다'고 주장하였다.

(2) 열등감과 보상

① 열등감

개인적으로 신체적 열등감을 가졌던 애들러는 신체의 결함을 가진 사람들이 이를 보상하기 위해 대단히 노력한다는 것을 발견하였으며, 이러한 열등감은 신체적 결함뿐 아니라 인생에서 경험하는 모든 불완전감과 부족감에서 생기는 것으로 개념을 확대하였다. 열등감은 개인이 잘 적응하지 못하거나 해결할 수 없는 문제에 직면했을 때 생기는 것으로 좀 더 안정을 추구하려는 데서 생겨난다.

열등감이 있으면 보통 사람들은 이 열등감을 보상하기 위해 더 높은 수준의 발달을 향해 노력한다. 그러나 목표했던 그 수준에 이르면 다시 열등감이 생겨 또 다시 더 높은 수준에 이르려는 노력을 하게 된다. 열등감과 그에 대한 보상 노력이 인간을 발전시키는 원인이 되고 있다는 것이다. 신체기관 혹은 신체적 결함에서 유래하는 열등 상태뿐만 아니라 심리적 혹은 사회적 열등감도 포함된다. 그러나 열등감을 극복하기 위해 노력해도 어떤 이유로든 안 될 경우에는 이 열등감이 더 강화되어서 병적 열등감이 된다. 애들러는 병적 열등감의 세 가지 원천으로서 신체적으로 병약하거나 허약한 아동의 경우와 같은 기관열등감, 응석받이와 같은 과잉 보호, 거부당하는 아동의 경우와 같은 양육 태만의 방임을 제시하고 있다.

② 보상

어떤 결함이 있는 사람이 연습이나 훈련을 통해 잠재력을 발휘하여 이를 보완하도록 인간을 자극하는 건전한 반응을 말한다. 잠재력을 발휘하도록 인간을 자극하는 건전한 반응이다. 인간은 항상 좀 더 나아지기를 원하기 때문에 본질적으로 열등감을 경험하게 된다. 좀 더 나은 상태로 나아가기 위하여 신체적·정신적 기술을 훈련하여 부족한 점을 충족하려는 시도가 바로 보상이다.

그러나 과잉 보상으로 인해 자신의 신체적·지적·사회적 기술을 과장하는 병적 우월감에 빠지는 사람도 있다. 병적 우월감을 가진 사람은 일반적으로 과장되고 건방지며, 자만하고 이기주의적이며, 남을 업신여김으로써 자신이 권위 있는 존재라는 인상을 남기려고 한다.

(3) 사회적 관심

애들러는 인간이 성적 충동보다 사회적 관심에 의해 동기화된다고 생각하였다. 사회적 관심은 각 개인이 이상적인 공동 사회의 목표를 달성하고자 할 때 사회에 공헌하려는 성향을 말한다. 가족관계 및 다른 아동기 경험에서 발달하며 어머니가 사회적 관심의 발달에 가장 큰 영향을 준다. 협동, 대인·사회적 관계, 집단에서의 동일시, 공감 등의 사회적 관심은 사회가 완전해지기 위해 개인이 기울이는 조력으로 이루어진다. 애들러는 인간은 본질적으로 사회적 동물이므로 사회적 관심은 타고나는 것이고, 사회적 이익을 위해서 개인적 이익을 포기하는 선천적·사회적 본능을 가지고 있다고 믿었다. 이런 선천적·사회적 관심도 지도·훈련 등에 의해 더 많이 실현될 수 있으므로 교육의 중요성을 강조했다.

사회적 관심은 가족관계의 경험에서 발달하는데, 어머니가 가장 큰 영향을 미치고, 부부관계가 자녀의 사회적 관심 발달에 지대한 영향을 미친다.

⑷ 우월에 대한 추구

애들러는 우월을 향한 노력은 인간에게 공통된 기본동기라고 보았다. 인간은 출생에서 사망까지 우월감을 추구하기 위해 노력하는데, 개인으로서는 완성을 향해 노력하고 사회의 일원으로서 문화를 완성하기 위해 노력한다. 우월성 추구는 열등감을 보상하려는 욕구에서 나온다. 인간생활의 궁극적인 목적은 바로 우월하게 되는 것이다. 우월은 모든 인간이 갖는 기본적인 동기로서 선천적이다.

우월성의 추구는 삶의 기초적인 사실로 모든 인간이 문제에 직면하였을 때 부족한 것은 보충하고 낮은 것은 높이며, 미완성인 것은 완성하고 무능력한 것은 유능한 것으로 만드는 경향성이다. 인간은 열등감을 극복하고 자신이 우선적으로 여기는 목표를 달성하기 위해 노력한다. 따라서 우월성은 자아실현으로 간주될 수 있다. 우월을 향한 목표는 고유한 것이며, 각자의 인생에 부여하는 의미에 따라 다르기 때문에 잠재력이 실제 어떻게 구현되는지는 개인마다 다르다.

⑸ 생활양식

인생의 목표, 자아개념, 성격, 문제에 대처하는 방법, 삶에 공헌하는 소망, 특질, 행동, 습관의 독특한 형태를 의미한다. 개인이 어떻게 인생의 장애물을 극복하고, 문제의 해결방법을 찾으며, 어떤 방법으로 목표를 추구하는지를 결정한다.

생활양식이 모든 행동을 구체화시키는데, 애들러는 4~5세 무렵에 기본적으로 결정되며 가족 내에서의 경험이 중요하다. 가족관계, 기타 중요한 사회경험이 기본생활양식을 만들며, 경험이나 사건 자체가 아닌 그것을 대하는 태도가 중요하다. 애들러는 많은 사람이 사회적 결핍 상태 때문에 잘못된 생활양식을 가진다고 보았다.

애들러의 생활양식을 유형화해 보면, 지배형, 획득형, 회피형 그리고 사회적으로 유용한 생활유형으로 구분할 수 있다.

표 3-2 **생활양식 유형**

유형	주요 내용
지배형	활동 수준은 높으나 사회적 관심이 낮은 유형. 독단적이고 공격적이며 활동적이지만, 사회적인 인식이나 관심이 거의 없다. 이러한 사람은 비사회적인 측면에서 활동적이며, 타인의 안녕에는 아랑곳하지 않고 행동한다.
획득형	활동 수준은 중간, 사회적 관심은 낮은 유형. 기생적인 방법으로 외부 세계와의 관계를 맺으며, 다른 사람에게 의존하여 대부분의 욕구를 충족하는 생활 유형이다.
회피형	참여하려는 사회적 관심도 적고, 활동 수준도 낮은 유형. 어떠한 방법으로든 참여하려는 사회적 관심도 적고 어떤 형식으로든 인생에 참여하려는 활동도 하지 않는다. 모든 문제를 회피함으로써 한 치의 실패 가능성조차 모면하려는 것이 목표다.
사회적으로 유용한 형	사회적 관심과 활동 수준 둘 다 높은 유형. 심리적으로 건강한 사람의 표본이 된다. 이러한 사람은 사회적 관심과 인생과업을 성취하기 위한 활동 수준이 모두 높다. 사회적 관심이 많아서 자신과 타인의 욕구를 충족시키는 한편, 인생과업을 완수하기 위해 다른 사람들과 협동한다.

(6) 창조적 자기

목표를 직시하고 결정하고 선택하며, 개인의 목표와 가치관에 부합하는 모든 종류의 배려를 나타내는 능력을 의미한다. 인간이 스스로 자신의 성격을 만든다는 주장으로 인간에게 유전과 경험이라는 원료를 사용하여 창조적 자기를 만들어내는 능력이 있다는 것이다. 인간은 환경에 의해 영향을 받기도 하지만 스스로 환경에 영향을 미쳐 환경이 자신에게 적절히 반응하도록 창조하는 존재라는 것이다. 창조적 자아는 개인심리학을 대표하는 개념으로 생의 의미를 제공하는 원리이다.

5) 개인심리이론의 성격발달

애들러는 성격의 구조나 발달단계를 제시하지는 않았다. 대신에 애들러는 부모와 자녀와의 관계, 가족의 크기, 형제와 가족, 가족 내에서의 아동의 출생순위 등 다양한 요소들이 성격의 발달에 영향을 준다고 주장하면서 잘못된 생활양식을 왜곡시킬 수 있는 상황을 설명하였다.

(1) 생활양식을 왜곡하기 쉬운 상황

① 신체적으로 병약하거나 허약한 아동

불완전한 신체기관은 목표를 달성하거나 능력을 형성하는 데 불리한 조건이 되기 때문에 성격 형성에 중요한 역할을 한다. 병약하거나 허약한 경우에 기술의 습득이 힘들거나 숙달될 수 없기 때문에 열등감을 경험할 수 있다. 이러한 아동은 자신에게만 관심을 집중하고 타인에게 기여하는 것의 의미를 알기 어렵다.

② 응석받이

좌절에 대처하는 방법을 배우지 못하였기 때문에 문제가 생기면 퇴행하고 다른 이에게 도움을 요구하는 것이 하나의 생활방식이다. 응석받이의 관심은 오직 자신이며 협동의 의미를 모른다. 자기중심적인 사람이 되거나 자신의 미성숙함을 신경증적 양식으로 나타내기도 한다.

③ 거부당하는 아동

거부는 물리적 폭력일 수도 있고 심리적인 것일 수도 있다. 거부당한 아동은 거부에서 비롯된 불신감으로 세상을 적대적이고 위협적이라고 생각하기 때문에 반항적이다. 신뢰감을 갖고 사람을 접해 본 경험이 없기 때문에 사랑이나 협력 등을 알 기회가 적어 다른 사람에게 유익한 행동을 함으로써 애정이나 존경을 받게 된다는 것을 이해하지 못한다.

(2) 가족구도 및 출생순위와 성격의 특징

애들러는 사회적 요인이 성격 형성에 미치는 영향을 강조하면서 개인의 가족 내 출생순위가 생활양식 형성에 영향을 준다고 했다.

① 첫째 아이

집안에서 매우 독특한 위치를 갖는데, 첫 아이로서 부모의 모든 사랑과 관심을 받으면서 자라 일반적으로 버릇이 없다. 둘째가 태어나면서 '폐위된 왕'이 되는데, 이러한 변화로 보통 열등감을 경험한다. 윗사람들에게 동조하는 생활양식을 발달시키면서 성장한다. 성장 후 권위를 행사하고 싶어하고 규칙과 법을 중시하는 경향이 있다.

② 둘째 아이 또는 중간 아이

태어날 때부터 형이나 누나라는 속도 조정자가 있어서 형과 누나의 장점을 능가하기 위해 자극과 도전을 받는다. '경쟁'이 바로 둘째 아이의 가장 큰 특징이다. 항상 자기가 형보다 뛰어나다는 것을 증명하기 위해 노력한다. 애들러는 이들이 꿈을 자주 꾼다고 하였다.

③ 막내아이

응석받이로 자라거나, 경제적 상황이 어려울 경우에는 천덕꾸러기일 수도 있고, 과잉보호를 받을 가능성이 많다. 자신보다 힘도 세고 능력이 있는 형제들에게 둘러싸여 있는 경우에는 독립심이 부족하면서 동시에 열등감을 경험할 수 있다. 막내에게는 형들을 능가하려는 강한 동기가 작용한다는 이점이 있다.

④ 독자

경쟁할 형제가 없는 독특한 위치에 있기 때문에 응석받이로 자랄 수 있다. 자기중심적이거나 소심하고 의존성이 현저하게 나타나며 경쟁의 경험도 거의 없다. 독자는 노력 없이도 관심을 받고 자랐기 때문에 자신의 중요성에 대해 과장된 견해를 가질 수 있다. 어린 시절부터 가족의 관심의 초점이 되지만 후에 자신이 관심의 주요 대상이 아니라는 것을 깨닫게 된다.

6) 치료이론

애들러의 치료목표는 증상의 제거나 경감보다 기본적인 삶의 전제와 왜곡된 삶의 전제를 수정하는 것이다.

첫째, 공감적 관계 형성하기이다. 파트너와 협력관계 형성하여 라포를 형성할 수 있도록 하여야 한다.

둘째, 신념과 감정, 동기와 목표 이해하기이다. 내담자가 건설적인 대안을 찾도록 동기를 제공하도록 한다.

셋째, 잘못된 목표와 자기패배적 행동에 대한 통찰, 발전시키기이다. 잘못된 신념을 확인시켜 주고 자기에 대한 통찰력을 갖도록 한다.

넷째, 대안을 모색하고 새로운 선택하게 하기이다. 대안적 행동방식을 실험, 통찰을 실천에 옮기도록 한다.

치료자의 실무원칙

- 인간은 통합적 존재이므로 모든 행동을 전체적 관점에서 이해하라.
- 인간행동을 목적론적 개념의 맥락에서 이해하라. 즉 내담자의 행동을 이해하기 위해서는 개인의 독특한 인생목표와 이의 추구방법을 이해하여야 한다.
- 내담자가 자신이 지닌 열등감을 직시하고, 용기를 가지고 문제에 직면할 수 있도록 격려하라.
- 내담자의 생활양식을 이해하라.
- 과거를 이해하려고 노력해야 하지만, 현재를 변화시키고 미래의 행동과 목표를 선택하고 추구하는 것에 강조점을 두어라.
- 내담자의 환경에 대한 반응양식과 지각을 이해하는 환경적 요소를 찾아 해결하라.
- 내담자의 우월성 추구를 방해하는 환경요소를 찾아 해결하라.
- 내담자의 사회적 관심을 증진시켜라.
- 치료과정에서 해석뿐만 아니라 설득, 변화를 위한 제안을 하여라.

7) 사회복지실천과의 연관성

가족 분위기, 가족형태, 가족구성원의 생활양식 등에 초점을 둔 애들러의 이론은 개인상담뿐 아니라 가족상담에 유용한 지식 기반이 될 수 있다. 열등감은 집단 내에서 효과적으로 도전받고 극복될 수 있으며, 사회적/정서적 문제의 근원인 잘못된 생활양식은 집단 경험을 통해 변화가 가능하므로 애들러 이론의 주요 개념은 집단사회사업에서도 유용하게 활용될 수 있다.

3. 융의 분석심리이론

융은 인간 마음은 '개인의 경험을 모두 합한 것 이상'이라고 생각했는데, 개인의 경험은 집단 무의식 안에 융합되며 이것이 모든 인간의 일부분이 된다고 보았다. 집단 무의식은 인간에게 목표와 방향감각을 주는데, 이러한 무의식 안에는 종교적이고 신화적 요소가 포함되어 있다. 인간의 꿈 해석에 매력을 느꼈고, 프로이트와는 달리 정서적 왜곡에서 성이 차지하는 부분을 최소화하였다.

1) 융의 생애

융Carl Gustav Jung, 1875~1962은 부모의 결혼생활이 원만치 못해 그의 유년시절은 고독하고 불행했다. 아버지는 짜증이 많고 까다로웠으며, 어머니는 정서장애와 우울증이 심했다. 어린 시절부터 고독하게 지낸 경험은 이후 자기분석에 큰 도움이 되었다. 아버지가 목사였으나 융은 교회를 싫어해 아버지와 종교적 논쟁을 자주 벌일 정도였다. 어머니와 외조부, 외삼촌은 초자연적인 것에 대한 믿음을 가지고 있었다. 융의 내향성으로 인해 주로 개인의 정신범위 내에서 이루어지는 성격의 발달과정에 주된 관심이 있었고 대인관계에 대해 무관심했다.

융의 일생에서는 특히 중요한 결정을 내려야 할 때 꿈, 공상, 초심리적 현상이 항상 결정적 역할을 하였다. 프로이트와는 6년 동안 교류가 이루어졌지만, 학문적 관점의 차이로 결별한 후 융은 혼란과 내적 불안정으로 상징적 꿈과 환상을 경험하는 정도가 정신병적 상태에 가까웠다. 그러나 이런 혼란은 개인적 통합으로 이끄는 내적 여행으로 보았고, 자신의 체험에 근거해 무의식과 상징에 대한 탐구를 계속했다.

프로이트와 융의 학문적 관점의 차이는 다음과 같다. 첫째, 리비도의 역할이다. 프로이트는 리비도를 인간의 생물학적 성에 제한한 에너지로 본 반면, 융은 리비도를 성뿐만 아니라 다른 삶의 에너지를 포함한 정신에너지로 보았다. 즉 융은 프로이트의 리비도 개념을 확장하였다. 둘째, 성격에 영향을 미치는 힘의 방향이다. 프로이트는 인간의 성격이 주로 과거의 사건이나 과정들에 의해 결정된다고 본 반면, 융은 인간은 거의 사건들뿐만 아니라 미래에 무엇을 하기를 열망하는가에 의해 결정된다고 보았다. 셋째, 무의식의 개념 정립이다. 프로이트는 인간 정신이 자각 수준에 초점을 맞추어 무의식의 중요성을 강조한 반면, 융은 인류의 정신문화의 발달에 초점을 두고 집단무의식이란 개념을 도입하여 무의식의 범위를 확장하였다.

2) 융의 인간관

인간을 가변적 존재로 여긴다. 과거의 조상들로부터 물려받은 타고난 정신적 소인을 갖고 있지만, 이런 정신적 소인의 발현은 한 개인이 개성화 과정을 거치면서 서로 다르게 나타날 수 있으며, 인간의 정신 구조는 삶의 과정을 통해 후천적으로 변할 수 있다고 보았다. 생물학적, 심리적, 사회문화적 존재로 보고 있으며, 의식과 무의식 간의 본질적인 대립 양상을 극복하고 이를 하나로 통일해 나가는 전체적 존재로 본다. 인간이 완성 또는 자기 실현을 달성하기 위하여 앞으로 나아가고자 하는 경향을 지니고 있다고 한다. 즉 프로이트는 인간을 불변적이고 결정론적 존재로 보았지만, 융은 가변적 존재로 여기고 인간의 정신구조는 살아가는 과정을 통해 후천적으로 변할 수 있다고 하였다.

3) 기본가정

정신 또는 성격은 부분들의 단순한 집합이 아니라 하나의 전체성을 이룬다. 인간행동은 의식과 무의식 수준에서 서로 상반되는 두 가지 힘에 의해 동기화된다. 인간의 행동은 과거에 의해 상당 정도로 결정되지만, 미래의 목표와 가능성에 의해 조정된다. 발달은 타고난 소인 또는 잠재력을 표현해 나가는 것이지만, 후천적 경험에 의해 서로 다르게 표현된다. 개인은 독립된 존재가 아니라 역사적으로 연결되어 있으며, 사회적 규범이나 문화의 요구에 적응해 가며, 개인은 자기실현과정을 통하여 사회의 발전에 기여한다. 심리적 건강은 정신의 정체성을 유지하는 것이며, 정신병리는 전체성의 분리현상이다.

정신병리를 파악함에 있어서 원인과 병리가 지니는 의미를 동시에 파악해야 한다. 내담자에 대한 원조 목표는 무의식의 의식화를 통해 개성화(개별화)를 촉진하여 정신의 전체성을 회복할 수 있도록 하는 것이다.

4) 성격발달에 관한 견해

융은 성격의 발달을 개성화의 과정을 통한 자기실현 과정이라고 보았다. 융은 타고난 인간의 잠재력인 자기를 실현하기 위해 인생 전반기에는 자기self의 방향이 외부로 지향되어 분화된 자아ego를 통해 현실 속에서 자기를 찾으려고 노력한다. 그러나 인생의 후반기에는 자기의 방향이 내부로 지향되어 자아는 다시 자기에 통합되면서 성격발달이 이루어지는데 이 과정을 개성화라고 하였다.

인생 전반기(40세 전후까지)는 투사와 동일시를 통하여 자아가 자기로부터 분리됨으로써 자아를 강화하고 확대하는 시기이다. 인생의 후반기는 무의식의 내용을 의식화하고 이해함으로써 자아가 자기로 접근해 가는 과정, 즉 자아가 성격의 전체이고 주인인 자기로 변화되는 과정이라 할 수 있다.

5) 분석심리이론의 주요 개념

(1) 정신

개인의 성격 전체를 '정신psyche'이라 부르고 있다. 정신이란 영spirit, 혼soul, 그리고 마음mind이라는 의미를 포괄하는 것으로, 의식 및 무의식적인 모든 사고, 감정, 행동을 포함하고 있다. 융은 지형학적으로 정신을 의식, 개인 무의식, 그리고 집단 무의식이라는 세 수준으로 구분하고, 그 내부의 특수한 구조물들로 자아, 그림자, 아니마와 아니무스, 자기를 제시하고 있다.

(2) 리비도

프로이트의 리비도 개념을 넓혀서 리비도가 생물학적, 성적, 사회적, 문화적, 창조적 모든 형태의 활동에 에너지를 제공하는 전반적인 생명력을 의미한다고 보았다. 즉 융의 리비도는 영적 특질을 가진 창조적 생명력으로 개념화되었다(융의 리비도와 프로이트의 리비도는 다른 개념임. 프로이트의 리비도는 성적 충동, 성 본능을 의미하지만, 융의 리비도는 창조적 상상력을 뜻함).

(3) 개성화Individuation

고유한 자기 자신이 되는 것으로서, 무의식적 내용을 의식화하고 통합해 가는 과정, 개인의 의식이 타인으로부터 분화되는 과정이다. 개성화의 목표는 가능한 완전한 자기 자신을 아는 것이다. 즉 '자기인식'이다. 개인의 자신을 정확히 인식하지 못하고 자기를 실현한다는 것은 불가능하므로, 융은 자기실현을 달성하는 것보다 더 중요한 것은 정확한 자기인식이라 하였다.

(4) 자아ego

의식적인 마음으로 의식적 지각, 기억, 사고와 감정으로 구성되어 있어 자신에 대한 의식뿐만 아니라 외부세계에 대한 지각도 포함된다. 자아는 개인의 의식이 타인으로부터 분리되는 과정, 즉 의식의 '개성화' 과정에서 생기는 것으로 보았다. 자아는 선택적이다. 무수히 많은 체험을 해도 대부분은 의식에 도달하기 전에 자아에 의해 제거된다. 자아가 의식 여부를 결정하는 것은 심적 기능에 의해 결정된다.

(5) 개인적 무의식과 집단적 무의식

융은 무의식이 2개의 층으로 이루어져 있다고 했다.

① 개인적 무의식

상실된 기억이나 억압된 불쾌한 여러 표상 등 의식 위에 올려지지 않은 내용들이 포함된다. 개인적 무의식의 자료들은 자아와 지속적으로 상호작용하여 꿈 등으로 지각되는데 이는 프로이트의 전의식과 유사하다.

② 집단적 무의식

모든 개인의 정신이 공통으로 가지고 있는 하부 구조를 집단 무의식이라고 한다. 개인적인 경험과는 상관없이 조상 또는 종족 전체의 경험 및 생각과 관계된 원시적 감정, 공포, 사고, 원시적 성향들을 포함하는 무의식이다. 모든 인류에게 유전되어 오는 잠재된 기억의 저장소이다. 집단 무의식은 인간의 행동에 많은 영향을 미치며, 예술이나 꿈을 통해서도 표현된다. 집단 무의식이 존재한다는 증거는 멀리 떨어진 지역에서의 상징, 신화들이 서로 비슷하다는 것이다.

(6) 콤플렉스complex

개인적 무의식 속에 하나의 공통된 주제에 관한 감정, 사고, 지각, 기억 등의 조작된 무리를 말한다. "그 사람이 그렇게 당황하는 건 바로 아픈 데를 찔렸기 때문이야!"라고 말할 때 바로 이 '아픈 곳'에 콤플렉스가 위치하고 있다. 콤플렉스는 전적으로 무의식이므로 자아는 콤플렉스의 지배를 받는다는 사실을 깨닫지 못한다. 콤플렉스는 자립적이며 그 자체의 추진력을 갖고 사고와 행동을 강력하게 지배할 수 있다.

(7) 원형

인간이면 존재하는 인간 정신의 보편적이고 근원적인 핵이다. 집단무의식이 조직적으로 구성되어 있는 형태를 원형이라고 한다. 세계 여러 민족의 신화, 예술, 종교 등에서 발견되는 공통된 이미지에서 그 존재를 알 수 있다. 대표적 원형은 페르소나, 아니마, 아니무스, 음영을 들 수 있다.

① 페르소나persona

페르소나는 무대에서 배우가 쓰는 가면을 뜻하는 라틴어이다. 즉 개인이 외부에 표출하는 이미지 혹은 가면이다. 자아의 가면으로 개인이 외부에 보이는 이미지이다. 페르소나는 사회가 그에게 부과하는 역할이며 사회가 인간에게 생활에서 담당하기를 기대하는 배역이다. 페르소나의 목적은 남에게 뚜렷한 인상을 주는 것이며, 반드시 그렇지는 않지만 이따금 그 사람의 본성을 감추기도 한다.

② 아니마anima와 아니무스animus

인간은 남성적·여성적 측면을 모두 가지고 있지만, 유전적 성 차이와 사회적 압력에 의해 여성은 여성적 측면, 남성은 남성적 측면을 발달시키도록 요구받는다. 하지만 무의식 속에 있는 남성의 여성적 측면을 아니마, 여성의 남성적 측면을 아니무스라고 한다. 자기 속에 아니마와 아니무스가 있기 때문에 인간은 이성에게 적절히 반응하고 이성을 이해할 수 있게 된다.

③ **음영**shadow

개인적 무의식에 존재한다. 의식에서 도외시되는 동물적 본성으로 자신이 용납하기 어려운 특질과 감정으로 구성되어 있어 대부분 자기 이미지와 반대되는 부정적인 것으로 가끔씩 꿈 속에 나타나기도 한다. 인간이 사회생활을 무리없이 하기 위해서는 음영이 포함된 동물적 본성을 자제해야 하므로 페르소나를 발달시키게 된다. 의식에서 불쾌한 생각, 감정, 행동을 일으키는 원인이 된다.

④ **자기**self

자기는 중심성, 전체성, 의미를 무의식적으로 추구하는 원형이다. 의식과 무의식을 포함한 전체 정신의 중심인 자기는 태어날 때부터 존재하는 원형이므로, 의식의 중심인 자아ego는 의식의 영역밖에 볼 수 없지만, 자기는 모든 것을 볼 수 있고 통합시킬 수 있다. 성격의 상반된 측면들을 균형 있고 조화롭게 만들려는 내적 충동으로 중심성, 전체성에 대한 무의식적 갈등이다. 즉 성격의 중심으로 성격의 통일성과 안정성을 제공하게 된다. 자기의 원형은 중년이 될 때까지 거의 드러나지 않는데 이는 자기가 드러나기 위해서는 개성화를 통해 충분히 발달해야 하기 때문이다.

(9) 성격 유형

① **성격의 태도, 주요 방향성**

내향성introversion, 외향성extraversion을 들었다. 외향적인 사람은 자신 있게 직접적으로 행동에 참여하는 반면, 내향적인 사람은 망설이며 일이 어떻게 될지를 곰곰이 생각한다. 인간은 누구나 이 두 가지 태도가 성격 안에 함께 있으나 보통 하나가 우세하여 의식되는 반면 다른 하나는 무의식 속에 있게 된다.

② **심리적 기능**

사고, 감정, 감각, 직관의 4가지 심리적 기능이 있다. 한 가지가 우세하면 그에 상응하는 유형이 된다. 사고기능은 관념적이며 지적인 기능으로 이 기능에 의해 인간은 세계와 자신의 본질을 이해하려고 힘쓴다. 사고형의 사람은 객관적 진실, 원리원칙에 의해 판단한다. 논리적/분석적, 규범/기준을 중시한다. 감정 기능은 주체의 입장에서 사물의 가치를 평가하는 것으로 인간에게 유쾌, 고통, 분노, 비애, 즐거움 등의 주관적 경험을 준다. 감정형의 사람은 대인관계, 보편적 선 등에 관심, 상황적/우호적으로 판단한다. 감각기능은 직관적 또는 현실적 기능으로 이것은 외계의 구체적 사실들이나 표상을 낳는다. 감각형의 사람은 구체적/사실적 경험에 초점을 둔다. 매우 일관성 있는 현실 수용을 추구한다. 직관기능은 무의식적 과정과 잠재적 내용들에 의한 지각기능이다. 직관형의 사람은 미래의 가능성, 육감에 초점을 두어 변화와 다양성을 추구한다.

③ MBTI 검사

MBTI Myers-Briggs type indicator는 융의 심리유형론을 근거로 하여 마이어스 Myers와 브리그스 Briggs가 보다 쉽고 일상생활에 유용하게 활용할 수 있도록 고안한 자기보고식 성격 유형 지표이다. MBTI 인식과 판단에 대한 융의 심리적 기능이론, 그리고 인식과 판단의 향방을 결정짓는 융의 태도이론을 바탕으로 하여 제작되었다. 또한 개인이 쉽게 응답할 수 있는 자기보고 self report 문항을 통해 인식하고 판단할 때의 각자 선호하는 경향을 찾으며, 이러한 선호 경향들이 하나하나 또는 여러 개가 합쳐져서 인간의 행동에 어떠한 영향을 미치는가를 파악하여 실생활에 응용할 수 있도록 제작된 심리검사이다.

MBTI는 인간을 다루는 모든 영역(청소년 비행, 약물 중독, 정신장애, 사회부적응, 부부문제 등)에 효과적으로 사용하였는데, 특히 성인 및 노인 환자 이해 및 치료에 기여하였다.

융의 심리유형론에 따르면, 4가지 선호 경향은 교육이나 환경의 영향을 받기 이전에 이미 인간에게 잠재되어 있는 선천적 심리 경향을 말하며, 각 개인은 자신의 기질과 성향에 따라 4가지 이분척도(내향/외향, 사고/감정, 감각/직관, 판단/인식)의 둘 중 하나의 범주에 속하게 된다.

6) 분석심리이론의 발달단계

융은 성격발달을 개성화를 통해 전 생애에 걸쳐 이루어지는 자기실현과정이라고 보고 있다. 유아기부터 성인기에 이르는 성격의 발달단계는 서술하지는 않고 성인기의 발달에 초점을 두어 기술했다.

(1) 성인 초기

외적으로 팽창하는 시기로 자아가 발달하고 외부 세계에 대처하는 역량이 발휘된다. 대체로 남성은 남성적인 측면을, 여성은 여성적인 측면을 발달시킨다. 이 시기의 과제는 외적 환경의 요구에 확고하고 단호하게 대처하는 것이기 때문에 내향적인 사람보다 외향적인 사람이 더 순조롭게 이 시기를 보내게 된다.

(2) 40세 이후

정신적인 면에서 변화가 생겨 추구하던 목표와 야망들이 그 의미를 잃으면서 우울감과 침체감을 경험한다. 정신은 우리에게 좀 더 내면으로 전환하여 생의 의미를 음미하도록 촉구한다. 결국 인간은 중년이 되어야 완전성의 상징인 자기의 이미지와 만나게 된다.

(3) 중년기 이후

자신의 내면세계에 초점을 두기 시작하지만 그래도 여전히 외적 상황을 변화시킬 수 있는 자원은 남아 있다. 그래서 소홀했던 계획, 홍미를 다시 갖게 되고 심지어는 직업의 변화를 꾀하기도 한다. 또한 남성들은 여성적인 측면, 여성들은 남성적인 측면을 나타낸다. 이것이 오늘날 중년부부의 갈등을 초래하는 원인이 된다.

7) 치료이론

융은 내담자의 정신의 전체성을 파악하지 않은 채 정신병리를 치료하기 위하여 기법을 적용하는 것은 인간을 조정하고 조작하는 것이라고 하였다. 또한 내담자의 치료에 효과가 있다면 그것이 어떤 것이라도 사용하려고 하였다. 이런 융의 실용주의적 자세로 인하여 융의 주요 이론들을 응용한 다양한 치료기법이 개발되었다.

신체동작치료와 미술치료, 모래상자치료, 연극치료 등의 기법들을 절충하여 활용하고 있고 치료 양식은 사회복지사에 따라 다양하다. 융이 활용한 기법들은 다음과 같다.

- 단어연상검사 : 100개의 자극적인 단어를 듣고 가장 먼저 머리에 떠오르는 단어를 대답하여 반응시간과 반응하는 단어를 기록한 후 이를 반복하여 진행하고, 검사가

끝난 후 내담자가 느낀 감정을 공유하는 시간을 갖는 기법

- 생애사 재구성기법 : 내담자로 하여금 과거의 경험에 대해 회상하도록 하여 증상이나 병리를 일으킨 발달 유형을 파악하여 생애를 재구성하는 기법
- 전이 분석 : 내담자가 치료자에 투사하는 전이감정을 분석하여 내담자의 개인적 역사와 무의식, 사회문화적이고 원형적인 집단 무의식을 파악하고 내담자의 자기지각과 자기실현을 조장하는 기법
- 꿈 분석 : 꿈은 적응을 위한 노력이며, 성격의 결함을 교정하려는 시도이다. 꿈의 성질은 인간의 잠재된 생각이나 의도를 보여준다. 인간의 무의식을 이해하는 열쇠의 기능을 한다. 사람의 개성화 과정을 돕는 핵심으로 작용한다. 꿈의 세계는 늘 상징symbol이라는 가면을 쓰고 나타나므로 해석이 필요하다고 보았다.

꿈의 분석

- Dream Work : 꿈이란 id의 충동이 억제되어 변형되어 나타난 것이라는 의미
- 꿈 : 현실세계에서 받아들여질 수 없는 욕망을 억압, 꿈을 통해 욕구를 충족시킴
- 꿈의 기능 1 : 꿈을 꾼다는 것은 무의식과의 의사소통을 하는 기능을 가짐
- 꿈의 기능 2 : 인간의 심리적 균형을 회복하는 기능
- 꿈의 기능 3 : 미래를 예견하는 기능

8) 사회복지실천과의 연관성

융의 이론에 대해 사회복지분야에서 직접적 관심을 가진 적은 없었지만 인간행동과 인간발달에 관한 이해를 넓히는 데 그의 이론의 주요 개념, 심리적 유형, 중년기의 마음에 관한 연구는 매우 유용하다.

표 3-4 **학자별 주요 특징**

	프로이트	에릭슨	애들러	융
인간관	• 무의식에 의해 지배되는 수동적, 불변적 존재 • 결정론적 인간관	• 잠재 가능성이 있는 능동적 존재 • 자아를 통해 사고, 감정, 행동을 조절할 수 있는 합리적 존재	• 성장 지향적 동기를 지닌 주관적 존재 • 총체적, 사회적 목표 지향적 인간관	• 자기실현을 위해 앞으로 나아가고자 하는 성장 지향적, 가변적 존재
성격 발달	• 5단계 • 유년기 강조	• 8단계 • 청소년기 강조 • 전 생애 발달	• 발달단계 제시하지 않음 • 가족상황과 사회적 요인에 따른 개인의 지각에 의해 성격이 형성됨	• 4단계 • 중년기 강조
특징	• 원초아의 본능을 기초로 인간행동을 설명	• 자아, 사회문화적 요인 강조	• 열등감을 인간행동의 동기로 봄	• 성격 구조를 자아(의식의 중심), 개인 무의식, 집단 무의식으로 나누어 접근

CHAPTER

4

인간행동에 관한 주요 이론 : 행동주의이론

1. 고전적 조건 형성이론

행동주의이론의 특징은 다른 성격이론들과 달리 내적인 동기와 욕구, 지각에 초점을 두기보다는 구체적으로 관찰할 수 있는 행동에 초점을 둔다. 행동주의이론은 인간행동이 학습되거나 학습에 의해 수정될 수 있다고 보기 때문에 학습이론이라고도 한다. 학습을 통하여 인간은 지식과 언어를 습득하고, 태도와 가치관을 형성하며 다양한 감정을 경험한다. 즉 행동을 사회적 맥락에서 이해하는 것이다. 고전적 조건화와 조작적 조건화가 이에 속한다. 고전적 조건화classical conditioning는 연상에 기초한 학습을 의미하며, 무조건 자극과 조건 자극(중립 자극)을 연결하여 조건반응이 일어나도록 한다. 조작적 조건화operant conditioning 강화에 관심을 두며 행동을 욕구에 의해 동기화되고 강화에 의해서 견고해지거나 약화된다. 사회학습이론은 관찰이나 모델링을 통하여 학습되며, 관찰된 행동은 행동적인 재생산을 하기 이전의 내적 인지과정에 의해 먼저 형성된다.

1) 파블로프의 이론 : 고전적 조건 형성 또는 고전적 조건화

(1) 파블로프의 생애

파블로프Ivan Petrovich Pavlov, 1849~1936는 러시아의 생리학자이다. 1902년에 사육사의 발소리에 개가 침을 흘리는 것을 발견한 것을 계기로 고전적 조건화 실험을 실시했다. 하지만 개를 이용한 실험 때문에 동물학대를 했다는 비평을 받기도 했다. 초기에는 소화기관의 연구를 실시했고, 1904년에는 노벨 생리학·의학상을 수상했다. 말기에는 수면이나 본능 등의 연구를 실시했다.

(2) 고전적 조건화

① 고전적 조건 형성

개의 타액 분비량을 측정하는 방법으로 타액 분비에 관해 연구하였다.

개에게 고기를 주면 곧 침을 흘린다. 개에게 준 고기는 무조건 자극unconditioned stimulus, 개가 고기를 보고 침을 흘리는 것은 무조건 반응unconditioned response이다. 그 이유는 개들은 음식물을 보면 자연스럽게 침을 흘리기 때문이다.

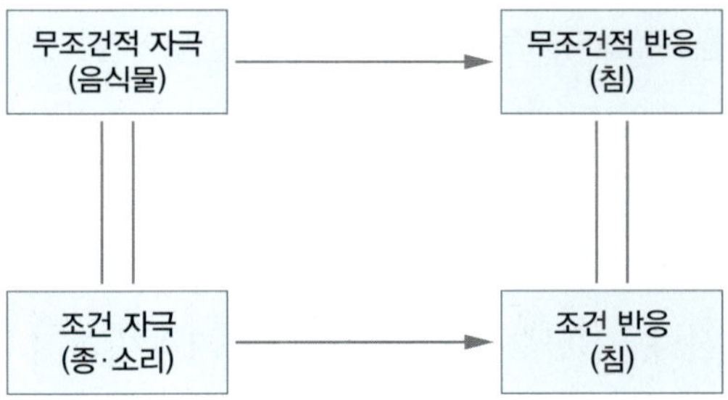

어느 날 개에게 먹이를 갖다 주기 직전에 종소리를 들려 주었다. 처음에는 종소리가 개에게 아무런 영향을 주지 못한다. 아무런 반응을 일으키지 못하는 종소리는 중립 자극 neutral stimulus이다. 여러 차례 종소리를 들려주고 고기를 갖다 주기를 반복하자 종소리만 들어도 개가 침을 흘리게 되었다. 침을 유발하는 종소리는 조건 반사conditioned stimulus이다. 침을 흘리는 반응은 조건 반응conditioned response이다. 이러한 조건에서 발생되는 환경과 행동의 관계를 'S-R이론' 또는 '고전적 조건 형성'이라 한다.

US(무조건 자극 : 음식물) ―――――――――――――――― UR(무조건 반응 : 타액 분비)

NS(중립 자극 : 종소리) + US(음식물) ―――――――――――――――― CS(조건 자극)

UR(타액 분비) ―――――――――――――――― CR(조건 반응)

조건 형성이 된 후에 계속해서 중립 자극만 제공되면 더 이상 반응이 나타나지 않으면 소거이다. 소거 몇 시간 후 조건 자극만 제시하여도 반응이 나타난다. 자발적으로 회복된다. 유기체는 단순 반사의 집합으로 출발하지만, 환경 속에서의 경험이 반사를 유발시킬 수 있는 사건의 영역을 확장시키며 또한 단순반사들은 복합반사의 연속으로 연계시킨다. 그러므로 모든 지식과 행위는 단순한 생득적 반사의 경험을 통한 정교화로 이해할 수 있다. 파블로프의 연구는 관찰할 수 있고 측정할 수 있는 행동과학의 길을 열었다.

이러한 반응적 행동의 대표적 예로는 타액 분비, 눈물, 재채기 등과 같은 반사행동과 수업시간에 교수가 질문을 하면 초조해하는 행동, 타인의 칭찬을 받았을 때 수줍은 미소를 짓는 것 등이 있을 수 있다. 즉 행동을 유발하는 힘이 없는 중성 자극에 반응 유발능력을 불어넣어 조작자극으로 변화시키는 과정이 고전적 조건화이다.

고전적 조건화는 어떤 자극에 유기체가 자동적으로 또는 수동적으로 어떤 반응을 일으키게 만드는 속성 때문에 반응적 조건화라고도 불리며, 이러한 조건화에 의해 형성된 행동을 반응행동이라 한다. 즉 반응행동이란 인간 유기체가 특정 자극에 대해 자동적으로 반응을 보이는 것을 의미한다.

인간에 있어서 고전적 조건화는 연상적 학습을 설명해 준다. 가령, 물에 대한 공포 연상이 일생 동안 물에 대한 회피를 가져올 수 있다. 고전적 조건화이론은 공포증 치료에 적응하였으며, 체계적 둔감법이라는 기법을 발달시켰다.

(3) 파블로프의 이론

① 고전적 조건화

중성 자극에 반응 유발능력을 가지게 하여 조건 자극으로 변화시키는 과정으로 두 자극과 반응 간의 연합이 지속될 경우 조건 반응이 강화된다. 파블로프의 실험에서 음식에 의한 침의 발생은 선천적인 것이며, 종소리에 의한 침의 발생은 학습된 것이라고 할 수 있다.

② 일반화

일반화genaralization는 조건화된 자극과 비슷하나 동일하지 않은 자극에 대한 조건화된 반응의 연속이다. 두 자극이 유사할수록 두 번째 자극에 대한 반응확률이 증가하며 일반화 정도가 커진다. 예를 들어, 어떤 특정한 종소리가 조건 자극으로 사용되었다면 이 소리와 유사한 소리를 내는 종소리에도 개가 침을 흘리는 조건화된 반응이 나타날 수 있다. 두 자극이 유사할수록 두 번째 자극에 대한 반응확률이 증가하며 일반화의 정도는 더욱 커진다. 우리 속담에 '자라 보고 놀란 가슴, 솥뚜껑 보고 놀란다'는 말은 비슷한 자극에 대한 일반화된 반응의 예라고 할 수 있다.

③ 변별자극

변별자극discriminative stimulus이란 특정한 반응이 보상되거나 보상되지 않을 것이라는 단서 또는 신호로 작용하는 자극이다. 예를 들면 동물에게 두 가지 소리를 들려 주지만, 첫 번째 소리가 날 때만 강화를 반복하면 동물은 두 가지 소리를 변별하는 것을 학습하게 되고, 결국은 첫 번째 소리에 대해서만 조건 반응을 나타낸다. 두 가지 소리가 차이날수록 변별은 더욱 쉽게 이루어진다.

④ 학습소거

학습소거extinction는 조건 자극(종소리)과 무조건 자극(고깃덩어리)이 더 이상 연결되지 않을 때, 조건 자극(종소리)만 계속 제시하면 학습된 조건 반응(타액 분비)이 점차로 줄어들거나 결국은 없어지는 것이다. 즉 무조건 자극을 생략하고 조건 자극만을 계속 제시하면 조건 반응은 점차로 약화되어서 결국은 소멸하게 되는데, 이를 학습소거라고 한다.

⑤ 자연적 회복

자연적 회복spontaneous recovery은 학습된 행동이 소거된 후에, 어떤 종소리도 없이 고깃덩어리가 개에게 주어진다면 처음에는 종소리만으로 침을 흘리는 반응이 나타나지 않는다. 그러나 만약 충분한 노력으로 원래의 조건화가 주어진다면 조건화된 반응이 다시 나타나면서 반응에 대한 자연적 회복이 일어난다. 이는 소거된 학습행동이 자극의 조건화에 의해서 자연스럽게 회복되기 때문이다.

> 인간에게 있어서 어떤 문제들은 파블로프적인 학습과정의 산물로서 정서적 또는 육체적인 반응과 관련되어 있다. 예를 들어, 공황이나 과도한 불안반응, 심리적인 성교 불능 상태, 성기능장애, 암환자의 화학요법 이전에 나타나는 메스꺼움 따위가 있다. 이러한 반응들은 비자발적 환경적 자극의 결과라고 할 수 있다.

2) 왓슨 : 고전적 조건 형성

(1) 왓슨의 생애

왓슨John Broadus Watson, 1878~1958은 1878년 미국 남부 캐롤라이나의 그린빌에서 태어났다. 시카고대학에서 동물을 대상으로 심리학을 연구하여 박사학위를 받았다. 최초로 '행동주의'라는 말을 제안하여 심리학에 영향을 주었다. 행동주의란 인간의 행동을 예견하고 통제하는 것에 목적을 둔 자연과학이라고 정의한다. 행동이란 적절한 자극을 선택함으로써 형성될 수 있다고 강조하였다. 인간행동을 결정짓는데 있어 유전과 의식주의mentalism의 역할을 전적으로 거부함으로써 인간과 다른 종과의 구별은 결과적으로 없어진다.

(2) 고전적 조건 형성의 적용

파블로프가 동물을 대상으로 실시한 조건 형성을 인간에게도 적용할 수 있음을 최초로 보여준 사람이 왓슨이다. 즉 파블로프의 고전적 조건 형성이론을 인간에게 적용시켰다. 영아에게 선천적으로 타고난 특질이 있으며 그들의 성장과 발달은 양육환경과 그들의 생활에서 중요한 위치를 차지하는 부모를 비롯한 주변 사람들의 양육방식과 태도에 달려 있다고 하였다. 영아의 정서반응이 선천적인 것이 아니고 자극과 반응의 연합에 의해서 학습된 것임을 증명하였다.

알버트Albert와 흰쥐에 대한 실험

① 알버트는 처음에 흰쥐에 대해 아무런 공포도 갖지 않는다.

② 알버트가 흰쥐를 만질 때마다 큰 소리를 들려주어 그를 놀라게 한다.

③ 그 후 알버트는 큰 소리가 나지 않아도 흰쥐만 보면 두려워하게 된다.

⇒ 흰쥐와 큰 소리를 연합함으로써 조건 형성을 이룬다.

왓슨은 아동의 정서적 반응이 고전적 조건화과정을 통해 획득된다고 믿었으며, 인간의 모든 학습과 행동을 통제할 수 있다고 결론내렸다. 환경주의자이기도 한 왓슨은 "나에게 열두 명의 건강한 아기와 그 아기들 중 하나를 선택하여 그의 재능, 취미, 경향, 능력, 소명 또는 인종에 관계없이 내가 원하는 유형의 인간, 즉 의사, 변호사, 미술가, 상인, 장관, 심지어 거지나 도둑으로까지 만들 수 있다."라고 하여 그의 확고하고도 급진적인 환경적 입장을 잘 나타내었다.

(3) 왓슨의 행동주의 특징

의식은 존재와 기능을 무시하고 순전히 행동만을 다루어야 한다고 하였다. 인간의 행동을 이해하기 위해서는 동물을 실험대상으로 할 수도 있다고 하였으며, 인간의 행동은 자극과 반응으로 이루어지는데 행동의 궁극적 요소는 반사라고 하였다. 그러나 인간을 지나치게 행동적으로만 해석하고 환경 자극에 단순히 반응하는 수동적이고 기계적인 존재로 간주하는 이러한 극단적인 입장은 오히려 그의 행동주의를 단명하게 만든 이유가 되었다.

3) 손다이크의 이론 : 도구적 조건화

(1) 손다이크의 생애

손다이크Edward Lee Thorndike, 1874~1949는 미국의 심리학자로 고양이를 사용한 문제상자의 실험으로 시행착오이론을 세웠다. 영국의 연합심리학의 계통을 잇고 있다.

(2) 고전적 조건 형성의 적용

손다이크의 도구적 조건화 연구는 문제상자puzzle box를 이용하여 도구를 사용한 행동이 어떤 결과를 초래하는지를 파악하고자 하였다.

행동과 결과 간의 관계성을 연구하기 위해 손다이크는 문제상자 안에 굶주린 고양이를 두고 밖에는 생선을 놓아두었다. 그리고 이 상황에서 고양이가 문제상자를 빠져 나오는데 걸리는 시간을 측정하였다. 문제상자에는 고양이가 나무페달을 밟으면 열리도록 고안되어 있다.

처음에는 고양이가 즉각적으로 페달을 밟아 문을 열고 나오지 못하고 여러 가지 관련 없는 행동을 하였으나, 결국에는 우연히 페달을 밟아서 문제상자를 빠져나오게 되었다. 그리고 시행을 거듭할수록 고양이가 문제상자를 빠져 나오는데 걸리는 시간이 점점 단축되었다. 이 현상을 손다이크는 '효과의 법칙'이라고 불렀다.

효과의 법칙이란 만족스러운 결과를 가져오는 행동은 강해지고 불만족스러운 결과를 가져오는 행동은 약해지는 현상을 말한다. 특정 행동에 따르는 결과가 다음 행동의 원인이 되며 행동의 결과, 즉 보상과 처벌에 의해 유지 또는 통제된다.

손다이크의 실험에서 본다면 문제상자의 문을 열리게 하고 결과적으로 바깥에 있는 생선을 먹을 수 있게 했던 페달을 밟는 행동은 강해졌고, 문제상자 안에 그대로 남게 했던 여러 행동들은 약해졌다고 볼 수 있다. 손다이크는 이러한 전체적인 과정을 도구적 조건화라고 불렀다. 이는 행동이 어떤 결과를 초래하는 데 있어서 도구 역할을 하였기 때문이다. 사회학습이론의 중요한 기초가 된다.

학습의 법칙 4가지를 주장하였다.

① 연습의 법칙

연습횟수 혹은 사용빈도가 증가할수록 자극-반응 결합이 강해지고, 연습횟수 혹은 사용빈도가 감소할수록 자극-반응 결합이 약화된다.

② 효과의 법칙

만족스러운 결과(보상)가 수반된 반응은 나타날 확률이 증가하고, 불만족스러운 결과(처벌)가 수반된 반응은 나타날 확률이 감소한다.

③ 준비성의 법칙

어떤 반응을 수행할 신경생리학적 준비가 되어 있을 때 반응을 하면 만족스럽지만, 준비가 되어 있지 않을 때 반응을 하도록 강요하거나 준비가 되는데도 반응을 허용하지 않으면 불만족스러운 결과가 초래된다(예 쥐가 배가 고프지 않다면 음식물을 먹기 위해 그 미로에 들어가려고 하지 않는다).

④ 하위법칙

문제를 해결하기 위해 다양한 반응을 시도하는 과정에서 적절한 반응이 나타나서 선택된다는 시행착오법칙 자세 또는 태도는 문제 장면에서 어떤 행동을 할 것인지 그리고 결과가 만족스러운지 아니면 만족스럽지 않은지는 유기체의 자세나 태도에 의해 부분적으로 결정된다. 자세나 태도는 특정 방식으로 행동하려는 경향성으로 일종의 동기에 해당한다고 하였다.

2. 스키너의 행동주의이론

1) 스키너의 생애

스키너Burrhus Frederic Skinner, 1904~1990는 1904년 미국 펜실베이니아주에서 태어났다. 소년 시절에는 물건을 디자인하고 만드는 데 많은 시간을 보냈다. 고교시절에는 재즈 밴드에서 연주를 하기도 하고, 오케스트라 단원 활동도 했다. 대학시절에는 해밀턴대학에서 영문학을 공부했는데, 재학 중 심리학 관련 과목은 전혀 수강하지 않았다. 1928년 하버드대학의 심리학과 대학원에 입학하였다. 동물행동을 전공하였고, 1931년 박사학위를 받았다. 하버드대학에서 1958년부터 1974년 은퇴할 때까지 심리학과의 교수였다. '스키너의 상자'로 불리는 조작적 조건화 상자를 만들었으며 이를 바탕으로 급진적 행동주의라고 부르는 과학철학을 만들어냈다.

2) 스키너의 인간관

대부분의 인간행동이 외적 자극에 의해 동기화되고, 그것에 따르는 강화에 의해 행동의 빈도와 강도가 결정된다. 인간행동이 보상과 처벌에 의해 유지된다는 것으로 인간은 기계적 존재라고 할 수 있다. 모든 인간행동은 법칙적으로 결정되고 예측이 가능하며 통제될 수 있다. 스키너의 학문적 관심은 인간행동 중 조작이 가능한 행동에 한정되었다. 외적 강화가 없이는 어떤 행동의 학습이나 수정이 없다. 인간은 어떻게 행동하도록 강화되었느냐에 따라 행동하며 인간행동의 차이는 강화 역사의 차이이다. 인간은 자신의 행동을 통제할 수 있는 힘이 없다.

3) 기본가정

인간의 행동은 환경적 자극에 의해 동기화되며, 행동에 따르는 강화에 의해 전적으로 결정된다고 보고 있다. 인간행동에 대한 기본가정을 ABC 패러다임이라고 한다.

선행요인antecedents, A은 행동 이전에 일어나는 사건을 말한다. 이 사건은 일어날 행동의 단계를 설정한다. 행동behavior, B은 관찰 가능하고 측정 가능한 반응, 또는 행동이다. 행동은 때로 인지·심리·생리적 반응, 감정 등을 포함하는 넓은 의미이다. 결과consequence, C는 특정 행동의 직접적인 결과인 그 무엇을 의미한다. 결과를 가장 잘 설명하는 용어는 강화와 벌이다.

4) 성격에 대한 관점

성격이란 각 개인이 지니고 있는 행동유형들의 집합이며, 한 개인의 행동과 그에 따르는 강화 사이의 관계유형이라고 본다. 자극-반응이라는 학습원칙은 누구에게나 동일하게 적용되지만, 각자의 유전적 배경과 독특한 환경조건이 개인 특유의 행동유형을 형성하므로 모든 사람의 행동발달 유형은 모두 다르다. 강화된 행동은 습관이 되고 이 습관이 성격의 일부가 된다고 보는데, 강화된 행동의 일반화와 자극에 대한 변별능력이 적절하게 발달한 결과로 건전한 성격을 형성한다.

5) 주요 개념

(1) 고전적 조건화

새로운 자극에 의하여 반응을 일으키는 것을 파블로프의 실험에 의해서 유명해졌다. 고전적 조건화는 어떤 자극에 유기체가 자동적 또는 수동적으로 어떤 반응을 일으키게 만드는 속성 때문에 반응적 조건화라고도 한다. 이런 조건화에 의해 형성된 행동을 반응적 행동이라고 한다. 반응적 행동이란 인간 유기체가 특정 자극에 대해 자동으로 반응을 보이는 것을 의미한다. 대표적 예로는 타액 분비, 눈물, 재채기 등이 있다.

(2) 조작적 조건화

스키너는 비둘기 실험을 통해 조작적 조건화를 설명하였다. 비둘기가 한 바퀴 돌 때마다 먹이를 줌으로써 비둘기로 하여금 '한 바퀴 돌면 먹이가 나오는 관계'에 관해 학습시켰다. 비둘기의 '한 바퀴 도는 행동'은 조작적 행동operant behavior, 그 행동으로 얻는 '먹이'를 보상reinforce으로 보았다. 이 실험에서 비둘기는 행동과 보상 간 강화의 관계를 학습한다. 조작적 조건 형성operant conditioning은 강화를 받는 행동은 지속적으로 유지되고 강화를 받지 못하는 행동은 소멸되는데 이처럼 강화에 의해 조작적 행위가 조건화되는 것이다. 도구적 학습instrumental learning은 행동이 그 결과를 초래하는 도구적인 역할을 하는 조작적 학습이다.

조작적 조건 형성은 왓슨의 행동주의에 영향을 받은 스키너의 주장으로 이른바 스키너 상자라는 실험이 잘 알려져 있다. 상자의 한쪽 벽에 지렛대를 설치해 놓고 이 지렛대가 자동적으로 기록을 하는 장치와 전동식으로 작동되는 먹이통에 연결되게 하였다. 상자 속에 쥐가 지렛대를 누르면 먹이통에 알맹이로 된 먹이가 지렛대 밑의 먹이 그릇에 자동적으로 떨어지게 되었다. 이 스키너 상자에 쥐를 넣으면 쥐는 새로운 환경을 탐색하면서 여러 가지 행동을 보이게 된다. 이 중에서 우연히 지렛대를 누르면 먹이를 주어 쥐가 나타내는 반응을 강화해 준다. 쥐는 드디어 이전에 행한 여러 가지 반응을 생각하고 즉각적으로 지렛대를 누르는 행동을 계속하게 된다. 또 쥐가 배가 고플수록 지렛대를 누르는 빈도가 증가하게 된다. 스키너 중심원리인 '정적 강화의 위력'을 보여 주는 실험이다.

스키너는 인간행동의 초점은 행동의 결과와 조작적 조건화에 있다고 보았다. 조작적 조건화는 인간이 환경적 자극에 능동적으로 반응하여 나타내는 행동인 조작적 행동을 설명한다. 반응적 조건화가 행동의 선행조건에 초점을 두는 반면, 조작적 조건화에서는 행동이 발생한 이후의 결과가 핵심이다. 행동은 그 결과에 의해 형성되고 유지된다는 것이다. 모든 다른 조건이 동일하다면 강화된 행동은 반복되는 반면 비강화되거나 처벌받은 행동은 반복되지 않거나 소거되는 경향이 조작적 조건화이다. 따라서 유기체가 원하는 결과를 얻기 위해 실행하는 자발적 반응인 것이다.

표 4-1 **파블로프와 스키너 이론 차이점**

파블로프의 행동주의이론	비자발적인 반사행동을 유발하는 환경적 자극의 역할에 초점
스키너의 행동주의이론	개인의 과거 행동의 결과가 어떻게 그 개인의 현재 행동에 영향을 끼치는가에 초점

(3) 강화(행동을 증가시키기 위한 것)

조작적 조건 형성의 중심 원리는 강화에 있다. 조작은 반응의 결과에 초점을 둔다. 행동 수정을 위해서는 처벌보다는 강화가 더 바람직하다. 반응을 증진시키는 결과를 강화물이라고 한다(예 이를 닦거나 차를 운전하거나 책을 읽는 것은 어떤 특정한 자극에 의해 자동적으로 유발되는 것이 아니라, 어떤 행위를 함으로써 보상을 받았다면 그러한 행동을 할 가능성이 커진다).

① **정적 강화**positive reinforcement

긍정적 경험을 제공하여 바람직한 행동의 발생률을 높이는 것이다(즐거운 결과를 부여함으로써 : +, 정적/행동의 재현을 가져옴 : +, 강화-행동의 빈도 증가). 음식, 돈, 칭찬과 같은 특별한 것이다. 엄마의 심부름을 하자, 엄마가 칭찬을 하거나 용돈을 주었다. 아이는 칭찬을 듣거나 용돈을 받기 위해 심부름을 더 열심히 하는 것이 예이다. 자기 방을 깨끗이 청소한 자녀에게 아버지가 칭찬하는 것 등을 말한다.

- 철수가 방 청소를 하면 아이스크림을 준다.
  - 아이스크림을 줌으로써(+ : 정적) 방 청소를 하는 행동이 증가한다(+ : 강화).
- 쥐가 지렛대를 누르면 음식이 나온다.
  - 음식을 줌으로써(+ : 정적) 지렛대 누르는 행동이 증가한다(+ : 강화) .

② **부적 강화**negative reinforcement

불쾌한 경험을 제거하여 행동 재현의 가능성을 높이는 것을 일컫는다. 귀찮은 사람을 피해서 걷거나 우는 아이에게 관심을 주지 않는 것처럼 불쾌한 결과를 나타 내지 않고 철회하는 것이다. 학생 모두가 수업시간 전에 강의실에 도착하면 교수가 그날 과제를 면제해 준다. 과제를 면제해 줌으로써(− : 부적), 수업시간 전에 도착하는 행동이 증가한다(+ : 강화). 안전벨트를 매면 안전벨트 부저의 시끄러운 소음이 멈춘다. 시끄러운 소음을 멈춤으로써(− : 부적) 안전벨트를 매는 행동이 증가한다(+ : 강화).

③ **Hull의 강화 유형**

일차 강화물은 생리적 욕구를 감소시키는 것이다. 예를 들면, 음식, 물, 자연적인 강화 속성, 무조건적이고 학습이 필요 없는 것이다. 이차 강화물은 생리적 욕구를 감소시키지 않는다. 예를 들면, 돈, 관심, 칭찬, 애정, 부모의 미소나 칭찬 또는 주의를 기울이는 것이다.

정적 강화와 부적 강화의 공통점은 정적 강화나 부적 강화 모두 특정한(대체적으로 바람직한 기대하는) 행동을 증가시키는 것을 목적으로 가지는 것이 공통점이다. 차이점은 정적 강화는 정적 강화물을 제시함으로써 특정 행동을 증가시키는 것이고, 부적 강화는 부적 강화물을 제거함으로써 특정 행동의 빈도를 증가시키는 데 차이가 있다.

(4) 처벌

반응을 감소시키는 결과는 처벌이라고 한다. 벌은 어떤 행동을 했을 때 혐오스러운 결과를 주거나 정적(+ : 정적) 강화물을 제거함으로써(− : 부적) 특정 행동의 빈도를 줄이는 것(벌 혹은 처벌)으로 행동수정의 한 방법이다. 부적 강화물은 바람직한 행동의 발생률을 높이는 데 초점이 있으나, 처벌은 용납할 수 없는 행동을 억제하는 데 그 목적이 있다. 비싼 장난감을 사달라는 아이에게 '손들고 있기'라는 벌을 주면, 아이의 투정 부리는 행동이 감소한다.

① 정적 처벌

행동 다음에 체벌과 같은 혐오 자극이 뒤따를 때 반응 빈도가 감소하는 것을 말한다.

② 부적 처벌

행동 다음에 뒤따르는 긍정적 자극을 제거함으로써 반응 빈도가 감소하는 것을 말한다. TV를 너무 많이 보는 아이에게 아이가 좋아하는 초콜릿(긍정적 자극)을 주지 않으면, 아이의 TV 시청 시간이 감소한다.

아동 처벌을 극대화하기 위한 방법

- 즉시 처벌
- 냉정한 자세 유지
- 같은 상황에서 일관성 있게 처벌

강화와 처벌

조치	기대결과 : 행동빈도의 증가/감소	
	강화(증가) +	처벌(감소) -
정적(+)	정적 강화(좋은 걸 줌)	정적 처벌(싫어하는 걸 줌)
부적(-)	부적 강화(싫어하는 걸 제거함)	부적 처벌(좋은 걸 제거함)

③ 강화물의 유형

일차적 강화물은 음식, 물, 따뜻함 등과 같이 무조건적 자극으로서 이는 학습이 필요하지 않는 것들이다. 이차적 강화물은 조건적인 역사를 통하여 학습되고 개발된다. 돈, 관심, 칭찬, 애정과 같은 이차적 강화물은 인간행동을 형성하는 데 있어서 매우 중요하다.

(5) 소거

소거extinction는 어떤 자극이 있은 후에도 특정 행동이 일어나지 않는 것을 말한다. 일시적으로 행동의 빈도를 줄이는 억압현상이다. 즉 일시적으로 행동의 빈도를 줄이는 것이다. 더 이상 강화를 받지 못해서 행동이나 반응이 사라지거나 약화된다. 아이를 침대에 눕히면 부모가 다시 방으로 와 자신을 달래줄 때까지 소리를 질러댄다. 이러한 아이의 행동은 부모가 방으로 다시 들어와 달래주는 행동인 정적 강화 때문이다. 이렇게 소리 지르는 아이의 행동을 무시해 보았다. 첫날 밤은 45분 동안 아이가 비명을 질렀지만, 다음날 밤에는 아무 소리도 지르지 않았다.

(6) 강화 스케줄

행동 증가를 목적으로 사용하는 강화물을 제시하는 유형이다. 지속적인 강화는 반응이 있을 때마다 강화를 주는 것이다. 간헐적인 강화는 간격이나 비율에 따라서 강화를 주며, 고정적으로 주거나 일정치 않게 강화를 제공한다.

① **고정 간격 스케줄**fixed-interval schedule, FI

특별히 정해진 시간 간격에 따라서 강화를 준다. 공부하는 딸에게 1시간에 한 번씩 규칙적으로 간식을 주는 것, 한 시간 동안 6번의 강화를 줄 경우 10분마다 강화를 주는 것이다. 강화를 제공하는 시간이 임박하면 강화받는 행동이 극대화되다가 일단 강화를 얻고 난 후에는 그 행동이 급격히 줄어든다(예 시험이 다가오면 공부시간이 증가하고 시험이 끝나면 공부시간 감소함).

② **변수(가변) 간격 스케줄**varaiable-interval schedule, VI

일정한 시간의 한도 내에서 강화를 주는 시간 조정을 다양하게 한다. 평균적인 시간이 지난 후 행동에 강화를 제공하는 것이다. 예를 들어, 10분 내에 다섯 번의 강화를 준다고 할 때 2분 30초에 한 번의 강화를 주고, 그 다음에는 3분 50초, 7분, 8분, 10초 그리고 10분에 강화를 준다. 제공 시간이 일정하지는 않지만 평균시간은 2분이 된다. 공부하는 딸에게 1시간에 아무 때나 간식을 주는 것, 1시간 동안 6번의 강화를 줄 경우 시간 간격에 상관없이 6번을 주는 것이다.

③ **고정비율 스케줄**fixed-ratio schedule, FR

이는 일정한 시간에 따라서 강화가 주어지는 것이 아니라 특정한 반응 빈도를 보일 때마다 강화를 준다. 책 한 권을 썼을 때마다 원고료를 주는 것이며, 과수원에서 한 바구니의 과일을 딸 때마다 보수로 5,000원씩 지급하는 것이다.

④ **변수(가변)비율 스케줄**variable-ratio schedule, VR

특정한 반응이 나타날 때마다 강화를 주지만 반응의 빈도를 고정적으로 하지 않고 빈도를 다양하게 정하여 그 빈도에 따라서 강화를 준다. 10번의 반응이 나타나는 동안에 다섯 번의 강화를 준다. 1, 3, 5, 6, 10회의 반응이 있을 때 강화를 제공한다. 예를 들어, 카지노의 자동도박기계(슬롯머신)/복권 등이다. 영업사원의 경우 언제 상품이 판매될지 예상할 수 없으나 가급적 많은 사람을 접촉하면 상품을 팔 수 있는 기회가 많아진다.

표 4-2 **간헐적 강화 스케줄**

고정간격 스케줄	특정 시간 간격마다 강화를 제공
변수간격 스케줄	평균적인 시간이 지난 후 행동에 강화를 제공
고정비율 스케줄	특정 행동이 일정 수만큼 발생 시 강화 제공
변수비율 스케줄	평균 몇 번의 반응이 일어난 후 강화 제공, 다음 강화가 언제 일어날지 예측할 수 없음

최고 높은 비율의 반응을 발생시키는 강화 스케줄의 순서

변수비율 스케줄 > 고정비율 스케줄 > 변수간격 스케줄 > 고정간격 스케줄

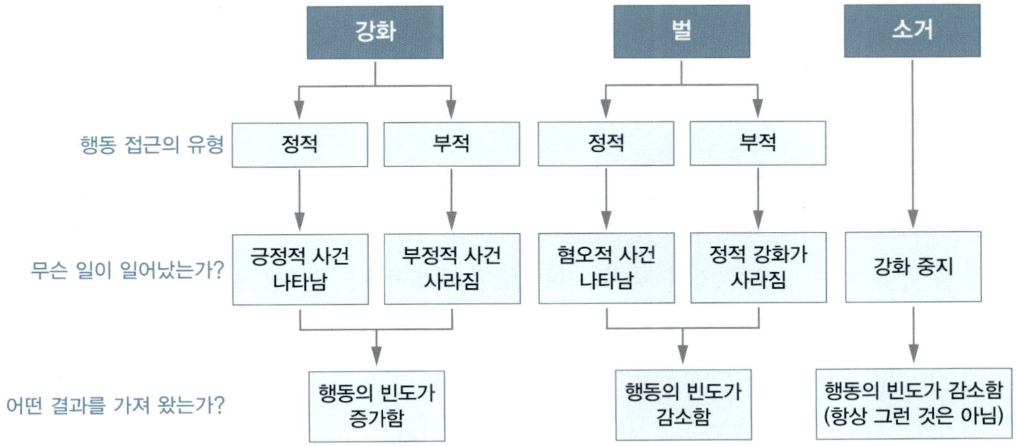

표 4-3 **강화 계획**

연속적 강화		강화물을 주는 방법
간헐적 강화스케줄	고정간격	일정한 시간 간격을 두고 강화를 제공
	변수(가변)간격	가변적 시간 간격을 두고 강화를 제공
	고정비율	일정한 횟수(예: 5번 했을 때마다)
	변수(가변)비율	가변적 횟수(예: 2, 4, 7번 했을 때)

⑺ 일반화와 자극의 변별화

일반화는 특정 자극 상황에서 강화된 행동이 처음의 자극과 비슷한 다른 자극을 받았을 때 다시 발생하게 되는 것이다. 강화를 통해 학습된 행동양식을 다른 행동양식으로 확대한다. 예를 들어, 아버지를 "다다"라고 말하고 엄마나 형제에게는 그러지 않도록 강화받은 아동이 길에서 만난 남성 어른에게 "다다"라고 말한다면 이는 자극이 일반화된 것이다.

변별 자극은 특정한 반응이 보상되거나 보상되지 않을 것이라는 단서 혹은 신호로 작용하게 되는 자극이다. 즉 어떤 행동이나 반응을 보여야 바람직한 결과를 얻을 수 있을 것인지를 알려주는 신호이다. 변별 자극을 통하여 인간은 외적 세계를 더 잘 관리하고, 예측하고 통제할 수 있게 된다. 벽에 낙서를 했을 때 선생님이 무서운 얼굴 표정을 지으면 이는 처벌을 받는다는 신호로 일종의 변별 자극이다. 교통 CCTV는 교통위반 범칙금을 물지 않기 위해 속도를 줄이게 하는 신호가 된다.

⑻ 행동 형성, 행동 조성

복잡한 행동이나 복합적인 기술을 학습시키기 위해서 사용하는 방법이며 바람직한 행동을 학습할 수 있도록 기대에 부응하는 행동에 대하여 강화함으로써 행동을 점진적으로 만들어가는 것이다. 원하는 반응에 접근할 때마다 강화가 주어지는 것으로 점진적 접근법이라고도 한다. 구체적이고 세분화된 행동의 단계로 구분하여 접근하는 것이 효과적이다. 유아의 대소변 가리기 행동을 조성하기 위해서 먼저 '응가'라는 말을 하면 칭찬을 하여 배변욕구 표현행동을 조성한다. 그 다음에 바지 내리기, 변기 앉기, 배설하기, 변기물 내리기 등의 행동을 차례로 행하게 하고 강화하여 행동을 만들어 가는 경우이다.

⑼ 타임아웃

특정 행동의 발생 빈도를 감소시킬 목적으로 이전의 강화를 철회하는 것으로서 부적 처벌의 원리를 이용한 것이다. 아이가 잘못했을 때 아이의 활동을 잠시 중단시키고 다른 자극이나 영향이 미치지 않는 장소로 격리시켜 조용하게 자신의 행동을 돌이켜보게 하는 것이다.

6) 행동주의적 치료에 공통으로 적용되는 기본가정과 특성

과거의 행동 결정요인보다는 현재 개인의 행동에 영향을 미치는 결정요인에 초점을 둔다. 개인의 겉으로 드러난 관찰 가능한 행동에 초점을 둔다. 행동을 구체적으로 기술하고 객관적인 용어로 치료목표를 설정한다. 구체적인 행동을 변화시키는 데 치료목표를 두고, 치료과정에 대해 객관적 평가를 실시한다. 심리학적 실험에서 도출된 행동 변화의 원리와 기법을 실제 임상장면에서 적용한다.

7) 스키너 이론의 평가

(1) 장점

치료기법의 효과성을 중시하고 발전시켰다. 또한 치료기법에 대한 정밀한 측정을 강조하였다. 그리고 비교적 짧은 시간 내에 개입의 효과를 기대할 수 있다는 점을 들 수 있다.

(2) 이론의 한계점

인간의 행동에 대한 환경의 결정력을 너무 강조하여 행동에 영향을 미치는 인간의 내적·정신적 특성을 배제하고 있다. 인간행동을 결정함에 있어 고도의 정신과정이 중요함에도 불구하고 스키너는 인지의 창조적인 면을 염두에 두지 않았다. 인간의 모든 행동이 조작을 통해 변화될 수 있다고 보는 것이다. 따라서 인간을 지나치게 단순화·객관화·과학화하고 있다는 측면에서 비판을 받고 있다.

스키너에 따르면 인간행동은 결과, 즉 보상과 처벌에 의해 유지되며, 인간의 행동은 법칙적으로 결정되고 예측이 가능하며, 통제될 수 있다고 보았다. 따라서 자율적인 인간의 성격, 심리 상태, 느낌, 계획이나 목적, 의도를 부정하였다. 철저하게 통제된 스키너의 실험은 관찰되지 않은 절차나 과정의 추론을 어렵게 만들고 예기치 않은 자극이 일어나는 상황이나 과거의 자극이 예기치 않은 방식과 결합되는 상황에서 무엇이 발생할 것인지를 예측하기 매우 어려워서 지나치게 비인간적이라는 비판을 받는다. 즉 행동주의에서의 처벌원칙은 인간 서비스의 측면에서 보면 다소 비인간적인 면을 정당화시킨다는 점이다. 인간의 모든 행동은 조작을 통해 변화할 수 있다는 주장에 대해 주류 심리학에서는 전적으로 받아들이기 힘든 제한점을 안고 있다.

8) 행동주의와 사회복지실천과의 연관성

원조의 초점을 정신 내적 갈등에서 외형적 행동으로 이동시키는 데 영향을 미쳤다. 인간의 신체적, 심리적 발달에 환경이 얼마나 중요한지 뒷받침해 줌으로써 사회복지분야의 지식기반이 되었다. 행동수정이나 행동치료에서는 고전적 조건화와 조작적 조건화의 원리에 근거한 개입기법을 주로 사용한다. 또한 상세한 행동관찰을 필요로 하는 내담자에 대한 면접기록과 사정assessment에서도 행동주의 학습이론은 중요한 지식 기반이 된다.

3. 반두라의 사회학습이론

1) 반두라의 생애

반두라Albert Bandura, 1925~는 1925년 캐나다 앨버타의 멀다에서 폴란드계 밀농사꾼의 아들로 태어났다. 밴쿠버에 있는 브리티시콜롬비아대학을 졸업한 후에 아이오와대학에서 석사·박사 학위를 받았다. 1972년에 미국심리학회로부터 우수과학자상을 수상했고, 1973년에는 캘리포니아심리학회로부터 우수과학업적상을 받았다. 1973년에는 미국심리학회 회장으로 선출되어 활동하였다.

2) 인간행동에 대한 기본 가정

인간의 행동은 환경적 자극에 의해 동기화된다. 개인의 인지적 요인과 다른 내적 사건들에 의해 중재되어 최종적으로 표현되는 행동이 결정된다. 인간은 자기효율성을 성취하는 방향으로 행동을 규제할 수 있다. 새로운 행동의 학습은 외적 강화 없이도 이루어질 수 있다. 즉 모델링, 대리 강화를 통해서도 새로운 행동의 학습은 물론 혁신적 행동도 창조해 낼 수 있다.

(1) 사회학습이론의 특성

반두라는 인간의 행동은 발달단계나 고유한 특성에 의해서보다는 자신이 처해 있는 상황과 그 상황에 대한 해석에 의해 결정된다고 하였다. 그 결과, 확고한 도덕적 원칙을 지니고 있는 사람이라 할지라도 자기멸시를 회피할 수 있는 여러 가지 이유를 붙이면서 상황에 따라 도덕적 원칙에 크게 벗어날 수 있다.

① 학습이론(스키너의 행동주의이론)

아동의 도덕성 발달은 보상과 처벌에 의해 이루어진다. 보상은 행동의 반복 가능성을 증가시키는 반면, 처벌은 반복 가능성을 감소시킨다.

② 사회학습이론(반두라)

아동은 타인의 행동을 관찰한 결과로 도덕적 행동을 한다. 일반적으로 부모들이 도덕적 규칙과 조정의 모델이 되며 아동은 궁극적으로 그것들을 내면화한다. 내면화가 이루어지면 아동은 어떤 행동이 도덕적이고 어떤 행동이 금지된 것인가를 결정한다.

(2) 성격발달

인간의 습관은 대부분 다른 사람을 관찰하고 모방함으로써 배우는 것이며, 이러한 사회학습의 경험이 성격을 형성한다고 보았다. 아이들은 어른이 수행하는 도덕적 가치를 포함하여 모든 행동을 관찰하고 모방함으로써 가족과 지역사회의 생활방식으로 사회화한다. 모방 이외에도 유전적 소질이나 보상과 발달, 성격에 영향을 미친다고 보았다. 인간의 행동은 많은 부분 자기강화에 따라 결정되며, 자기효율성도 성격발달에 중요한 영향을 미친다.

3) 주요 개념

(1) 모방

모방은 다른 사람이 행동하는 것을 보고 들으면서 그 행동을 따라하는 것이다. 실험적 연구에 따르면 아동은

- 위대하다고 생각하는 사람의 행동을 위대하다고 생각하지 않는 사람의 행동보다 더

잘 모방한다.

- 자기와 동성인 모델의 행동을 이성인 모델의 행동보다 더 잘 모방한다.
- 돈, 명성, 높은 사회경제적 지위 등을 지닌 모델을 더 잘 모방한다.
- 벌을 받은 모델을 거의 모방하지 않는다.
- 연령이나 지위에서 자기와 비슷한 모델을 상이한 모델보다 더 잘 모방한다.

(2) 인지

인지는 지식을 획득, 조직하고 사용하는 과정이다. 인간의 장래를 계획하고, 내적 표준들에 의해 자신의 행동을 조절하며 행동의 결과들을 예상할 수 있다. 그러므로 학습된 반응을 수행할 수 있는 의지는 인지적 통제하에 있다.

(3) 관찰학습

반두라의 사회학습이론은 관찰을 통해 이루어지는 학습이라고 하여 관찰학습이라고 부른다. 때로는 대리학습, 사회학습, 모델링이라고도 부른다.

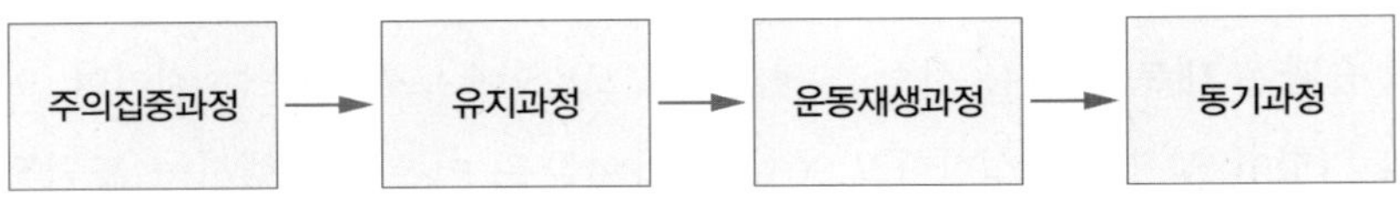

① 주의집중과정

모델링을 하는 과정에서 관련된 자극에 주의를 기울이고 관찰한 행동을 배우면서 중요하지 않은 것은 걸러낸다. 사람들에게 노출된 모든 것을 자동적으로 학습하지 않음을 뜻한다.

② 유지과정

모델로부터 받은 내용과 인상을 자신의 내면에 오랫동안 기억하는 것을 말한다. 상징적인 대상물을 저장하고 회상하는 능력에 있어서 언어 발달의 중요성을 인식했다. 학습한 내용을 실제로 기억하지 못하면 실제로 효과가 없음을 뜻한다. 기억은 시간이 지남에 따라 사라지기 때문에 기억의 연속성을 중요한 요소로 보았다.

③ 생산과정(운동재생과정)

심상에 저장되어 있거나 상징적으로 부호화된 기억을 행동으로 전환하는 것이다. 모델의 행동을 비교하면서 계속 자기의 행동을 수정하여 모델의 행동을 재생할 수 있게 해주는 교정적 피드백이 필요하다.

④ 동기과정

관찰학습과정의 결과를 유지하기 위해서 필요하다. 모델을 통한 관찰학습은 긍정적인 자극이 주어질 때 동기화되고 행동으로 전환될 수가 있다.

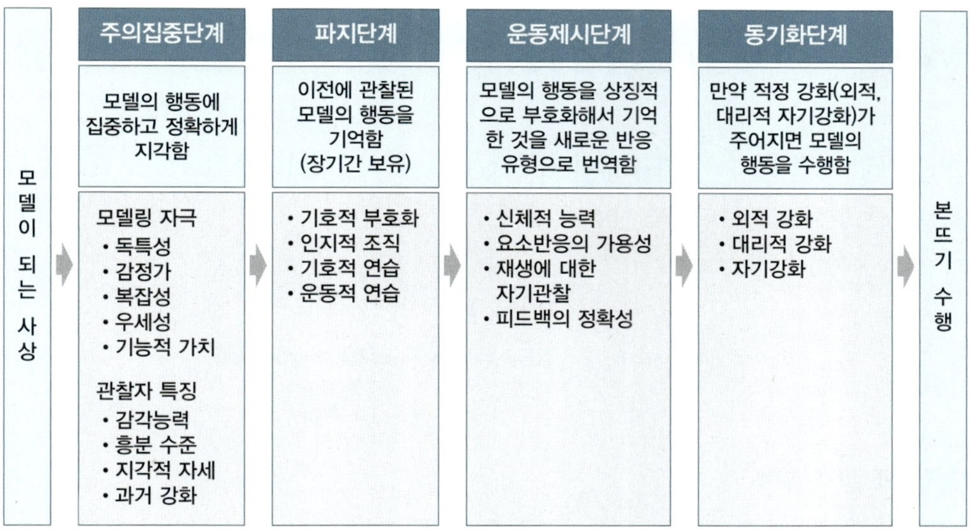

(4) 상호 결정론

인간의 성격이란 개인적·행동적·환경적 요소들 간의 지속적인 상호작용에 의해 발달한다고 보았으며 이를 상호 결정이라고 한다. 환경은 사람이 행동하는 상황을 제공하고, 사람은 인지와 지각을 통하여 그 상황을 분석하여 어떤 행동을 선택할 것인지 결정하며, 행동은 사람의 상황분석과 관련된 정보를 제공하고 그 환경을 수정한다. 환경, 사람, 행동 세 가지 요소는 서로에게 영향을 주며 상호 의존적이다.

반두라의 상호 결정론은 발달과정을 개인과 환경과의 상호성으로 보는 양방향성을 가정한 이론이다. 개인, 행동, 환경 간의 관계는 양방향성이라고 주장하였다.

- 아동은 자신이 원하는 것을 선택(P → B)
- 아동의 행동(또는 행동 유발 반응)은 자신에 대한 느낌, 태도, 신념에 영향을 미침(B → P)
- 아동의 지식의 대부분은 텔레비전, 부모, 교과서, 그 외 다른 환경으로부터 얻은 정보에 의한 것(E → P)
- 아동의 행동의 결과나 아동이 관찰하는 모델은 아동 자신의 행동에 영향을 미침(E → B)
- 아동의 행동은 자신의 환경에 영향을 미침(B → E)

반두라는 인간행동은 외적 환경의 자극과 인간 내적 사건이 상호작용하여 결정된다고 보았다. 즉 수식으로 나타내면 다음과 같다.

B △ E P

*P: 개인(person), B: 행동(behavior), E: 환경(environment)

(5) 자기조절(자기규제)

자신의 행동을 감독하고 스스로 자부심을 가지는 것으로서, 주로 인간의 행동은 자기강화에 의해 규제된다. 자신의 행동이 자기의 기대나 기준에 얼마나 잘 맞는가에 따라 자신을 비판하거나 만족하는 반응을 보인다. 원하는 결과를 얻은 후에 사람들이 사용하는 자기보상 혹은 자기칭찬이 자기조절의 핵심적 측면이다.

(6) 자기강화와 자기효율성

① 자기강화

자신이 통제할 수 있는 보상을 자기 스스로에게 주어서 자신의 행동을 유지하거나 변화시키는 과정을 의미한다. 자기강화는 수행 또는 성취와 관련된 내적 기준에 근거해 보상 여부를 결정한다.

② 자기효율성(자기효능감)

자신이 특정 행동을 성공적으로 수행할 수 있다는 신념이다. 자신을 능력 있는 사람으로 판단하는 사람은 자신이 수행할 수 있다고 믿는 과업과 도전을 잘 해내고, 역경에 직면했을 때 그 상황에 잘 대처해 나간다.

(7) 공격성의 사회화

사회학습이론에서는 가족관계에서 발생하는 폭력의 학습에 대해서도 설명하고 있다. 아동들의 공격성은 공격적인 모델을 관찰하고 그 모델이 언제 강화를 받는지를 주시함으로써 학습된다. 이런 관점에서 가족구성원 간에 일어나는 신체적 공격은 자녀에게 공격적 행도의 모델을 제공할 뿐 아니라 가족 내에서 그런 행동이 일어날 수 있다는 정당성을 제공해 준다.

스튜어트Stewart와 로빈슨Robinson의 연구를 보면, 가정 내에서 폭력적인 아버지 밑에서 자란 아들은 논쟁이나 좌절이 있을 때 폭력을 사용하는 행동을 배우며, 폭력적인 아버지 밑에서 자란 딸은 폭력을 더 잘 수용하여 결혼 후에 발생하는 배우자 폭력에 훨씬 수동적인 반응을 보인다.

(8) 학습된 무기력

사람들은 자신의 노력에도 불구하고 그들의 통제할 수 없는 사건에 직면하여 자신의 반응으로 미래의 결과를 통제하지 못할 것이라는 예측, 즉 반응과 결과가 일치하지 않을 것이라는 기대에서 무기력이 발생한다. 사람들은 자신이 직면한 사건을 극복하는 노력이 지속적으로 성공하지 못할 때 무기력을 배운다.

(9) 친사회적 행동

친사회적 행동prosocial behavior이란 도움 주기, 나누어 갖기와 같이 사람들 사이의 우호적 관계를 촉진시키거나 유지하는 행동 등의 긍정적인 사회적 행동을 의미한다. 이러한 행동은 외부 보상 없이 다른 사람을 돕는 행위이다. 사회학습이론가들은 적당한 모델의 노출에 의해 친사회적 행동이 쉽게 영향을 받을 수 있다는 것을 보여줌으로써 이 분야에서 선구적 역할을 해왔으며, 이외에도 많은 실험에서 모델이 어려움 속에 있는 사람을 돕는 행동, 협동심, 그리고 그 사람들의 감정에 대한 그들의 관심 등에도 영향을 준다는 것을 보여 주었다.

4) 사회학습이론에 대한 평가

(1) 사회학습이론의 장점

아동의 바람직한 행동은 격려하는 반면, 바람직하지 못한 행동을 제거하는 데 도움이 된다. 사회적, 정서적, 동기적 측면을 고려함으로써 인지발달에 대한 이해를 넓혔다.

(2) 사회학습이론의 단점

환경의 중요성만을 강조하고, 생물학적 영향력을 간과하였다. 연령에 따른 자연적 변화, 개인차, 독창적인 문제 해결 능력 등을 충분히 설명해 주지 못한다. 개나 쥐, 비둘기와 같은 하등동물을 대상으로 한 연구에서 출발하였다. 단지 눈에 보이는 행동에만 주의를 집중하였기 때문에 인지체계가 어떻게 발달하고 이러한 발달이 관찰학습에 어떻게 영향을 미치는가 하는 점은 규명되지 않았다.

5) 반두라 이론의 평가

(1) 기여점

- 반두라의 이론은 모방학습의 중요성에 대해 우리의 자각을 증진시켰으며, 사회적 환경이 인간에게 얼마나 많은 영향을 미치는가에 대해 다시 한 번 인식하도록 하였다.
- 스키너와는 달리 관찰학습에서 행동에 영향을 줄 수 있는 자기강화와 자기효능감 등

과 같은 인지적 요소의 중요성을 받아들였으며, 행동주의 학습이론을 한 단계 높은 수준으로 끌어올렸다.

- 사회학습이론은 인간을 더욱 낙관적으로 보며, 과거보다는 '여기 그리고 지금', 또는 미래에 대하여 강조점을 두고 있다는 장점이 있다.

(2) 이론의 한계점

- 반두라의 이론은 인간행동에서 외부 환경의 중요성을 강조하면서 내적이고 자발적인 측면을 과소평가한다. 즉 인간의 행동에서 외적 강화가 행동을 증가시키는 중요한 요인이기는 하지만, 모델의 강화없이도 내적 흥미로부터 자발적으로 행동을 학습할 수 있다.

스키너의 행동주의이론과 반두라의 사회학습이론

두 이론의 공통점

- 인간행동을 불러일으키는 요인이 환경의 자극이라고 보았다.
- 관찰 가능한 행동에 초점을 두었기 때문에 과학적 연구를 통해 인간의 본성을 설명할 수 있다고 보았다.
- 인간행동은 변할 수 있다고 보았다.
  - 스키너 : 강화속성을 변화시킴으로써 인간행동은 얼마든지 변화 가능
  - 반두라 : 자기강화와 환경적 자극, 강화의 변화를 통하여 인간행동 변화 가능

두 이론의 차이점

	스키너	반두라
기본 입장	기계론적 환경결정론	상호 결정론
강조점	객관적 자극 - 반응관계만 강조	인지와 같은 주관적 요소의 관여 강조
인간의 자기통제력	인간은 자신의 행동을 통제할 힘이 없음	인간이 자기효율성을 성취하는 방향으로 행동을 규제할 수 있음
행동의 학습	외적 강화가 없이는 어떠한 행동의 학습이나 수정도 이루어질 수 없음	새로운 행동의 학습은 외적 강화 없이도 이루어질 수 있음

- 관찰학습은 단순한 행동을 신속하고 쉽게 학습할 수 있다는 장점을 가지고 있지만, 다양하고 복잡한 기능을 필요로 하는 행동의 학습을 설명하는 데는 한계가 있다는 것이다.
- 반두라의 이론은 인간행동의 발달에서 연령별로 다르게 나타나는 학습과 관련된 인지적 수준을 고려하지 않고 있다.
- 사회학습이론은 단지 인간의 공포증phobia과 같이 단순한 행동적인 문제만 다룰 수 있을 뿐이라는 비판을 받기도 한다.

6) 사회학습이론이 사회복지실천에 미친 영향

사회복지사가 내담자를 비롯해 다른 사람들의 행동을 명확하게 인지하고 이 행동들이 서로 어떻게 연관되는지 파악하는 것을 가능하게 했다. 어떤 행동이 있을 때와 없을 때 어떻게 다른지 관찰하는 사정assessment의 중요성을 강조한다. 모델링을 통한 관찰과 모방이 내담자의 문제행동을 제거하는 데 유용하다는 것이 임상적으로 입증되었으므로 사회학습이론은 치료적 측면에서 중요한 공헌을 하였다.

4. 행동주의이론의 사회복지실천에 대한 적용

1) 적응행동과 부적응행동에 대한 관점

부적응적 행동은 내면적 갈등의 산물이 아니라 단순히 특정 자극에 대하 적합한 반응을 하지 못한 것이다. 인간의 부적응 문제는 행동결여, 행동과다, 환경적 자극의 부적절한 통제, 자극에 대한 부적절한 자기규제, 부적절한 강화와 관계가 있다. 반두라는 부적응적 행동은 강화와 벌의 역사에 그 기원을 두고 있다고 보고, 특히 자아강화와 자아효능감을 중시하여 낮은 자아효능감과 잘못된 강화의 역사를 계속하면 그 결과로 부적응적인 행동유형이 된다고 보았다.

2) 치료목표

전통적 행동주의이론은 새로운 학습 환경을 구성하여 잘못 학습된 부적응적 행동을 제거시키고, 보다 효과적이고 바람직한 행동이나 기술을 새롭게 학습하도록 내담자를 원조하는 것이다. 최근의 사회학습이론이나 인지적 행동치료는 자아규제나 자아효능감을 증진시키는 것이다. 행동치료에서는 동일한 증상 행동을 지닌 내담자라고 할지라도 강화의 역사가 다르기 때문에 과학적인 행동사정에 근거하여 내담자에 따라 각기 다른 치료목표를 구체적이고 명료하게 설정하여야 한다고 보았다.

3) 치료자의 역할과 실무원칙

응용행동분석, 즉 선행요인, 행동 그리고 결과의 분석 사이의 관계를 분석한다. 인지적 행동수정은 사고가 선행요인과 결과의 매개요인으로 작용한다. 그러므로 문제행동의 변화를 일으키는 사고를 파악하고 변화시키려 한다고 보았다.

행동주의이론의 실무원칙은 원조의 효과성을 양적으로 측정 가능한 행동, 즉 관찰 가능한 문제행동과 환경적 조건에 치료적 초점을 두어야 한다. 원조과정은 문제행동을 유지하거나 새로운 행동의 학습을 방해하는 환경과 개인 간의 상호작용에 대한 사정으로부터 시작된다. 사정은 문제행동과 그 선행요인 및 결과를 검토하는 것이다. 특히 치료자와 내담자는 기준선을 설정하고 그에 따라 행동을 측정하여 정확한 행동사정을 실시하여야 한다. 개입은 행동의 선행요인과 결과를 수정하는 것이며, 내담자의 환경적 조건을 내담자에게 도움이 되는 방식으로 변화시키는 것이다.

치료자가 활용하는 개입절차는 정확하게 기술되어야 하며, 활용하는 기법은 실험이나 조사에 의해 효과성이 검증된 것이어야 한다. 치료자와 내담자는 내담자의 조건변화, 즉 구체적인 목표와 관련된 조건뿐만 아니라 변화과정에서 나타날 수 있는 기대치 않았던 결과에 대해 정기적이고 체계적인 점검을 하여야 한다.

4) 치료적 기법

(1) 이완훈련

이완훈련은 불안 대처기법 중의 하나로서 중요한 근육 부위를 점진적으로 이완시킬 수 있도록 원조하는 것이다.

(2) 체계적 둔감화

체계적 둔감화는 불안을 일으키는 자극을 행동적으로 분석하고 불안 유발상황에 대한 위계목록을 작성한 다음 이완훈련을 하고, 불안을 유발하는 상황을 상상하게 하여 치료하는 방법이다.

(3) 토큰경제

토큰경제는 특정 행동을 직접적 강화인자를 사용하여 강화하는 대신에 토큰으로 보상하였다가 후에 내담자가 원하는 다양한 물건이나 기회와 교환할 수 있도록 하는 기법이다. 바람직하지 못한 행동의 소거를 위한 조작적 조건화는 격리, 과잉교정, 반응대가, 혐오기법이 있다.

(4) 인지적 행동수정기법

① 인지 재구조화

인지 재구조화는 내담자의 사고에 내포되어 있는 잘못된 논리를 표현하게 하고 불합리한 사고과정을 논리적이고 합리적인 사고유형으로 대처하는 기법이다.

② 인지적 자기지시

인지적 자기지시는 내적 대화와 겉으로 드러나지 않는 자기진술을 함으로써 어려운 생활사건에 대처하고 행동문제를 해결하게 하는 기법이다.

③ 인지적 심상기법

인지적 심상기법은 공포나 불안을 야기시키는 사건에 대해 비생산적 반응을 소거하기 위한 방법으로 내파기법(두려운 사건이나 자극 중에서 가장 두려웠던 경우를 상상하게 함으로써 실제 두려운 상황에 직면하였을 때 이를 극복할 수 있도록 원조하는 방법), 홍수기법(내담자에게 사건 중에서 가장 두려운 순간을 상상하게 하는 것이 아니라 실제로 두려움을 느끼는 상황을 상상하게 함으로써 실제 두려운 상황에 직면하였을 때 이를 극복할 수 있도록 원조하는 방법)이 있다.

CHAPTER

5

인간행동에 관한 주요 이론 : 인본주의이론

1. 로저스의 현상학이론

인본주의이론은 무의식적 결정론에 근거한 정신분석이론과 환경결정론에 근거를 두고 있는 행동주의이론의 입장에 반대하는 '제3세력의 심리학'에 속한다. 사랑, 창조성, 선택, 의미, 가치, 자아실현 등 인간의 긍정적 측면에 초점을 맞춘다. 인간은 경험하고 스스로 결정하며 자신의 행동을 자유롭게 선택하는 의지를 지닌 사람이다. 인간의 본성을 선하며 자아실현을 위해 노력하는 존재이고, 환경조건이 적당하기만 하면 자신의 잠재 능력을 실현해 나갈 수 있는 존재라고 본다. 각 개인을 통합적 전체로 본다(통합적 관점).

1) 로저스의 생애

로저스Carl Ransom Rogers, 1902~1987는 미국 일리노이주 시카고 근처 오크파크에서 태어났다. 경제적으로 안정된 가정에서 자상하고 애정이 깊은 반면, 종교적으로 엄격했던 부모 밑에서 성장한 로저스는 가족 외에는 가깝게 지내는 친구도 없이 고립된 채 고등학교를 마쳤다. 위스콘신대학에 진학해서는 베이징에서 열린 세계기독학생연합회 참석차 6개월간 중국에 머물렀는데, 이때 자신이 심리적 독립을 성취했다고 생각했다. 대학시절 로저스의 관심사와 전공은 농업에서 역사, 종교, 임상심리로 변했다. 콜롬비아대학에서 임상심리로 박사학위를 받았다. 그 후 심리학 연구원/상담소장, 심리학 교수의 일을 맡았다. 대학교수직을 그만둔 후에는 연구소에서 인간관계 능력 향상 연구와 실천에 전념했다. 말년에는 인종 간 긴장 완화와 세계 평화를 위한 노력에 열정을 바쳤다.

2) 기본가정

인간은 믿을 수 있고 능력이 있으며, 자기이해와 자기실현을 위한 잠재력을 지니고 있으며 이러한 능력의 발현을 통하여 점진적으로 되어가는 존재이다. 인간행동은 각 개인의 주관적 경험 또는 내적 준거체계에 따라 달라진다. 인간행동의 궁극적 목표는 자아실현이다. 자아실현은 일생을 통해 이루어지는 과정이다. 만약 신뢰하고 존경하는 분위기가 형성이 된다면 인간은 긍정적으로 발달하고 성장한다. 개인적 성장은 치료적 관계나 다른 형태의 관계를 통하여 증진될 것이다. 진실성, 수용성, 감정 이입적인 관심 등을 포함하는 원조자의 긍정적 태도는 효과적인 원조관계를 위한 필수 조건이다.

내담자의 주관적 경험을 존경하고, 자유와 개인적 책임감, 자율성을 고양하고 선택권을 부여하는 것은 내담자의 성장을 촉진시킨다. 치료자는 존경과 긍정적 관심을 통해 긍정적인 성장을 증진시키는 사람이다. 내담자는 자기인식을 할 수 있는 능력이 있고, 더욱 적절한 행동을 할 수 있는 능력을 지니고 있다.

또한 모든 사람과 마찬가지로 내담자는 부적응적 상태에서 심리적으로 건강한 상태로 옮겨갈 수 있는 성향을 가지고 있다. 실천가는 원조관계에서 나타나는 '여기 그리고 지금', 현재의 행동에 초점을 두어야 한다. 원조관계에서는 내담자가 자신의 세계를 다루는 방법을 강조하여야 한다. 진정한 자아에 대하여 아는 것이 원조관계의 중요한 목적이다. 원조관계의 목적은 내담자가 더욱 독립적이고 통합된 상태로 변하는 것이다.

3) 주요 개념

(1) 현상학적 장

경험적 세계 또는 주관적 경험으로도 부른다. 특정 순간에 개인이 지각하고 경험하는 모든 것을 의미한다. 같은 현상이라도 개인에 따라 다르게 지각하고 경험하기 때문에 현상학적 장만이 존재한다. 현재 행동을 결정하는 것은 과거 그 자체가 아니라 과거에 대한 각 개인의 현재의 해석이라고 할 정도로 현재의 현상학적 장을 중시한다.

개인은 자신의 현상학적 장에 입각해 재구성된 현실에 반응하기 때문에 모든 개인은 서로 다른 독특한 특성을 보인다. 따라서 동일한 사건을 경험한 두 사람도 각기 다르게 행동할 수 있고, 이러한 속성 때문에 모든 인간은 서로 다른 독특성을 보이는 것이다.

철수, 영호, 민희가 길을 가는데 큰 개가 접근한다. 철수는 그 개를 '두려운 대상'으로 지각했고, 영호는 대수롭지 않게 생각했고, 민희는 큰 개를 멋지다고 생각했다. 철수는 벌벌 떨며 영호 뒤로 숨었고, 영호는 그런 철수를 '왜 그래?' 하고 밀치며 그냥 앞으로 갔고, 민희는 큰 개에게 다가가 쓰다듬으려고 손을 내밀었다. 큰 개가 다가오는 객관적인 현실 자체가 세 사람의 행동에 영향을 미쳤다기보다 동일한 현상을 지각하는 세 사람 각자의 주관적 방식의 차이가 결국은 행동의 차이에 영향을 미쳤다. 이때 '큰 개'라는 경험에 대해 이들 각자가 느끼는 방식이나 주관적 경험을 현상학적 장이라 할 수 있다. '각자의 주관적 경험방식이 다르니 행동이 다르다'는 말과 '각자의 현상학적 장이 다르니 행동이 다르다'는 말은 같은 말이라고 보면 된다.

인간을 전체적으로 조직화된 체계로 보기 때문에, 현상학적 장에 따라 행동하고 생활할 때, 모든 개인은 조직화된 전체로서 반응한다고 보고 있다.

(2) 자기

자아 또는 자아개념은 개인의 현상학적 장이 분화된 부분이며, 나 'me'에 대한 의식적 지각과 가치를 포함하는 것으로 본다. 자아개념은 현재 자신이 어떤 존재인가에 대한 개인의 개념으로 자기 자신에 대한 자아상self image이다. 자아개념은 현재 자신의 모습에 대한 인식인 현실자아와 앞으로 자신이 어떤 존재가 되어야 하며, 어떤 존재가 되기를 원하고 있는지에 대한 인식인 이상적 자아로 구성된다.

자아구조와 주관적 경험이 일치될 경우 적응적이고 건강한 성격을 갖는 반면, 불일치가 심할 경우 부적응적이고 병적인 성격을 갖는다. 자아가 유동적이고 새로운 경험에 의해 항상 변한다고 할지라도 그것은 언제나 정형화된 특성을 지닌다. 즉 시간이 지남에 따라 각 개인이 많이 변화하더라도 그는 자신 이 이전과 똑같은 사람이라고 느낄 수 있는 내적 감정을 보유하고 있는 것이다.

자아의 정형화된 특성을 말하자면 고등학교 시절 소극적이었던 수영이는 대학교에 입학하면서 활발해졌다. 더 많은 친구가 생기고, 각종 동아리, 학회, 교외활동 등을 하기 시작했다. 이러한 새로운 경험으로 자아가 변화한다. 수영이는 자신이 많은 점이 변했지만, 자신은 이전과 똑같은 사람이라는 것을 느낄 수 있다.

개인이 경험하는 주관적 세계를 상징화하고 조직화해 나가는 역할을 한다고 본다. 자아는 각 개인이 의식할 수 있는 것이며, 무의식적 정신작용까지도 통합하는 기능을 수행하는 것으로 보고 있다. 로저스는 자아가 사용하는 기본적인 방어기제로서 지각의 왜곡과 부정을 제시하였다.

지각의 왜곡은 받아들이기 어려운 경험을 자신의 현재 자아상과 일치하는 형태로 변형하여 받아들이는 것(기말시험을 잘 치렀다고 생각한 대학생이 F학점을 받았을 때, '교수님의 채점이 불공정했어' 또는 '내가 운이 나빴어'라고 말하며 학점 실패를 왜곡시킴으로써 현재의 자아상을 유지하는 경우)이며, 부정은 위험한 경험이 의식화되는 것을 회피함으로써 자아구조를 유지하는 것(중간고사도 잘못 치루었으며 실습보고서도 제출하지 않은 학생이 기말고사를 치르기 몇 분 전에 F학점을 받지 않으려면 무엇을 공부해야 하는지를 교수에게 질문하는 경우로, 이 학생의 경우에는 F학점을 받는다는 것이 자아개념과 일치하지 않기 때문에 그 과목에서 F학점을 받을 수밖에 없다는 사실을 인정하지 않고 아예 부정해 버리는 것)이다.

(3) 자아실현 경향

인간은 선천적으로 자신을 유지시키거나 향상시키기 위하여 자신의 능력을 개발하는 경향을 지니고 있는데, 이를 자아실현 경향성이라고 한다. 자아실현은 더욱 능력있는 사람이 되는 과정이다. 모든 인간은 자신을 유지하려는 경향과 성장 잠재력을 선천적으로 지니고 태어난다. 인간은 음식물을 섭취하여 필요한 자양분을 공급받고, 위험에 직면하여서는 방어적으로 행동함으로써 자기유지의 목적을 성취하려는 성향이 있다. 성숙을 지향하고 상향 이동하려는 경향을 가지고 있다. 이러한 상향 이동의 경향 속에는 자아실현의 경향이 포함된다. 인간은 외적인 힘에 의해 통제를 받고 의존하기보다는 독립성, 자기 책임성, 자기규제, 자율성, 자아통제의 수준이 높은 수준으로 나아가려는 속성을 지니고 있다.

모든 인간은 성장과 자아 증진을 위하여 끊임없이 노력하며, 그 노력의 와중에서 직면하게 되는 고통이나 성장 방해요인에 직면하여 극복할 수 있는 성장 지향적 유기체라고 보고 있다. 인간은 근본적으로 생물학적·심리적 잠재력을 가지고 태어난다. 이는 사람마다 다르며, 각자는 잠재력을 실현하는 체험과 잠재력을 실현하지 못하는 체험 간의 구분을 가능하게 하는 타고난 신체적 지혜가 있다. 이것이 유기체적 평가과정이다.

인간은 자아를 실현하는 과정에서 유기체적 평가과정을 겪는다. 자아실현을 경험하게 해주는 것에는 접근하지만 그 반대의 경우에는 회피한다. 자기실현 경향성은 복잡성이나 자기충족, 성숙을 지향하는 인간의 모든 노력을 포함하여 인생의 진보적인 추진력을 나타내는 것이다. 좀 더 능력 있는 사람이 되는 과정이다.

(4) 긍정적 지향의 경향

인간은 합목적이며 건설적이고 현실적인 존재로서, 미래의 목적과 자기지시적인 목적의 방향으로 에너지를 지향시킬 수 있는 활동적인 존재로 보았다.

(5) 긍정적 관심에 대한 욕구

모든 인간은 중요한 사람으로부터 따뜻함, 존경, 사랑 그리고 수용을 얻고 싶은 기본적인 욕구를 가진다. 긍정적 관심에 대한 욕구의 예를 들면, 철수는 어릴 적부터 노래하는 것을 좋아하고 소질도 있다는 평가를 받았다. 하지만 부모님은 철수가 공부를 열심히 해서 의사가 되기를 바란다. 철수는 부모님에게 사랑받는 딸이 되고 싶어서 노래를 포기하고 열심히 공부한다(조건적인 긍정적 관심). 철수는 노래를 통한 자신의 잠재력을 발견할 수 없다. 로저스의 이론에 따르면 철수가 자기 자신의 통제자로서 기능해야 한다고 본다.

조건적인 관심이 그 사람의 가치 부여과정을 지배하게 될 때 그 사람은 자신의 잠재력을 상실하며 자기소외를 경험하게 된다. 인간이 성숙하기 위해서는 자아와 경험 사이의 부조화를 피하고, 일치하는 방향으로 자아를 이룩하고, 자신이 자기행동의 통제자로서 통일된 유기체적 평가과정을 회복해야 한다.

(6) 무조건적인 긍정적 관심

건강한 성격의 발달을 위한 중요한 요소가 무조건적인 긍정적 관심이라고 본다. 이는 어떤 개인에 대해 조건없이 있는 그대로 그 사람을 수용하거나 존경하는 것을 의미하며, 어떤 경우에서든지 주어지는 완전하고 진실된 사랑과 존중을 의미한다. 부모가 자신의 아이를 존재 자체로 중요시하고 존중한다면, 아이는 자신을 가치 있는 존재로 판단하며, 자신의 욕구와 자아개념에 따라 행동하므로 최대한 성장할 수 있다.

(7) 가치의 조건

가치의 조건conditions of worth은 한 개인의 가치를 판단하는 외적 조건들이다. 다른 사람들로부터 거절 당할 행동이나 태도를 삼가고 바람직한 행동과 태도를 표현할 때 인정하고 수용할 가치가 있다는 믿음이다. 아동들이 스스로에 대한 가치(즉 자기개념)를 발달시키는 과정에서 어른들에 의해 부여된 가치의 조건들이 결정적으로 중요하다. 이러한 성장과정은 어른들의 가치체계와 행동규범들이 내면화하여 사회의 건전한 일원으로 성장할 수 있으므로 바람직한 사회화과정으로 여겨질 수도 있다. 그러나 이러한 발달과정에서 '자기'와 '경험'의 불일치란 커다란 부작용을 낳을 수도 있다. 아동에게 부과된 가치조건은 아동이 완전히 기능하는 사람이 되어가는 데 결정적 영향을 준다.

(8) 완전히-충분히 기능하는 사람

훌륭한 삶이란 어떤 목적이 아닌 방향으로, 유기체가 어떤 방향으로든 자유롭게 움직일 수 있는 내적 자유가 있을 때, 그가 선택하는 방향으로 움직이는 과정이다. '완전히-충분히 기능하는 사람'은 자기의 잠재력을 인식하고 능력과 자질을 발휘하여 자신에 대해 완벽히 이해하고 경험을 풍부하게 하는 방향으로 나가는 사람을 일컫는다. 완전히 기능한다는 것은 자기실현을 위한 노력으로서 진정한 자기 자신이 된다는 의미이다.

공통적 성격 특성을 살펴보면,

- 경험에 대해 개방적이다. 그 자신을 들을 수 있으며, 자신의 내부에서 무엇이 일어나고 있는가를 경험할 수 있다. 감정에 민감하되 충분하게 합리적으로 자신의 감정을 인식하며 사리 판단을 하여 상황에 적절히 반응한다.
- 실존적인 삶을 사는 사람이다. 매 순간을 충분히 만끽하며 사는 것을 뜻한다. 실존적인 삶을 산다는 것은 매 순간 충실히 산다는 것을 의미하는 것이다.
- 유기체적인 신뢰가 있다. 자신의 유기체적 경험을 통하여 자신이 해야 할 것과 하지 말아야 할 것을 결정한다.
- 경험적 자유를 지니고 있다. 주관적인 경험적 자유란 인간이 자신의 세계를 형성하는 데 중요한 역할을 담당할 수 있다는 자신의 의지를 나타내는 감정이다. 경험적 자

유는 인간이 자신의 행동과 그 결과에 책임을 지는 것은 자신뿐이라는 의미를 내포하고 있다.

- 창조성을 지니고 있다. 자신의 깊은 곳에 있는 욕구를 만족시키며, 사회 속에서 살아가고 있지만 사회에 얽매여서 살아가지는 않는다.

(9) 인간 중심(내담자 중심) 치료

주의 깊은 경청과 비지시적 원조과정을 통해서 내담자의 자기가치감과 자기이해를 증진시켜 사회적 기능을 향상시키는 심리치료이다.

① 자기일치감

치료자는 방어적인 모습이 없이 진실해야 하며, 내담자와의 관계에서 통일되어 있어야 하고 통합되어야 한다.

② 무조건적인 긍정적 관심

치료자는 내담자에게 무조건적인 긍정적 관심을 제공해야 한다. 인간 대 인간의 관계에 기초하여 내담자의 사회경제적 지위, 감정, 태도, 행동 등에 관계없이 내담자가 천부적 인권을 가지고 있는 소중한 존재이며, 가치를 지니고 있는 사람임을 느껴야 한다.

③ 공감적 이해

치료자는 내담자의 경험과정에 민감하게 관련되어야 하며, 이 경험이 이해되었다는 것을 내담자에게 효과적으로 전달할 수 있어야 한다.

④ 인간 중심(내담자 중심) 상담의 목적과 목표

개인의 독립과 통합을 목표로 한다. 내담자가 현재 직면하고 있는 문제들을 극복할 수 있도록 그들의 성장과정을 도와주어야 한다고 주장한다.

⑤ 인간 중심(내담자 중심) 상담의 과정

- 1단계 : 내담자가 도움을 받기 위해 방문한다.
- 2단계 : 상담이라는 상황을 정의한다.
- 3단계 : 상담자가 내담자의 정서반응을 반영하고, 명료화하여 감정을 표현하도록 격

려한다.

- 4단계 : 내담자의 부정적인 감정을 수용하고 알아주며 정리해 주어야 한다.
- 5단계 : 내담자의 긍정적인 감정의 표출하도록 한다.
- 6단계 : 내담자의 부정적 감정을 수용하고, 긍정적 감정을 인정한다.
- 7단계 : 자기이해, 자기수용, 자기통찰이 나타나도록 한다.
- 8단계 : 통찰과 함께 내담자는 긍정적 사고를 하기 시작한다.
- 9단계 : 내담자가 자신의 생활 장면에서 긍정적 행동을 취하도록 한다.
- 10단계 : 성장과 정확한 자기이해를 증진시키도록 한다.
- 11단계 : 내담자의 문제 증상의 감소 및 긍정적 행동의 강화하도록 한다.
- 12단계 : 치료를 종결한다.

4) 현상학이론의 성격발달

(1) 자아실현의 동기

로저스의 형상학이론에서는 성격발달 그 자체에 특별한 주의를 기울이지 않았기 때문에 발달단계에 대한 구체적인 시기를 언급하지는 않았다. 로저스를 비롯한 내담자중심 이론가에게서 성격발달을 추진하는 힘은 '자기실현의 동기'이다. 이것은 인간의 능력을 최적으로 발달시키고자 하는 힘이다. 성장하면서 형성하기 시작한 '자기개념'은 자신의 경험을 어떻게 지각하는냐에 달려있다. 자기 자신의 경험의 지각은 다른 사람이 가치를 부여하는 '긍정적인 관심에 대한 욕구'에 영향을 받는다. 긍정적인 관심을 추구하는 욕구를 성취하거나 실패함으로써 '자기인정'을 만들어 나간다. 이것은 다른 사람에게서 받은 관심을 자기 자신의 지각에 기초하여 학습한 자기의식이다.

(2) 무조건적 긍정적 존중(관심)

인간은 누구나 사랑받고 존중되어야 하며 무조건적인 긍정적 존중이 중요하다. 건강하게 성격을 발달하려면 무조건적인 긍정적 관심이 가장 중요하다. 무조건적인 긍정적 관심과 존경은 자기 및 자신이 체험한 것이 일치함을 느끼게 하며 개인으로 하여금 완전히 기능하는 사람으로 진보하게 하며 자아 구조가 더욱 심화되어 간다. 그러나 무조건적인 긍정적 관심은 훈육의 결여, 사회적 제약의 철회가 아니라 한 개인을 있는 그대로 수용하고 존중하는 것을 의미한다.

자신의 자아개념과 실제 경험이 일치하지 않을 때 그 사람은 긴장, 불안, 내적 혼란을 느낀다. 이러한 부적응에 대해 사람마다 다양한 방어기제를 사용한다. 즉 자신의 자기개념과 상충하는 경험을 부정하거나, 그 경험을 왜곡 또는 합리화하여 자신의 자기개념과 일치하는 것으로 지각한다. 방어기제를 사용해도 이러한 부적응을 좁힐 수 없으면 이에 직면해야 한다. 이것은 원치 않는 감정, 즉 불안, 긴장, 우울, 죄책감, 수치심을 유발한다.

5) 로저스 이론의 평가

(1) 장점

로저스의 이론은 이론보다는 치료기법에 영향을 많이 끼쳤으며, 치료적 관계의 구성요소로서 비위협적인 환경, 비심판적 태도, 공감과 진실성, 무조건적 긍정적 관심, 문제해결자로서의 내담자에 중요성을 두고 있다.

(2) 단점

내담자가 자신의 문제를 해결하는 방식에 초점을 두지 않고 문제에 대한 내담자 자신의 인식과 이해를 증가시키려는 통찰 지향적 접근이기 때문에 대안 제시가 어렵고 개입의 효과성을 파악하기가 어렵다.

치료자는 비지시적이어야 하기 때문에 상담의 주제를 제시하거나 어떤 제안을 하지 않고, 또한 해석도 하지 않아야 하는 반면에 내담자가 면접의 방향을 잡아야 할 책임이 있다. 그러나 치료자는 내담자가 제시하는 어떤 주제에 대해서는 관심을 보이다가 어떤 주제에 대해서 이야기를 할 때 관심을 덜 나타내는 등 비언어적인 의사소통을 통하여 교묘하게 내담자를 유도하는 경우가 있다.

성격발달에 관한 자료를 제공해 주지 못하고 있으며 우울증, 슬픔, 수치심과 같은 정서적인 문제가 왜 생기는지에 대하여 설명하지 못하고 야뇨증, 지나친 음주, 공격적인 행동,

폭력행동 따위와 같은 문제행동이 왜 생기는지에 대해서도 설명하지 못하고 있다.

치료자는 내담자에게 진실되어야 한다는 점을 강조하고 있지만 현실적으로는 내담자에 대한 자신의 진실된 감정을 표현한다는 것이 힘든 작업이다.

내담자는 긍정적이나 부정적인 결과로부터 자유로운 치료환경 내에서 반복적으로 자신의 관심사를 애기하기 때문에 내담자의 문제가 감소하고 결국은 긍정적인 변화가 발생한다. 이러한 현상은 오히려 환경을 중시하는 학습이론적인 관점에서 해석될 수 있는 부분이다.

6) 사회복지실천에 미친 영향

현상학이론은 진단적이고 기계적인 접근에서 벗어나 인간적이고 긍정적으로 인간을 바라본다. 이런 현상학의 특성은 사회복지실천에 매우 부합되며, 사회복지실천에 큰 공헌을 하였다. 로저스가 강조한 개인의 존엄성과 가치, 개인의 자기결정, 사회적 책임에 대한 소신은 사회복지실천과 조화를 이루는 원칙이라 할 수 있다. 사회복지실천 이론가들은 로저스가 말하는 원조관계를 개별사회사업 과정의 핵심이며 모든 치료의 기본으로 보고 있다.

로저스의 가설은 인간이 자기 이해와 성장을 위한 자원을 가지고 있으며, 이러한 자원은 따뜻한 관심을 가져주는 치료적 관계를 통해 구현될 수 있다고 본다. 치료자는 치료적 관계에서 진실해야 하고 일관성이 있어야 하며, 내담자에 대한 무조건적인 긍정적 관심을 가져야 하고 내담자의 세계관에 공감해야 한다는 것을 강조한다. 이는 원조전문가로서 사회복지사가 가져야 할 기본태도인 것이다. 사회복지사는 솔직성과 진실성, 온화함과 존중, 수용의 자세, 공감적 이해 따위를 가지고 내담자와의 관계를 형성해야 한다.

(1) 무조건적 존중

이것은 속으로든 겉으로든 판단적인 행동을 보이지 않는 것으로서 치료자가 조사를 하거나 해석을 하지 않고 또 시인이나 부정하는 태도를 보임이 없어 내담자를 전적으로 신뢰하고 수용하는 것을 말한다.

(2) 진실성genuineness

치료자가 내담자와의 관계에서 나타내는 반응이 순간순간 그가 내적으로 경험하고 느끼는 바와 합치되는 상태를 의미하는 것으로 가식적이지 않은 있는 그대로의 모습을 진솔하게 나타내는 것을 말한다. 이는 진솔성, 일관성이라는 용어로도 불린다.

(3) 공감적 이해

로저스에 따르면 사회복지사의 접근은 비지시적이고 비심판적이어야 하고, 적극적인 경청과 정확한 공감이 포함되어야 한다.

로저스는 내담자와 진실한 관계를 맺는 것이 치료에 있어서 핵심적인 요소라고 하였고, 치료자 자신이 내담자와의 촉진적인 관계를 형성할 수 있는 자질을 갖추고 있는지를 다음의 질문을 통하여 스스로 평가해 보아야 한다고 하였는데, 이러한 자기평가는 인본주의적 입장에 서서 사회복지실천을 행하는 사회복지사에게 매우 유용한 지침이 될 수 있다.

인본주의 이론을 실천하기 위한 지침은 10가지로 설명할 수 있다.

① 나는 다른 사람을 믿을 수 있고, 일관성이 있는 존재로 보는가?
② 나는 현재 있는 그대로의 내 모습을 명확하게 전달할 수 있을 만큼 표현적인가?
③ 나는 다른 사람에게 온화함, 보호, 흥미, 존경 등 긍정적인 태도를 보이고 있는가?
④ 나는 다른 사람과 분리될 수 있을 만큼 충분히 강한가?
⑤ 나는 다른 사람의 분리를 허용할 수 있을 만큼 충분히 안정되어 있는가?
⑥ 나는 다른 사람의 감정과 그 개인의 의미 속으로 들어갈 수 있으며, 그 사람이 보는 바대로 볼 수 있는가?
⑦ 나는 다른 사람의 모든 면을 있는 그대로 수용할 수 있는가?
⑧ 나는 나의 행동이 다르다 사람에게 위협적으로 인식되지 않는 관계 속에서 충분히 민감하게 반응할 수 있는가?
⑨ 나는 외적인 평가의 위협으로부터 자유로운가?
⑩ 나는 다른 사람을 형성되어 가는 존재로 보며, 나 자신과 다른 사람을 과거에 묶어 놓지는 않는가?

2. 매슬로의 욕구이론

매슬로는 기존의 심리학이 부정적이고 인간의 약점에 더 초점을 두고 있으며 사람의 약한 부분에 집중했다고 생각했다. 그는 인간의 더 밝고 긍정적인 부분에 관심을 가지고 전체적인 인간의 모습을 제공하고자 했다.

1) 매슬로의 생애

매슬로Abraham H. Maslow, 1908~1970는 러시아로부터 이민 온 유태인의 집안에서 7남매 중 장남으로 뉴욕의 브루클린에서 태어났다. 유태인 소년으로서 어린 시절과 청소년 초기에 매우 심한 고독과 고통을 겪으면서 친구도 없이 도서관에서 책에 파묻혀 자랐다. 1934년 위스콘신대학에서 심리학 박사학위를 취득할 때 그의 학위논문은 행동주의에 토대를 둔 원숭이의 성적 특성과 지배특성에 관한 관찰연구였다. 행동주의에 대한 그의 열정은 첫 딸이 태어나면서 사라지기 시작한다. 아이가 나타내는 복잡한 행동은 그로 하여금 행동주의 심리학이 사람보다는 동물을 이해하는 데 적절한 것이라는 생각을 하게 만들었다. 더불어 제2차 세계대전으로 인간의 편견, 증오 등을 경험하면서 매슬로는 인본주의 심리학으로 결정적 전환을 하게 된다.

2) 욕구이론의 특징

(1) 기본전제

각 개인은 통합된 전체로 간주되어야 한다. 인간의 본성은 본질적으로 선하며, 인간의 약하고 파괴적인 요소는 나쁜 환경으로부터 비롯된 것이다. 창조성이 인간의 잠재적 본성이다. 매슬로는 인간의 가장 보편적인 특징은 창조성이라는 사실에 최초로 관심을 가진 사람이다. 모든 사람은 태어날 때 창조성을 잠재적으로 가지고 있으나 문명화되면서 창조성을 잃게 된다고 생각하였다. 인간이 온화한 환경에서 성장할 때 자신의 본성을 실현시키기 위해 능동적인 노력을 함으로써 사람의 창조성은 더욱 뚜렷하게 발전된다. 창조성이란 누구에게나 잠재해 있는 것이기 때문에 특별한 자질이나 능력을 요구하지 않는다.

인간은 형성되어 가는 것이다. 인간은 결코 정적이지 않고 항상 무엇인가 다른 존재가 되려고 하는 과정 중에 있다. 매슬로는 형성되어가는 과정을 자아실현의 과정이며 인간 본성의 고유한 것으로 간주하였다. 형성되어 가는 것becoming을 거부하는 사람은 성장하기를 거절하는 것이고, 스스로 인간 실존의 가능성을 부정하는 것이다. 또한 이것은 인간의 실현 가능성에 대한 왜곡이며 비극이라고 하였다.

(2) 인간에 대한 기본가정

모든 인간은 선천적으로 자기실현을 이루고자 하는 노력을 하는 경향이 있다. 자신에 대해 좀 더 알고 싶어 하고 자신의 능력을 최대로 개발하고자 하는 것이 인간의 본성이다. 인간의 본성은 원래 선하며, 더불어 자기실현을 궁극적인 과정으로 갈망한다. 인간은 자신의 능력을 다른 사람에게 알리고 스스로를 개발하고 인격이 성숙하는 데서 기쁨을 느끼며 사회에 이익을 돌리는 존재이다.

소수의 사람만이 자기실현에 완전히 도달한다(1% 정도 소수의 사람만이 자아실현자가 된다고 봄. 자아실현을 위한 움직임은 자동적으로 발생하거나 쉽게 이루어지는 것이 아니기 때문임). 따라서 대부분의 사람은 자신의 욕구를 충족시키고자 하는 갈망을 항상 간직한다. 자기실현의 요구 외에 인간은 본능적 욕구를 가지고 태어난다. 이러한 본능적 욕구들은 인간을 성장하게 하고 발달하게 하며 인간자신을 실현시키고 성숙하게 하는 원동력이다.

심리적 성장과 건강에 대한 잠재력은 인간이 세상에 태어날 때부터 이미 갖추어져 있는 것이다. 그 잠재력을 개발할 수만 있다면 누구나 이상적인 실존적 경지에 도달 할 수 있다. 본능적 욕구뿐만 아니라 창조성도 모든 인간에게 잠재해 있기 때문에 특별한 자질이나 능력을 요구하지 않는다. 인간행동을 연구하고 이해하기 위해서는 인간의 병리적 측면보다 건강한 사람의 행동과 지각에 대해서 탐구해야 한다.

(3) 발달적 관점

① 연령을 따르지 않는 발달단계

매슬로는 연령에 따라 발달적 접근을 하지는 않는다. 자기실현에 대한 갈망은 거의 모든 연령대에서 발견할 수 있는 보편적인 과정이기 때문이다. 그러나 연령별로 조금씩 상향적인 경향을 보이는 것 같다. 유아의 경우 아마 생리적 욕구가 강렬할 것이다. 점점 나이가 들면서 안전에 대한 욕구가 강해지고, 다음에는 소속과 애정에 대한 욕구가 강해지는 식의 특징을 갖는다. 중년의 경우 다양한 학습 경험이 있는데다 소득 능력이 정점에 달하기 때문에 자기실현의 욕구를 충족하는데 더욱 집중할 수 있게 된다. 실업상태이거나 질병이 장기화되거나 관계가 단절될 경우, 좀 더 낮은 수준의 욕구를 강조하는 방향으로 선회하기도 한다.

② 자기실현

매슬로는 자기실현을 선천적으로 타고난 욕구라고 보았지만, 어린 시절의 경험이 훗날 자기실현에 중요하다고 한다. 만 2세된 아동이 적절한 사랑과 안전 그리고 존중을 받지 못하면 자기실현에의 성장은 매우 어려울 것이라면서 출생 후 2년 동안의 시기를 강조했다.

3) 주요 개념

(1) 욕구단계이론에서 욕구의 특징

인간의 기본적인 욕구가 충족되지 않으면 생리적 또는 심리적인 역기능이 일어나고 그것은 직접적으로 혼란 상태를 야기한다. 욕구 충족이 이루어지면 생리적 또는 심리적 역기능이나 혼란 상태는 회복된다. 기본적인 욕구의 계속적인 충족은 역기능과 혼란 상태를 예방하고 성숙과 건강의 상태를 수반한다. 욕구 충족의 선택의 문제가 발생할 경우, 하나의 욕구를 충족하기 위해 다른 욕구의 충족을 유예하거나 희생하게 된다. 기본적인 욕구의 충족이 장시간 계속되면 그 욕구에 대한 요구는 감퇴하게 된다.

(2) 욕구단계이론에서 동기의 작용

인간에게 있는 기본욕구와 메타욕구를 구분하는 동기화이론을 제시하였다.

① 기본욕구(결핍성의 욕구)

삶을 유지하기 위해, 생명유지를 위해 꼭 필요한 동기이다. 욕구가 적절히 충족되지 못하여 불만이 생길 때 작용하는 동기로 인간은 결핍상태가 발생하면 그러한 결핍상태를 극복하기 위해 목표 지향적 활동을 하게 한다. 음식, 물, 온도, 사랑과 애정, 안전, 자기존중 등에 대한 욕구들이다.

② 메타욕구(성장욕구 또는 자아실현욕구)

삶을 창조하려는 동기이다. 오직 자기실현의 욕구에서만 작용하는 동기로 하위 4가지 욕구가 어느 정도 충족되어야 자기실현의 욕구에 도달할 수 있다. 정의, 선, 미, 질서, 조화, 잠재능력과 재능을 발휘하려는 욕구들이다.

(3) 욕구단계이론

매슬로는 인간행동의 동기가 되는 욕구체계를 제시했다. 인간은 삶에 의미와 만족을 주는 일련의 선천적 욕구에 의해 동기화된다. 이 욕구는 강도와 중요성에 따라서 일종의 계층적 단계로 배열된다. 인간의 기본적인 욕구가 충족되지 않으면 생리적 또는 심리적 역기능이 일어나고 그것은 직접적으로 혼란상태를 야기한다. 욕구 충족이 이루어지면 생리적 또는 심리적 역기능이나 혼란상태는 회복된다. 기본적인 욕구의 계속적인 충족은 역기능과 혼란상태를 예방하고 성숙과 건강의 상태를 수반한다. 욕구 충족의 선택문제가 발생할 경우, 하나의 욕구 충족을 위해 다른 욕구의 충족을 유예하거나 희생하게 된다. 기본적인 욕구의 충족이 장기간 계속되면 그 욕구에 대한 욕구는 감퇴하게 된다.

① 생리적 욕구

가장 기본적이고 강한 욕구이다. 가장 기본적인 욕구이기 때문에 다른 욕구가 충족되기 전에 이 욕구들이 우선적으로 충족되어야 한다. 예를 들면, 음식, 물, 산소, 활동과 수면, 성, 추위나 더위로부터의 보호, 감각적인 자극에 대한 욕구 등 생존과 직접적으로 관련되어 있는 명백한 욕구이며 이들 욕구의 만족은 생존을 위해 필요불가결한 것이다.

② 안전욕구

생리적 욕구가 만족되면, 안전 욕구에 대해서 관심을 가진다. 안전의 욕구에는 신체적인 안전과 심리적 안정이 모두 다 포함된다. 안전욕구로는 안정감, 보호, 의존, 질서, 구조, 제한성, 공포나 불안, 위험으로부터의 자유 등이 있다. 사회구조는 이러한 욕구 충족을 지원한다.

③ 소속과 사랑의 욕구

생리적 욕구와 안전의 욕구가 어느 정도 충족되면, 동반자와 가족에 대한 욕구가 생겨 남들과 어울리고 애정을 나누고 싶어 하는 소속과 애정의 욕구가 생겨난다. 사랑, 애정, 가족이나 집단에 대한 소속감, 우정, 사람들과 시간을 함께 보내는 것 등이 있다. 오늘날의 사회는 가변적이므로 이러한 욕구를 만족시키기가 더욱 어렵다. 집단 활동에 대한 관심이 늘어나고 애정을 주고받고 싶은 욕구가 커지는 경향이다. 집단의식이 개인의 주요 목표가 되는 것이다.

④ 자존감욕구

자기 자신과 다른 사람들로부터 존경받고 싶은 욕구를 말한다. 능력, 신뢰감, 개인의 힘, 적합성, 성취, 독립, 자유 등을 의미하며, 다른 사람의 존경은 명성, 수용, 주목, 평판, 영광과 명예를 말한다. 매슬로는 자기존중의 욕구를 두 가지로 분류했는데, 타인에 의한 자존감과 자신에 의한 존중감이다. 외부로부터 얻어지는 자기존중은 명성, 존경, 지위, 평판, 위신 혹은 사회적인 성공에 기초를 두고 있다. 내적으로 얻는 자기존중은 자신에 대한 자신감과 안정감을 갖는 것이다. 다른 사람이 소중하게 대해 주는 데서 생기는 자존감이 일차적이다.

⑤ 자아실현욕구

지금까지의 4가지 욕구가 충분히 만족되면 자기실현에 대한 욕구가 등장한다. 나머지 넷이 기본욕구(결핍욕구)인 반면, 자아실현 욕구는 메타욕구에 해당된다. 자신의 잠재력을 성취하고 싶은 욕구이다. 자아실현이란 자아증진을 위한 개인의 갈망이며, 자신이 잠재적으로 지닌 것을 실현하려는 욕망이다. 자아실현을 한다는 것은 자기가 원하는 종류의 사람이 되는 것이며 자신의 잠재력을 최고로 발휘하는 것이다. 이런 욕구의 결과 창조하고 학습하는 일에 정성을 쏟게 된다. 비록 생리적 욕구를 비롯한 낮은 수준의 욕구가 만족된다 하더라도 자기실현의 욕구를 만족시킬 기회를 갖지 못하면 좌절감과 불안감과 불만을 느끼게 될 것이다.

표 5-1 **매슬로의 욕구**

구분		주요 내용
기본욕구	생리적 욕구	음식과 물, 산소, 배설, 휴식과 수면, 운동, 건강
	안전욕구	신체적 안전, 의존, 안정감, 질서, 구조, 위험으로부터의 자유
	소속과 사랑의 욕구	사랑, 애정, 소속감, 우정
	자존감욕구	자존감, 성취감, 확신, 능력, 지위와 명예
메타욕구(성장욕구)	자아실현의 욕구	• 자신의 잠재력을 살리는 것 • 자신의 강점과 제한점을 수용하는 것 • 타인을 있는 그대로를 수용하는 것 • 자발성을 갖는 것 • 창조적으로 행동하는 것

욕구단계이론에서 욕구의 특징을 살펴보면 하위 욕구가 더 강하고 우선적 욕구단계 이론은 낮은 단계에 있는 욕구가 충족되어야 더 높은 단계의 욕구를 의식하거나 동기가 부여된다는 것을 가정한다. 매슬로는 욕구의 단계에 예외가 있다는 것을 인정한다. 배고픈 예술가가 그 예이다. 자아실현의 욕구가 안전이나 생리적 욕구보다 우선하는 것을 보여준다. 상위 욕구는 인생의 중년기에 나타난다. 상위 욕구만족은 생리적, 심리적으로 생산적이고 유용하다. 심오한 행복감과 마음의 평안, 인생의 성취감을 제공한다.

(3) 자아실현자의 특징

자아실현자는 자신의 존재가치에 의해 동기화되고, 성장 동기를 통해 자신의 체험을 확장하고 삶을 풍부하게 한다. 현실에 대하여 효과적인 지각을 하며 편안해한다. 자신의 본성과 다른 사람들을 수용한다. 자신의 일상적인 삶에 대해 감사할 줄 알며 자율적이고 개인적 윤리규정을 가진다. 문제 중심적이며 외부의 문제들에 관심을 가진다. 자신에 대해 불편해하지 않으며 혼자일 수 있고 일반 사람들보다 더 고독과 개인 사생활을 즐기는 경향이 있다. 사회적 환경으로부터 비교적 독립되어 있다. 삶의 기본적인 것에 관해 기쁨과 즐거움을 느끼며, 새롭고 순수하게 감사해 하는 능력이 있다. 환희와 경이로움, 경외의 느낌 등 신비한 경험을 한다. 인간에 대해 깊은 일체감, 공감, 애정을 가진다. 일반 사람들보다 더 깊은 관계를 가지지만 소수의 사람들과 깊은 유대를 맺는다.

민주적인 성격 특성을 가지고 있으며, 누구에게나 조건 없이 우호적이며 모든 사람을 존중한다. 수단과 목적을 구분하며 실제 생활에서 옳고 그른 것을 확실히 구분한다. 철학적이고 사려 깊은 유머 감각이 있다. 어린아이의 순수함에 가까운 창조성을 지니고 있다. 특정 방식으로 생각하고 행동하라는 사회적 압력이나 문화 적응에 저항한다.

표 5-2 **자기를 실현한 사람과 완전히(충분히) 기능하는 사람**

자기를 실현한 사람(매슬로)	충분히·완전히 기능하는 사람(로저스)
• 현실지각력(현실에 대한 정확한 지각) • 자발성(솔직성, 자연스러움, 가식 없음) • 창조성 • 자율성 • 자기 자신보다 외부문제에 관심이 큰 경향 • 초연함 • 풍부한 감수성과 감정반응 • 절정 경험 • 인간으로서의 정체성(또는 인류애, 사회적 관심) • 심오한 대인관계 • 자기와 타인에 대한 수용력 • 유머감각 • 사회적 압력이나 문화에 휩쓸리지 않음 • 민주적인 성격을 가지며 누구에게나 우호적임 • 선과 악, 목적과 수단 사이를 구별함 • 분리감 및 사생활에 대한 욕구	• 독립성 • 경험에 대한 개방성 • 실존적인 삶 • 자신이라는 유기체에 대한 신뢰(자신이 옳다고 느끼는 대로 행동) • 선택과 행동에 대한 자유로움 • 창조성

4) 욕구이론과 사회복지실천

인간본성에 대한 매슬로 이론의 긍정적 견해는 사회복지실천에 중요한 시사점을 제공했다. 욕구단계이론은 사회복지사가 내담자의 욕구평가를 하는 데 유용하게 활용되고 있다. 어떤 사람이 음식이나 옷, 거주지 같은 자원이 부족할 경우에는 기본적인 생리적 욕구가 충족되지 못한 상태이고, 이는 다른 종류의 욕구를 충족하는 데 있어서 극복하기 힘든 장애물을 만든다. 특히 노숙자 가정들이나 개인들에게 서비스를 제공하기 어려운 경우의 예를 보아서 알 수 있듯이, 사람들은 기본적인 생리적 욕구가 채워져야 다른 욕구를 채우기 위한 에너지를 발견할 수 있기 때문에 매슬로의 이론은 설득력이 있다.

그러나 사람들이 기본적인 생리적 욕구를 먼저 충족하지 않는 경우도 있다. 소위 '배고픈 예술가'처럼 자신의 예술활동에 전념하기 위해서 음식과 잠을 전폐하는 경우가 그 예이다. 어떤 사람들은 자신들의 정치적 투쟁을 위해서 개인적인 안전을 돌보지 않는 경우도 있다. 또한 세계 도처에는 많은 사람이 빈곤과 박탈로 인하여 고통을 당하고 있지만, 그들 중 많은 사람은 여전히 타인과 사회에 대한 소속감을 가지고 정서적 유대감을 맺고 있으며 자존감을 유지하고 있다. 이것은 안전이 보장된 환경에 있지 못하는 사람들은 타인과의 의미 있는 관계를 맺지 못한다고는 볼 수 없다는 뜻이다. 역사적으로 보더라도 재난이 있던 때에도 사람들은 긴밀하고 지지적인 공동체를 이룰 수 있었기 때문에 매슬로의 욕구 이론은 인간행동을 설명함에 있어서 나름대로의 제한성을 지니고 있다.

5) 인본주의이론이 사회복지실천에 미친 영향

사회복지실천의 가치관은 기본적으로 인본주의에 근거를 두고 있다. 인본주의는 인간이란 의식 있는 존재로서 이성적으로 생각하고 선택하며, 자유롭게 행동할 수 있는 능력이 있다고 믿는다. 또한 인간은 삶을 통제하고 살아가는 방법에 대한 생각들을 바꿀 수 있는 개인적인 권한을 가질 수 있는 존재라는 사실을 중시한다.

내담자 중심의 개입은 사회복지실천의 주된 원리와도 잘 맞는다. 인간을 전체로서 다루고 환경과 상호작용하는 존재로 보며, 자신의 경험에 관한 해석과 이해를 존중한다. 이 이론은 사회복지실천에 있어서 다른 이론들보다 더욱 융통성 있게 작용할 수 있다. 또한 내담자에 관하여 덜 결정론적이고, 덜 판단적인 이해를 하게 하는 토대를 제공한다.

전체 인간에 대한 존중사상은 효과적인 실천의 기본적인 부분이며, 사회복지실천에 있어서 가치관의 토대를 이루고 있다. 특히 자발적이고 스스로 동기가 있는 내담자를 위한 사회복지실천을 할 때 인본주의 사상과 지식은 포괄적인 접근을 할 수 있게 한다.

사회복지사들은 내담자가 자신과 자신의 개인적 의미를 탐색할 수 있는 기술을 가질 수 있도록 원조한다. 여기에서 개인적 의미란 자신이 지각하는 세계에 관해 나름대로 의미를 부여하는 것으로, 이것은 나중에 다시 자신에게 영향을 준다. 또한 사회복지사는 내담자와의 경험을 통하여 내담자 각자의 경험에 대해 각기 다른 의미를 구성하고, 내담자의 자기self에 대한 새로운 사고를 창출하는 것에 관하여 다양한 사고를 이끌어 낸다.

3. 피아제의 인지(발달)이론

1) 피아제의 생애

중세 역사학자인 아버지의 학구열을 이어받은 피아제Jean Piaget, 1896~1980는 매우 학구적이어서 21세에 생물학으로 박사학위를 받을 정도였다. 1920년 파리의 비넷 실험실에서 아동용 지능검사 자료를 만드는 연구과제를 통해 아동의 틀린 답이 일관성 있는 유형을 나타내고 있음을 발견했다. 이 발견으로 아동의 사고가 어른들과는 다르게 나름대로 독특한 특성을 가지고 있다고 여기게 되었다. 피아제는 아동이 어떻게 사고하는지에 관심의 초점을 두었다. 1925년 첫딸 재클린의 출생 후부터 자기 자녀들을 대상으로 아동의 인지적 행동에 관 한 본격적인 관찰에 들어갔으며, 1940년대부터 아동의 수학적·과학적 개념 이해에 초점을 둔 연구를 주로 했다.

2) 인지이론의 기본가정

개인은 환경적 사건을 인지적으로 표상하고 이에 따라 행동한다. 특정 연령에서 각 개인의 특정 영역의 인지적 유능성은 개인이 기능하는 맥락에 따라 차이가 있다. 인지는 개인이 환경적 사건에 노출된 결과일 뿐 아니라 개인이 이러한 사건의 의미를 능동적으로 구성한 결과이다. 일생을 통하여 인지적 성장과 변화가 이루어진다. 사고, 감정, 행동 그리고 그 결과는 원인적으로 관련성을 지니고 있다. 인지 변화는 행동 변화에 영향을 미친다. 자신에 대한 사고를 포함한 인지적 표상은 사회적 기능과 정서적 안녕에 영향을 미치며, 변화가 가능하다.

3) 인간에 대한 관점

인간의 감정이나 행동은 인지 혹은 생각에 의해 통제될 수 있다. 인간은 매우 주관적인 존재이기 때문에 객관적인 현실이란 존재하지 않는다. 각 개인이 자신의 삶을 해석하는 방식에 따라 각기 다른 주관적인 현실만이 존재한다. 각 개인의 정서, 행동, 사고는 개인이 현실세계를 구성하는 방식에 따라 다르다.

인간 본성에 대해 결정론적인 시각을 거부한다. 변화와 성장의 가능성을 인정한다. 인간의 의지는 환경과 상호작용하면서 변하고 발달한다. 이 과정에서 인간의 능동적 역할이 중요하다.

4) 주요 개념

(1) 인지

일정한 자극을 조직하여 지식을 얻는 심리적 과정이다. 지식, 의식, 지능, 사고, 상상, 계획과 전략의 개발, 합리화, 추론, 분류 및 유목화, 상징 그리고 꿈과 같은 높은 수준의 정신적 과정을 모두 포함하는 개념으로 받아들이고 있다. 인지는 아는 것과 관련된 모든 정신활동 또는 상태 그리고 마음의 기능을 포함하며, 지각력, 주의력, 기억력, 상상력, 언어기능, 발달과정, 문제해결능력 등을 포함한다.

인지능력은 광범위한 의미에서 인지능력은 사람들에게 마음으로 무언가를 하게 만드는 인간의 모든 성격 또는 특성을 말한다. 인지능력은 처음 언어를 획득하는 능력과 같이 인류 전체의 특성으로 간주될 수 있고, 또는 구술능력이나 추론능력 등과 같이 개인이나 집단을 구별하는 특성으로 간주될 수 있다.

(2) 도식

사건이나 자극의 특징에 대한 추상적 표상이다. 즉 사건이나 자극을 인식하고 그것에 대응하는 데 사용되는 기본적인 이해의 틀이다. 인간의 행동이나 사고를 조직하게 하고 환경에 적응하게 하는 심리적 구조, 사건이나 자극을 인식하고 그것에 대응하여 사용하는 기본적인 이해의 틀이다. 도식은 타고난 것이 아니라 환경과의 접촉을 통해 형성되는 것이다. 도식은 어원으로는 형태라는 의미이며, 일반적으로 사물이나 사건 또는 사실에 대한 전체적 윤곽이나 개념을 말한다.

도식은 일생에 걸쳐 사회적 학습(다른 사람들의 경험을 보고 흡수하면서) 또는 직접 학습과정(스스로의 경험)을 통해 개발되며 수정된다. 도식은 유아는 빨기반사와 같은 기본적인 반사 능력만을 갖고 태어난다. 하지만 빨기, 잡기 동작을 계속 연습함으로써 기본적인 빨기도식과 파악도식이 형성된다. 이런 도식의 통합, 분화됨에 따라보다 복잡하고 고차원적인 도식이 획득된다.

(3) 동화, 조절, 적응

인간이 나타내는 모든 지적 활동의 목표는 인지적 불평등을 해소함으로써 사고과정과 환경 간의 조화로운 관계를 모색하는 것이다. 아동은 무수한 인지적 불평등을 해소하며 새로운 평형상태를 추구하는 가운데 지적 발달을 이루게 된다. 이러한 평형을 이루기 위한 생물학적 경향은 동화, 조절, 조직화라는 심리현상으로 나타난다.

① 동화

동화는 자극 혹은 입력되는 정보자료를 이전부터 존재하는 구조의 활동에 의해 처리하는 것이다. 이미 경험이나 학습으로 형성된 기존 도식에 맞추어 새로운 자극을 이해하는 것이다(외부 사물을 인지할 때, 새로운 정보를 취하여 이를 기존의 도식 혹은 사고의 구조 안에 통합하는 것).

새로운 경험을 기존 도식 또는 구조에 통합시키는 과정으로 기존 도식의 관점에서 새로운 경험을 해석하는 경향을 말한다. 예를 들면, 경률이는 빨간 것은 모두 사과라고 생각한다(기존 도식). 그런데 난생 처음 석류를 본 경률이는 석류를 사과라고 한다. 또한 평소 H학교에 보내는 학부모를 속물이라고 생각하는 김씨가 H학교에 자녀를 보내는 학부모를 만날 때 김씨는 그 사람이 속물일 것을 예상한다. 몇 분간 이야기를 한 후 김씨는 그 사람이 실제로 속물이라고 결론을 내린다. 김씨는 H학교에 자녀를 보내는 학부모에 관한 자기의 도식에 비추어 그 학부모와의 상호작용을 해석한 것이다.

② 조절

대상의 새로운 차원 또는 감추어진 사건을 설명하기 위해 기존의 도식을 수정하는 과정이다. 기존 도식이 새로운 대상을 동화하는 데 적합하지 않을 때 새로운 대상에 맞게 기존의 도식을 바꾸는 인지과정이다(자신이 가진 기존의 도식이나 구조가 새로운 대상을 동화하는데 적합하지 않을 때 그 대상에 맞게 기존의 도식이나 구조를 바꾸어 가는 인지과정). 조절을 통해 질적 변화가 발생하므로, 조절은 새로운 도식이 형성되는 과정이라고 할 수 있다.

- 예 : 경률이는 빨간 것은 모두 사과라고 생각한다(기존 도식).
  → 그런데 난생처음 석류를 본 경률이는 석류를 사과라고 한다.
  → 석류를 한입 먹는 순간 사과가 아니라는 사실을 알게 된다.
  → 사과가 아닌 석류의 도식 형성(새로운 도식 형성-조절)
- 예 : 강원도 산골에 사는 현수는 며칠 후면 서울로 전학을 간다.
  → 현수는 서울 애들을 모두 이기적이라고 생각한다(기존 도식).
  → 현수는 전학 온 학교에서 소라와 친해지게 되었다.
  → 사려심 깊고 친절한 소라를 보면서, 서울 애들은 이기적이라는 자신의 생각을 바꾸게 되었다(새로운 도식).

이러한 조절을 통해 유아는 외부세계에 대처하는 방법을 점차 효율적이고 정교하게 구성하기 시작한다.

③ 적응(자기 주변 환경의 조건들을 조정하는 능력)

피아제는 적응을 자기조정적 구조로 정의하고 이 구조는 동화와 조절의 평형화과정에 의해 발달한다고 보았다. 동화와 조절의 경험이 인지구조 발달을 초래한다.

④ 평형상태

동화와 조절이 결과 조직화된 유기체의 각 구조들이 균형을 갖는 것이다. 유기체 또는 환경 변화로 기본구조를 바꾸어야만 할 경우 유기체는 불균형상태가 되는데 평형상태로 돌리기 위해 노력한다. 모든 도식(인지구조)은 평형상태를 지향한다. 기존의 도식으로는 납득할 수 없는 낯선 경험을 만날 때 인지는 불균형상태가 초래되는데, 인지적 불평등 상태를 해소하고 사고과정과 환경 간의 조화로운 관계를 모색하게 된다. 이때 동화, 조절, 조직화 등을 사용하며 다시 평형상태를 회복하게 되는 과정이 바로 새로운 환경에 대한 적응과정이라 할 수 있다.

(4) 조직화

상이한 도식들을 자연스럽게 결합시키는 것이다. 출생 후 몇 달이 지나면 유아는 어떤 대상을 쳐다보고 그것을 잡을 수 있게 된다. 이는 보는 것과 잡는 것이 결합된 것이다. 즉 두 도식의 결합으로 조직화에 해당한다. 예를 들면, 유아가 곰 인형을 보고 잡는 것은 보는 행동과 잡는 행동을 조직한 것이다.

(5) 자아개념과 자아효율성

① 자아개념

자기 자신에 대한 신념 체계를 말한다. 귀빈이는 통통한 몸매의 소유자이다. 그녀는 자신이 돼지처럼 뚱뚱하고 못생겼다고 생각한다. 그래서 사람들은 자신을 싫어하며 누구와도 친구가 될 수 없는 쓸쓸한 사람이라고 자신을 생각한다. 자아의 다양한 도식은 타인과의 상호작용, 물리적 세계에 대한 경험, 지식, 반영과 통찰을 통해 발달하며, 유목화되고 계층화된 도식은 자아개념을 형성한다.

② 자아효율성

특정한 목적을 성취하는 데 필요한 행동노선을 조직화하고 실행에 옮기는 능력에 대한 개인적 판단이다.

5) 인지발달단계

(1) 감각운동기(0~2세)

빨기, 쥐기, 때리기와 같은 신체적 행동양식을 조직화하므로 이 시기를 감각운동기라 한다. 이때 감각운동에 기초하여 행동하게 된다. 대상영속성을 이해하기 시작한다. 대상이 보이지 않을 때라도 대상이 계속해서 존재한다는 사실을 인식하는 것을 의미한다. 원인론을 획득한다. 원인과 결과 사이의 관계에 대한 인식을 표현하기 시작한다는 것을 의미한다. 목적 지향적 행동이 출현에 동반되는 의도성을 획득한다.

표 5-3 **감각운동기 발달단계**

구분	주요 내용
반사기 (출생~1개월)	• 쥐기, 빨기, 파악반사, 웃음 등 타고난 반사행동을 통해 환경과 접촉, 적응적 방향으로 수정됨 • 가장 우세한 도식은 빨기도식
1차 순환반응의 성립 (1~4개월)	• 우연히 어떤 행동을 하여 흥미 있는 결과를 얻었을 때 이러한 행동을 반복함(예: 손가락 빨기) • 우연히 손가락을 빨게 되었는데 손가락을 빠는 것이 재미있다고 여겨지면 손가락을 자꾸만 입속에 넣으려고 함 • 감각체계 간의 협응이 이루어짐(영아의 여러 신체부분들이 서로 협응하는 것) • 순환반응 : 빨기, 잡기와 같은 감각운동의 반복
2차 순환반응의 성립 (4~8개월)	• 2차 순환반응은 자신이 아닌 외부에서 흥미로운 사건을 발견하고 이를 다시 반복하려고 할 때 일어남 • 활동 자체의 흥미에서 벗어나 환경 변화에 흥미를 가지고 활동을 반복(예: 딸랑이 흔들기) • 자신의 행동과 예상되는 결과를 예측하며, 자신의 욕구충족을 위하여 의도적으로 행동함
2차 도식의 협응 (8~12개월)	• 친숙한 행동이나 수단을 통해 새로운 결과를 얻으려고 하므로, 이 단계의 행동은 의도적이고 목적적임 • 1차 도식(예: 엄마 옷 잡아당기기)와 2차 도식(예: 엄마를 다른 곳으로 데려가기)의 협응이 이루어짐 • 영아의 관심은 자신의 신체가 아닌 주위 환경에 있으며, 목표를 달성하기 위해 두 가지 행동을 협응하게 됨(엄마의 옷을 잡아당겨서 엄마를 다른 곳으로 데려감) • 대상영속성이 발달하기 시작(방해물〈엄마손〉을 치우고 숨겨진 물건을 찾기 시작) • 대상영속성 개념으로 인해 인과관계를 이해함. 결과를 얻기 위한 목적 지향적 행동을 함 장난감을 잡으려고 했을 때 엄마가 손을 뻗어 장난감을 가로막으면 엄마의 손을 치우고 장난감을 잡음
3차 순환반응의 성립 (12~18개월)	• 친숙한 행동으로 목표에 도달할 수 없을 경우 전략을 수정하여 사용함 • 실험적 사고에 열중함. 새로운 원인과 결과 간의 관계에 대해서 이를 가설화하여 다른 결과를 관찰하기 위해 다른 행동들을 시도함. 처음에는 장난감 북을 북채로 쳐다보다가 다음에는 연필, 블록, 망치 등으로 두들겨 봄 • 시행착오적 행동을 함 • 시행착오적 행동의 예 : 높은 곳에 물건을 내리는 것에 실패할 경우 의자를 가져다 놓고 높은 곳에 있는 물건을 내림
상징적 표상 (18~24개월)	• 수단과 목적이 관계에 대한 정신적 조작이 가능해짐 • 눈 앞에 없는 사물이나 사건들을 정신적으로 그려내기 시작하고 행동을 하기 전에 머릿속에 먼저 생각을 함 • 몸으로 행동하는 대신 마음 속으로 행동의 결과를 예측함 • 이전 단계처럼 시행착오과정을 통해서 문제를 해결하는 것이 아니라 행동을 하기 전에 상황에 대한 사고를 하기 때문에 문제를 더 빨리 해결함. 물컵을 들고 방문을 열어야 할 때 물컵을 내려놓고 문을 염 • 대상의 실체가 존재하지 않더라도 스스로 상징을 만들어 그것에 대해 생각할 수 있음(상징적으로 표현하는 것을 이해하는 초보적인 능력이 나타난다. 손 씻는 흉내를 내면서 '비누'라고 말하거나 종이를 먹는 척하면서 '아! 맛있어'라고 한다.) • 관찰 직후 모방하지 않고 시간이 지난 후 적절한 시기에 재생하는 지연모방이 가능해짐 • 예 : 성냥갑 속 구슬을 찾기 위해 성냥갑을 쳐다보다가 방법을생각해 낸 후 구슬을 꺼냄. 이는 이전에 관찰했던 성인(모델)의 행동을 모 한 것임. 즉 지연모방이 가능해짐

(2) 전조작기(2~7세)

조작은 수, 액체, 질량의 보존개념을 논리적으로 이해하는 것이다. 언어를 사용하게 되면서 사물이나 사건을 기억하고 표현하는 능력이 가능해지지만, 조작능력에는 한계가 있다. 경험을 논리적으로 환원시키지 못하고, 지각에 의한 직접적 경험으로 사물이나 사건을 이해한다.

① 보존개념

전조작기의 아동은 보존개념이 형성되지 않는다. 같은 양의 진흙으로 만든 두 개의 공을 보여준 뒤 아동 앞에서 하나를 핫도그처럼 길게 만들면 양이 달라졌다고 생각한다. 물체가 외형상 변하더라도 그 물체의 특정 양은 변하지 않는다는 것을 판단할 수 있는 능력이다.

보존개념 획득의 전제요소를 살펴보면,

- 동일성 : 물질의 형태가 변했더라도 그 과정에서 더하거나 빼지 않았다면 그 물체의 양, 부피 등은 같은 것(물을 더 붓거나 버리지 않으면 물의 양은 같다고 대답/더 붓거나 빼지 않았기 때문에 본래의 액체양이 같다.)
- 보상성 : 하나의 변화가 다른 변화로 인해서로 상쇄되는 성질(노란 컵은 가로 가 더 길지만, 빨간 컵은 세로가 더 길다. 따라서 두 컵에 담긴 물의 양은 같다고 보는 것/한 컵은 길고 다른 컵은 넓기 때문에 두 컵의 양은 같다.)
- 가역성(역조작) : 시간이 흐르는 동안 물체의 운동이 변화했을 때 시간을 거꾸로 되돌린다면 처음의 물체 상태로 되돌아갈 수 있는 것(파란 컵에 있던 우유를 분홍 컵에 부었다. 이 우유를 다시 파란 컵에 그대로 부을 수 있기 때문에 두 컵의 양은 같다고 생각하는 것이다./이전의 컵에 그대로 부을 수 있으므로 두 컵의 액체량은 같다.)

② 유목화

상위개념이나 하위개념을 분리하는 것으로, 전조작기에는 이것이 형성되지 않는다. 18개의 파란 구슬과 2개의 흰 구슬을 모두 유리구슬이라 한 뒤, "파란 구슬이 많으니 유리구슬이 많으니?"라고 물으면 아동은 파란 구슬이 더 많다고 대답한다.

③ 자아중심성

자신과 대상을 서로 구분하지 못하는 것으로 정의된다. 아동들은 자아중심적이어서 자신의 관점과 다른 사람의 관점을 구별하지 못한다.

④ 상징놀이

상징놀이는 전조작기에서 가장 많이 발달한다. 이 시기의 아동은 인형을 아기라 하면서 업고 다니고 음식을 먹이는 흉내를 내기도 한다.

⑤ 물활론

물활론이란 생명이 없는 대상자에게 생명을 부여하는 것이다. 이 시기의 아동은 활동하는 모든 것에 생명을 부여하여 태양을 그릴 때 그 안에 눈과 코를 그려 넣는다.

⑥ 타율적 도덕론

아동들이 흔히 하는 공기놀이의 규칙을 임의로 바꿀 수 있는지 질문하였을 때 아동들

전조작기의 인지 특성

- 자아중심성 : 아동들은 자신만을 인식하며, 자신의 관점과 다른 사람의 관점을 구별하지 못한다(내 입장).
- 중심화 : 한 부분만 집중하여 문제를 해결하려는 집중성의 사고이다.

  예 : 아동은 같은 양의 우유를 하나는 넓은 컵, 하나는 길고 좁은 컵에 담을 경우 – 길고 좁은 컵은 우유가 많다고 한다. 이는 넓이보다는 높이 개념에 초점을 두고 있는 것으로 한 부분만 집중하려는 중심화 사고에 해당한다.
- 비가역성 : 한 방향에서만 생각한다.

  예 : 선생님 : 영희는 언니가 있니?

  영희 : 네, 언니가 있어요. 숙희 언니예요.

  선생님 : 그럼 숙희 언니 동생은 누구지?

  영희 : 몰라요.

  즉 자신의 입장(영희의 입장)에서만 생각할 수 있고, 생각의 방향을 바꾸어서 다른 사람의 입장에서는 생각하지 못하는 것이 비가역성이다.

은 규칙은 지켜야 하고 지키지 않으면 벌을 받는다고 대답한다. 즉 융통성이 없다. 의도보다 결과를 더 중요시한다. 예를 들어, 엄마를 도와주려다 컵을 3개 깨트린 형범이와 엄마 몰래 주스를 먹으려다 1개의 컵을 깬 태묵이, 진희에게 누가 더 나쁜지 물으면 3개의 컵을 깬 형범이가 더 나쁘다고 대답한다. 이는 결과를 더 중시하기 때문이다.

⑦ 대상영속성

감각운동기에 대상영속성은 발달하기 시작하여 전조작기에 대상영속성이 확립된다. 전조작기에는 대상영속성을 확립한다.

(3) 구체적 조작기(7세~약 11세)

'구체적'이라 표현한 이유는 구체적 사물과 구체적 행위에 대해서만 체계적으로 사고하고, 직접적인 경험을 통해서만 인지를 획득하기 때문이다. 전조작기에 발달하기 시작한 인지능력(유목화, 서열화, 보존)의 개념을 완전히 획득한다. 자아중심성을 극복하여 집중성이 향상된다. 또한 비가역성을 극복한다.

① 보존개념의 획득

보존개념이 획득되어 이 시기의 아동들은 동일성, 보상, 가역성의 논리를 사용할 수 있게 된다.

② 탈중심성

또래들과의 관계 속에서 점차 자아 중심성으로부터 벗어나게 된다. 이런 탈중심성은 언어의 발달로 의사소통이 이루어지면서 더 활발해진다.

③ 자율적 도덕관

규칙은 사람들 간의 상호 합의이며 서로가 동의하면 언제든지 변할 수 있는 것임을 알게 된다. 이것 또한 또래들과의 상호작용을 통해 발달하며 협동을 하기 위해 규칙이 자율적으로 변화할 수 있음을 알 수 있게 된다.

④ 유목화(분류화)

전조작기에서 불가능했던 유목화가 기능하여 동물과 식물이 생물보다 하위 유목임을 알게 된다. 일정한 특징에 따라, 즉 형태, 색상, 크기, 무늬 등으로 분류할 수 있다. 예를 들어, 아동은 벽돌의 크기나 색상에 따라 분류할 수 있다.

⑤ 서열화

길이, 크기, 무게, 부피, 색의 강도에 대한 서열개념의 획득은 사물 간의 관계를 이해하는 데서 비롯된다. 예를 들어, 미연이는 블록놀이를 하다가 블록들의 길이가 다름을 깨닫고 길이 순서대로 배열한다. 이는 서열화의 획득을 보여주는 예이다. 가족이나 친구들을 자기에게 가까운 순서대로 배열할 수 있다.

⑥ 조합능력

구체적 조작기에는 조합능력을 획득한다. 여러 가능성을 생각하고 가설을 검증할 수 있게 된다. 결과에 미치는 변수를 고려하고 여러 가지 가능성을 탐색할 수 있게 되면서 다양한 문제해결능력과 분석능력이 발달하게 된다. 새로운 토양이 특정 식물에 미치는 영향을 알아보기 위해 형식적 조작기의 청소년들은 새로운 토양의 식물과 예전 토양의 식물 개개의 차이를 통제하기 위해 여러 개씩 심어 평균치를 구하고 햇빛, 물, 온도 등의 영향도 통제하게 된다.

(4) 형식적 조작기(12세~성인기)

직접적으로 경험하지 않아도 추상적으로 사고하고 추론을 통해 가설을 세워 검증할 수 있는 형식적 조작기에 이른다.

① 가설 설정 및 상상적 추론과 같은 추상적 사고 가능

새로운 상황에 직면했을 때 현재의 지각적 경험뿐만 아니라 과거와 미래의 경험을 사용한다. 어떤 일을 수행하기에 앞서 문제에 대해 다양한 해결책을 고려할 수 있는 사고능력을 가졌다는 의미이다.

② 가설-연역적 인지구조

문제 해결을 위해 가능한 모든 방법을 생각하고 그 결과를 가정하여 가장 가능성이 있는 것을 시도한다.

③ 조합적 분석능력

구체적 조작기의 아동처럼 시행착오적 접근방법이 아닌 체계적으로 가능한 조합을 차례로 시도하는 것이다.

6) 인지이론과 사회복지실천과의 연관성

피아제의 인지발달에 관한 이론은 아동 대상의 프로그램 계획 및 실행 시 교육적 측면의 이론적 토대가 될 수 있다. 인지발달에 관한 이론은 성격의 한 측면으로 간주될 수 있는 인지기능의 다양한 발달수준을 개념적으로 설명하여 인지적 측면의 인간행동과 인지발달에 관한 사회복지사의 이해를 넓히는 데 기여한 바가 크다.

CHAPTER

6

사회체계이론과 생태학이론

1. 사회체계적 관점

1) 체계이론

(1) 체계의 개념

체계란 구별되는 방식으로 상호작용하고 일정 시간 지속되는 요소들로 이루어진 조직화된 전체를 뜻한다. 일정 기간 어느 정도의 안정성을 가지고 인과적 관계 속에 직접 또는 간접적으로 관련된 구성요소들의 복합체를 말한다. 상호 의존적이고 상호작용하는 각각의 부분들로 구성된 전체, 즉 부분들 간의 관계를 맺고 있는 일련의 단위들로 정의된다.

(2) 체계의 다섯 가지 속성(Martin & O'Connor, 1989)

표 6-1 **체계의 속성**

구분	주요 내용
조직화(organization)	체계의 부분 혹은 요소가 서로 관계가 있고 연결되어 있음을 뜻한다.
상호 인과성(mutual causality)	상호 의존을 의미한다. 체계의 한 부분에서 일어난 사건은 직접적, 간접적으로 모든 부분들에 영향을 미친다.
항구성(constancy)	체계가 지속성이 있음을 뜻한다.
공간성(spatiality)	모든 체계는 물리적 공간을 점유하며 관찰될 수 있다.
경계(boundary)	체계의 테두리로 다른 체계들과 환경을 구분한다. 체계로 들어오고 나가는 정보와 자료는 경계를 통해 여과된다.

(3) 체계이론의 일반적 개념

체계이론은 환경 속의 인간행동을 이해하는 데 있어 체계가 성장과 변화를 거쳐 안정성을 유지해 나가는 방법을 설명하는 이론이다. 인간을 통합된 하나의 체계로 보는 통합적 인간관을 가지고 있기 때문에 인간의 신체적·심리적·사회적 부분은 분리된 존재가 아니라 하나로 통합된 전체로서 기능한다고 본다. 한 영역의 변화는 전체 인간의 사회적 기능에도 영향을 미칠 수 있는 것으로, 한 개인의 부적응의 원인을 그를 둘러싼 사회체계와 역기능적 상호작용에서 찾는다.

(4) 체계이론의 특성

다양한 체계들의 상호작용을 강조한다. 인간행동 문제에 대해 보다 전체적인 시각을 제시하여 문제를 개인과 사회 및 환경이 상호작용하는 총체로 보게 하여 문제 사정과 개입체계를 명확하게 해준다. 세상을 이해하는 데 필요한 폭넓은 시각을 제공하여 다양한 현장에 적용이 가능하다. 체계의 한 부분에 미치는 영향은 체계를 구성하는 다른 요소에 전해지며, 반대로 체계의 다른 구성요소에 미치는 영향이 체계의 한 부분에 영향을 미치기도 한다.

2) 일반체계이론

(1) 일반체계이론의 개념

오스트리아 출신 생물학자 베탈란피Ludwig von Bertalanffy, 1901~1972에 의해 1940년대에 처음으로 제시된 이후 1960년대부터 주목받게 된 이론이다. 체계를 구성하는 요소들의 속성과 이들 간의 상호작용, 즉 복잡한 체계의 관계 또는 속성 또는 체계 내부에서 이루어지는 상호작용의 특성을 파악하기 위한 이론이다. 개인과 사회의 문제를 원인-결과의 관계, 즉 직선적 원인론으로 해석하기보다는 상호 연결된 전체로 파악한다. 개인과 환경은 어느 한쪽이 다른 쪽에 일방적인 영향을 끼치는 것이 아니라 양자가 모두 원인인 동시에 결과인 상호적 원인 관계로 형성된 전체로 파악하는 순환적 원인론을 따른다.

(2) 일반체계이론의 인간관

인간을 통합된 하나의 체계로 간주하는 전체적 인간관을 가진다. 인간은 신체, 심리, 사회적 부분으로 분리된 존재가 아닌 통합된 전체로 기능하는 존재이다. '환경 속의 인간'의 관점을 취한다. 인간은 외부체계와 끊임없이 상호작용하며, 상호 의존하는 존재이기에 자신의 욕구에 맞게 환경을 수정하고, 환경의 요구에 맞게 행동을 수정할 수 있는 능력을 지닌 존재로 보는 것이다. 인간의 행동은 집단, 가족, 또는 다른 사회적 단위를 포함하는 전체적인 사회적 상황의 결과이다.

(3) 기본가정

체계의 구성단위들은 상호 의존적이며 서로 영향을 주고받는다. 그렇기 때문에 체계의 어느 한 부분의 변화는 전체로서의 체계 그리고 그 체계를 구성하는 요소들에 영향을 준다. 전체는 각 부분들의 합보다 크다(비총합성). 체계는 하나의 단위 혹은 전체를 형성하는 상호 관련이 있는 성원들로 구성된다. 체계조직의 한계 범위는 임시적 혹은 이미 확정된 경계와 성원들이 결정한다. 체계의 환경은 체계 경계선 외부의 것으로 규정된다. 모든 체계는 다른 체계의 하위체계이면서 동시에 상위체계일 수 있다(홀론). 체계에서 한 성원의 변화는 전체에 영향을 미친다(상호 의존성, 상호작용의 법칙).

(4) 체계의 구조적 특성에 따른 분류

① 경계

체계를 외부 환경으로부터 구분해 주는 눈에 보이지 않는 선 혹은 테두리이다. 체계는 체계 내부의 관계를 특정 짓고 체계에 특정 정체감을 제공하며, 체계 내부로의 에너지 유입(투입)과 외부로의 에너지 유출(산출)을 규제한다. 경계의 속성에 따라 개방체계와 폐쇄체계로 구분할 수 있다. 건전한 체계는 반투과성의 경계를 가지며 이 경계를 유지한다.

② 개방체계

어느 정도 투과성이 높은 경계를 갖고 있는 체계이다. 체계의 성장 및 발달에 필요한 정보나 에너지의 투입과 산출이 자유롭게 일어나고 이를 통해 체계 자체의 기능을 유지 혹은 발전시킬 수 있다.

③ 폐쇄체계

다른 체계와 상호작용하지 않아 고립되어 있는 체계이다. 정보나 에너지의 투입input 또는 산출output이 거의 없다. 폐쇄 체계를 구성하고 있는 부분들은 시간이 지남에 따라 구성원들 사이의 구별이 거의 없어지며 점차 동일성을 띠게 되고, 이에 따라 체계 내의 조직 구성 및 그 기능이 쇠퇴하게 된다. 사회조직에서 폐쇄체계의 예로는 정신과의 보호병동, 교도소 등이 있다.

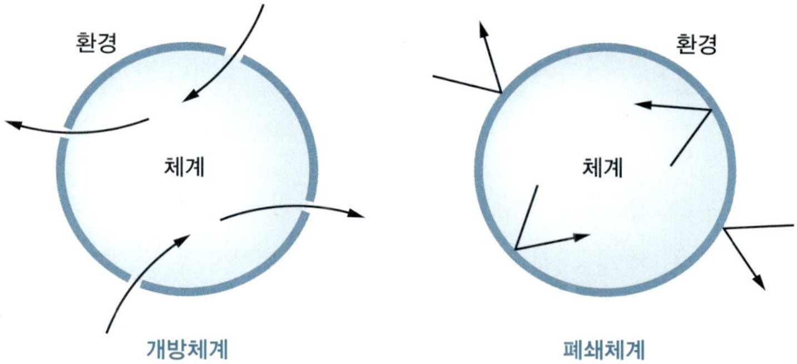

④ **대상체계**

분석 대상이 되는 체계이다. 가족의 갈등이 관심사라면 이 가족이 대상체계이다.

첫째, 상위체계이다. 대상체계의 외부에 있으면서 그 체계에 기능적으로 영향을 미치는 사회단위이다. 가족이 다니는 교회(종교기관)는 대상체계의 상위체계이다.

둘째, 하위체계이다. 2차적, 종속적인 체계로 큰 체계 속에 있는 더 작은 체계를 말하며 대상체계 내부에 있으면서 내부의 다른 하위체계들과 상호작용하면서 체계를 구성한다. 가족의 하위체계는 부부체계, 부모자녀체계, 형제체계 등이 있다.

(5) 주요 개념

① **위계**

권력과 통제권에 기반을 둔 체계의 서열을 말한다.

② **홀론**holon

하나의 체계는 상위체계에 속한 하위체계이면서 동시에 다른 것의 상위체계가 된다는 개념이다. 중간체계가 갖고 있는 이중적인 성격을 나타내주는 말이다. 예를 들면, 가족은 부부의 상위체계이지만, 지역사회의 하위체계이다.

③ **엔트로피**entropy

체계 내부의 에너지만 소모함으로써 점차 쇠약해지는 경향성을 의미한다. 에너지를 되는 대로 분배해서 에너지의 이용 가능성이 적어지게 되고, 따라서 그 체계는 더욱 무질서해져서 조직된 작업을 할 수 있는 능력은 더욱 적어진다. 외부 체계와 교류가 차단되어 외부의 에너지 투입이 이루어지지 않는다. 폐쇄체계에서 일어나는 현상이다.

④ 역엔트로피negentropy

엔트로피의 반대말로 체계가 성장하고 발달하는 방향으로 진행하는 과정으로서 '넥엔트로피'라고도 한다. 체계 외부로부터 에너지를 가져옴으로써 이용 불가능한 에너지가 감소되는 것이다. 부정적인 의미가 아니다. 넥엔트로피가 증가하면 체계 내에 질서와 법칙이 유지되며 정보의 필요성이 높아진다.

⑤ 항상성

체계가 균형을 위협받을 때 이를 회복하고자 하는 체계의 경향, 비교적 안정적이며 지속적인 균형상태를 유지하기 위한 체계의 속성이다. 항상성은 환경과 지속적인 상호 교환을 하는 체계에 존재하는데, 그 결과는 안정적이지만 정적인 균형이 아니라 역동적인 균형으로 나타난다. 항상성은 개방 체계의 속성이며, 항상성 상태에서 체계의 구조는 크게 달라지지 않는다. 부부의 심각한 갈등을 반복하면서 지내오다가 자녀가 아프게 되면 자녀를 치료하는 동안 잠시 덮어 두었다가 자녀가 퇴원하여 집에 오면 예전과 같이 갈등상태에 돌입하게 되는 경우이다.

⑥ 안정상태

부분들 간 관계를 유지하고 붕괴되지 않도록 에너지를 계속 사용하는 상태를 말한다. 안정상태는 환경과의 교환뿐 아니라 변화하는 여건에 적응하기 위해 구조를 변경시킬 수 있는 개방체계에 존재한다.

⑦ 투입 - 전환 - 산출 - 환류

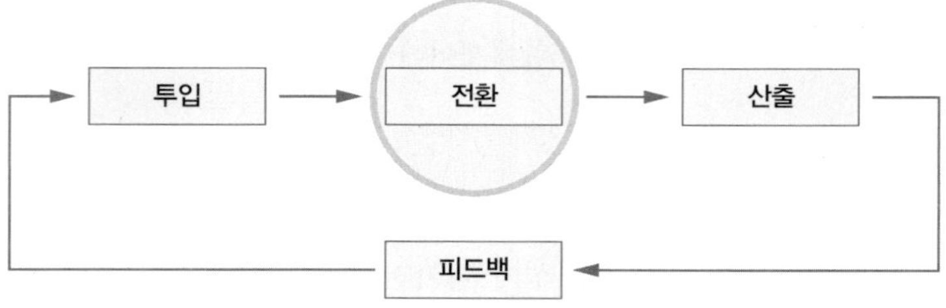

표 6-2 **투입, 전환, 산출, 환류의 내용**

구분	주요 내용
투입	• 환경에서 체계로 자원, 에너지, 정보 등이 유입되는 것 • 과업 관련 투입 : 사회체계가 관심을 갖는 욕구, 문제 또는 기회로 인해 발생하는 것(예: 사회복지기관에 의뢰된 내담자의 문제) • 유지 관련 투입 : 욕구를 충족하거나 문제를 다루거나 기회를 모색하거나 이용하는 데 필요한 자원(예: 사회복지사 또는 돕는 데 필요한 기타 자원)
전환	• 투입된 자원, 에너지, 정보 등을 가지고 체계 내에서 산출해 내기 위해 처리하는 과정을 말함
산출	• 체계가 처리한 결과를 환경에 배출하는 것을 말하며 이는 다른 체계에는 투입으로 작용하는 동시에 그 자체의 환류를 통해 다시 투입되어 작용함 • 과업 산출 : 과업 관련 투입으로 처리된 결과(예: 사회복지기관에 도움을 요청한 내담자의 문제가 종결된 결과) • 유지 산출 : 유지 관련 투입의 결과(예: 내담자가 사회복지기관과 접촉해서 습득한 대인관계에 대한 지식과 기술) • 소모 : 과업 산출과 유지 산출을 낳는 데 자원이 비효과적, 비효율적 또는 부적절하게 사용된 경우를 뜻함(예: 사회복지사의 소진burn out).
환류	• 자신이 수행한 것에 관한 정보를 체계가 받는 것. 환류는 정보의 투입에 반응하는 행동을 가져오며, 새로운 정보에 자신의 행동 결과를 포함시켜 그것에 의하여 다음의 행동을 수정하는 의사소통의 조직망을 뜻함

⑧ 정적 환류

체계의 존재와 성장에 적합하게 실행한 것에 관한 정보를 얻는 것이다. 체계가 그 목적과 관련하여 올바르게 행동하고 있으며 같은 종류의 행동이 좀 더 요청된다는 의미를 전달한다. 체계의 급진적이고 불연속적인 변화를 통하여 체계 전체를 변화시키는 환류를 말한다. 이러한 환류에 의해 일어난 변화를 2차 수준의 변화second-order change라고 한다. 체계가 한쪽으로 계속 이탈되어 가는 것을 말한다. 정적 환류는 엔트로피가 증가하고 있는 체계에서 나타나기 때문에 이런 상황이 변화하지 않는다면 체계는 결국 안정상태를 위협받을 것이다.

전에는 벼락치기로 시험을 공부하던 철수가 이번에는 시험 3주 전부터 열심히 했다. 그랬더니 성적이 10등이나 올랐다. 이때 10등이 오른 것은 3주 전부터 열심히 공부한 것에 대해 '잘 하고 있으니 계속 하라'는 형태의 정적환류이다.

⑨ 부적 환류

체계가 제 방향을 찾고 실수를 수정하여 항상성 상태로 돌아갈 수 있게 하는 환류이다. 체계가 목표를 성취하기 어려운 방식으로 행동하고 있다는 정보를 주어서 목표와 조화를 이루도록 행동을 수정하게 한다. 체계의 항상성을 유지시키고 변화를 극소화시키면서 체계 자체를 유지시키는 환류를 말한다.

이러한 환류는 체계내의 부분만을 변화시키고 체계 전체는 유지시키는 기능을 한다. 이와 같이 부적 환류에 의해 일어난 부분적인 변화를 1차 수준의 변화first-order change라고 한다. 체계의 이탈을 수정하거나 변화시키는 것을 말한다. 자녀의 담임선생님에게 자녀가 요즘 지각을 자주 한다는 이야기를 들었다. 이는 자녀의 행동에 '수정이 필요하다'는 부적 환류이다.

⑩ 동등결과성

각각 다른 체계들이 초기에는 각각 다른 상태였다고 하더라도 투입input이 같은 경우에는 비슷한 안정 상태에 도달할 것이라는 뜻이다. 여러 가지 다른 방법으로 동일한 결과를 얻을 수 있기 때문에 단지 한 가지 사고에만 집착하지 않는 것이 중요함을 시사한다. 사회복지사는 한 가족을 위해 다양한 곳에서 필요한 자원을 얻을 수 있다. 생계급여, 주거수당, 식품권, 보조금, 개인적인 후원 등이 있을 수 있으며, 그중 가능한 대안을 선택한다.

⑪ 다중결과성

처음의 조건과 수단이 비슷하다고 할지라도 다른 결과가 야기된다는 체계이론의 기본 가정이다.

⑫ 평형상태

체계가 고정된 구조를 가지고 주위 환경과 수직적인 상호작용을 하기보다 체계 내에서 수평적인 상호작용을 하면서 거의 교류를 하지 않는 상태이다.

- 주로 폐쇄체계에서 나타나며 체계의 구조 변화가 거의 없는 고정된 균형상태이다.

⑬ 공유영역

두 가지 체계가 함께 공존하는 곳으로서 체계 간의 교류가 일어난다. 경계는 체계의 정체성을 유지하기 위해 필요한 반면, 공유영역은 서로 다른 두 체계가 공통의 이익이나 관심을 추구하기 위해 필요하다.

⑭ 관계

둘 또는 그 이상의 사람이나 체계 사이의 상호 정서적 교류, 역동적 상호작용, 감정·인지·행동의 관련성을 뜻한다.

(6) 체계이론과 사회복지실천

모든 체계가 유사한 관계 속성을 지니고 있다는 인식에 기초한 일반체계이론의 등장으로 원조 전문직에서는 이전의 기계적이고 환원적 사고에서 벗어날 수 있었다. 개인과 사회의 문제는 원인-결과의 관계로 해석되기보다는 상호 연결된 전체로 파악된다.

체계적 관점은 사회복지실천의 목적과 잘 부합된다고 할 수 있는데, 문제의 파악 및 개입의 초점을 개인 또는 환경의 어느 한 곳에 두기보다는 상호작용하며 영향을 주고받는 전체에 두기 때문이다. 일반체계이론을 복지 실천에 적용하여 체계 간 상호작용 등을 설명하려 한 것이 사회체계이론인데, 일반체계이론은 추상적이고 실천적 적응에 어려움이 있기 때문에 인간사회의 심리적·사회적 구조와의 관계를 설명하는 사회체계이론을 발달시켰다.

3) 사회체계이론

(1) 사회체계이론의 개념

인간행동에 영향을 미치는 다양한 체계 수준, 즉 개인, 가족과 조직을 포함하는 소집단, 지역사회와 같은 보다 복잡하고 넓은 사회체계를 설명하는 이론이다.

(2) 사회체계이론의 발달 배경

기존 사회복지이론들이 '환경 속의 인간'이란 개념을 충분히 설명하지 못했기 때문에 좀 더 명확히 설명해 줄 수 있는 이론에 대한 관심이 증가했다. 일반체계이론을 사회복지실천에 적용하여 체계 간 상호작용 등을 설명하려 했는데 일반체계이론은 추상적이고 실천적 적용에 어려움이 있기 때문에 인간 사회의 심리적·사회적 구조와의 관계를 설명하는 사회체계이론이 발달했다. 4체계이론이나 6체계이론이 주요이론이다.

(3) 체계관점의 사회복지실천이론

① 4체계이론 : 핀커스Pincus와 미나한Minahan

일반체계이론을 사회사업 실체에 응용하여 4체계이론을 소개하였다. 이러한 체계들은 서로 밀접한 관계를 맺으면서 상호작용을 한다.

표 6-4 **4체계이론**

구분	주요 내용
내담자 체계	• 사회복지사에게 도움을 청하거나 어떤 문제해결을 위해 사회복지사와 공동의 노력을 기울이겠다는 묵시적 계약 상태에 있는 사람들이 내담자체계가 된다. • 사회복지실천을 통해 혜택을 얻으려는 사람들로 일차 수혜자를 의미한다. • 내담자 체계가 표적 집단과 정확히 일치하는 경우도 종종 있다. • 예 : 비행청소년의 경우, 그들 스스로 사회복지사에게 도움을 요청하는 일은 매우 드물다. 학교 선생님이 학교 사회사업가에게 도움을 요청하고 학생의 비행문제 해결을 위해 학교 사회사업가와 함께 노력하고자 하는 묵시적 동의를 했을 때 학교 선생님이 내담자체계가 된다. 하지만 나중에 비행청소년이 변화를 보이면서 사회복지사에게 자신의 문제해결을 위해 도움을 요청하기 시작했을 경우 청소년 자신도 내담자체계가 되는 것이다.
변화 매개 체계	• 사회복지사는 내담자의 문제 상황에 변화를 가져오기 위해 그 문제와 관련된 여러 가지 체계를 확인해 내고, 그 체계들과 함께 노력하기 위한 계획을 수립하며, 그 계획을 실천에 옮기기 위해 노력하는 변화매개이다. • 변화를 일으키는 데 주도적 역할을 할 수 있는 모든 사람이 포함된다. 문제, 경험자, 피해자 그리고 문제 해결과정에 참여했던 경험자들이 포함되는 것이 좋다. • 이들이 시각에 따라 변화의 내용과 결과가 달라지므로 매우 중요하다. 변화 작업을 총괄하고 조정하며 과업을 적절히 배분하는 리더십이 필요하다. • 예 : 사회복지사가 속해 있는 사회복지관, 상담실, 각종 쉼터, 치료기관 등은 변화매개체계가 된다. 변화매개체계는 기관 나름대로 갖고 있는 활동영역, 활동의 방침, 활동 권위의 확보 및 제공, 각 종 자원의 제공 및 연결 등을 통해 실질적인 사회복지사의 활동방향을 결정하게 된다.
표적 체계	• 변화매개체계가 그 활동 목적을 달성하기 위해 변화시킬 대상이 표적체계이다. • 변화에 걸림돌이 되는 일체를 의미한다. 변화의 대상이되는 개인, 집단, 제도, 구조, 정책 등을 포괄한다.

(계속)

구분	주요 내용
표적 체계	• 내담자체계가 변화의 대상인 경우 내담자체계가 곧 표적체계가 된다. 하지만 환경 속의 인간에 초점을 두는 사회복지실천에 있어서 많은 경우 변화매개체계인 사회복지사들은 내담자의 문제해결을 위해 내담자 주변의 다른 체계를 변화시키려는 노력을 하게 된다. 이 경우 주변의 다른 체계들이 표적체계가 된다. • 예 : 법원의 강제 명령에 의해 본인의 의사와 관계없이 행동치료를 받기 위해 사회복지사를 찾아온 비행청소년이 있다고 할 때, 법원이 내담자체계가 되고 비행청소년은 표적체계가 된다.
행동 체계	• 사회복지사의 활동 목적을 달성하기 위해 공동으로 노력하는 모든 체계들이 행동체계에 해당되며, 사회복지실천에서 변화를 이루기 위해 함께 행동하기로 동의하고 결심한 모든 사람을 말한다. • 변화매개체계가 변화를 추동하는 핵심 세력이라면 행동 체계의 구성원들은 나머지 사람들이다. 가급적 다른 체계의 대표자들이 두루 포함되는 것이 좋다. • 특별히 적대적인 관계가 아니라면, 표적체계의 대표자도 포함되는 것이 좋다. • 예 : 청소년 비행문제를 해결하기 위해 사회복지사인 변화매개체계는 가족체계, 학교체계, 동료체계, 지역사회의 유흥지역의 사람으로 구성된 지역사회체계, 청소년단체체계 등과 상호작용하면서 공동 노력을 펼칠 수 있다.

② 6체계이론 : 콤튼Compton과 갤러웨이Galaway

표 6-5 **6체계이론**

구분	주요 내용
전문가체계 (변화매개 체계가 모인 체계)	• 한국사회복지사협회와 같이 사회복지사들로 구성되어 있어 사회복지사의 전문성을 강화하고 사회 내에서 사회복지사의 위상을 높이기 위해 노력하는 체계, 한국사회복지교육협의회와 같이 사회복지 전문인을 길러내는 단체들의 연합으로 구성된 협의체계, 한국 사회복지협의회와 같이 일선 사회복지기관들의 연합으로 구성된 체계 등이 전문가체계에 해당된다. • 전문가체계는 사회복지사들의 활동에 정당성을 부여하고 사회복지사들이 기본적으로 갖추어야 할 가치체계와 기본적 윤리체계 등을 마련하고 사회복지사로 하여금 그것들을 실천하게 하는 역할을 한다. • 사회복지사는 전문가 체계의 도움을 얻어 자신이 속한 기관에서 자신의 영향력을 증대시키거나 사회 변화 노력에 대한 지원을 얻어낼 수 있다.
문제 인식체계	• 문제를 가장 먼저 인지하고 그것을 공론화시키는 사람들을 말한다. • 사회복지실천에서는 누가 처음으로 문제를 인식하고 거기에 관심을 기울였는가, 문제를 제기한 사람들이 문제 해결과정에 참여할 수 있는 방법은 무엇인가에 관심을 둔다. • 체계는 가족체계, 학교체계, 동료체계, 지역사회의 유흥지역의 사람으로 구성된 지역사회체계, 청소년단체체계 등과 상호작용하면서 공동 노력을 펼칠 수 있다.

(4) 사회체계의 역동성

① 사회체계의 구조

사회체계는 보이지 않는 다음 두 축으로 안정 상태를 유지한다(Parsons).

② 사회체계의 기능

표 6-6 **파슨스의 네 가지 기능상 문제 패러다임**

구분	도구적(수단)	완성적(목적)
외적	적응기능	목적 달성기능
내적	형태 유지기능	통합기능

표 6-7 **사회체계의 기능**

구분	주요 내용
적응의 기능	• 체계가 외부 환경으로부터 자원을 얻어 이를 분배하고 보존하는 활동 • 체계는 환경으로부터 자원을 얻어 그 자원을 활용할 능력을 갖추어야 존재할 수 있는데, 체계가 과업 산출을 달성하기 위해서는 상위체계를 변화시켜야 한다. 외적 차원의 문제이다.
목표 달성의 기능	• 체계는 목표를 설정하고 목표들의 우선순위를 정하며, 구성 부분을 동원하여 그 목표를 달성할 능력을 갖추어야 체계로서 존재 의미를 가진다. • 사회체계는 상위체계 기대를 충족하도록 과업 목적을 달성해야 한다. 이는 목적을 달성한다는 점에서 완성적이고, 목적을 일으킨 기회나 욕구가 상위체계에 있다는 점에서 외적 자원으로 분류된다.
통합의 기능	• 체계가 내부적으로 부분들의 상호작용을 조정하고 유지하는 기능을 의미한다. • 체계는 부분들의 활동을 조정하고 효과적으로 작업 관계를 성립할 수 있는 능력을 갖추어야 한다. • 통합 문제도 완성적 차원의 문제이고 체계 자체의 욕구라는 점에서 내적 차원으로 분류된다.
형태 유지의 기능	• 체계 내에서 발생하는 긴장을 다루는 기능이다. • 체계 자체에서 발생하는 변화와 함께 계속 변하는 상위체계에서 체계 자체 기본 틀을 유지해야 한다. 이는 도구적 차원의 문제이자 내적 차원의 문제이다.

(5) 체계이론의 사회복지실천에의 적용

① 적응적 체계와 증상에 대한 관점

- 적응적 체계 : 환경 속의 인간행동을 이해하는 데 일반체계이론이 가장 크게 기여한 바는 아마도 체계가 성장 또는 변화하면서 안정성을 유지해가는 방법을 설명한 것이라고 할 수 있다. 적응적 체계는 구조화하고, 구조를 해체시키고, 재구조화함으로써

또는 보다 분화되고 복잡한 체계가 됨으로써 환경적 요구에 대처한다. 체계의 적응 정도를 이해하기 위해서는 체계의 어떤 속성이 체계를 보다 통합된 상태에 이르게 하고 외부환경과 성공적으로 상호작용할 수 있게 하는지를 검토하여야 한다.

적응적 체계의 주요 특성은 적응적 체계는 변화하고 보다 복잡해지며, 안정상태를 유지한다. 적응적 체계의 내적 조직은 환경과 자신을 구분하고, 환경에 작용하고, 환경에 반응할 수 있다.

- 정보는 조직적 작동과 적응에 필수적이다.
- 환류나 오류 통제는 적응적 체계의 중요한 특성이다.
- 적응적 체계는 대안적 사고와 행동을 개발할 수 있다.
- 개방성은 적응적 체계의 생존, 연속성, 그리고 변화능력의 기반을 이루는 필수적 요인이다.

개방체계는 침투성이 있는 경계선을 가지고 있다. 그리고 개방체계 환경과 활발한 에너지 교환을 하며, 분화해가고 다양한 역할을 창출해 낼 수 있는 능력이 있다. 개방체계는 개인의 발달과 개별화를 위한 잠재력을 제공해 주며, 하위체계 간에 역동적인 상호교환이 이루어진다.

- 적응적 체계는 환경을 잘 이해하고 있다.
- 적응적 체계는 환경적 요구에 효과적으로 반응할 수 있다.
- 적응적 체계는 환경에 선별적으로 적응해 간다.
- 선별적 과정을 계속해 감에 따라 적응적 체계는 성장하고 정교화된다.
- 적응적 체계는 구조의 변화를 통하여 환경에 영향을 미칠 수 있다.
- 적응적 체계는 시작하는 조건과 방법이 다르다고 할지라도 동일한 종결상태에 도달할 수 있는 능력이 있다.

- 증상에 대한 관점 : 일반체계이론에서는 개인의 문제와 증상을 역기능적 체계에 대한 은유인 동시에 적응 방법이라고 본다. 증상은 체계 내의 다른 구성요소들과의

상호작용, 정서적 및 지적 밀착, 가족의 적응을 요구하는 생활상황에 대한 대처 정도에 따라 야기되고 유지된다고 보고 있다. 핀커스와 미나한의 체계이론(Pincus & Minahan, 1973)에서는 증상이나 문제를 특정 개인이나 개인적 속성에 국한된 것으로 보지 않고, 체계의 복잡한 역기능적 상호작용의 한 매듭으로 간주한다고 하였다.

일반체계이론에서는 개인과 그의 정신내적 갈등에서 증상의 원인을 찾기보다는 체계 내부 또는 체계와 환경 사이의 매우 복잡한 상호작용적 현상을 분석함으로써 증상의 원인을 찾으려고 한다. 증상은 체계의 역기능적 산물이기는 하지만 이러한 증상으로 인하여 체계는 역기능적 상호작용 유형을 지속적으로 유지함으로써 안정상태를 유지할 수 있게 해주어 역기능적 상호작용의 결과로 나타날 수도 있는 체계의 파괴나 소멸을 방지해 주는 역할을 한다.

② 개입목표

일반체계이론에서는 문제나 증상을 일으키는 원인을 제거하는 데 초점을 두는 대신 체계 내부의 부분들 간의 상호작용이나 체계와 환경 사이의 관계를 변화시킴으로써 증상을 제거하는 데 초점을 두고 있다. 체계적 접근방법에서는 체계 성원들 사이의 상호 의존성과 상호 관련성을 파악하여, 증상을 일으키는 역기능적 상호작용 유형을 제거함으로써 증상을 제거하고 개인의 기능을 증진시키는 데 목적을 두고 있다.

체계적 접근방법의 개입목적은 전체 체계의 변화, 즉 2차 수준의 변화를 통한 증상의 제거라 할 수 있다. 그러나 전체 체계를 곧바로 기능적 체계로 변환시키는 것은 불가능하기 때문에 중간단계로서 일시적인 역기능적 체계를 만들어 낸 후 이를 다시 기능적 체계로 변환시킴으로써 문제나 증상을 제거하는 단계적 목적 성취방법을 활용한다. 체계적 접근방법에서는 과거보다는 현재 체계 내의 역기능적 상호작용 유형에 치료적 초점을 둔다.

체계적 접근방법에서 현재의 역기능적 상호작용에 초점을 두는 이유는 '과거는 현재 속에 용해되어 있기 때문에 현재를 변화시키면 그 속에 녹아 있는 과거도 변화하게 된다'는 가정에 근거를 두고 있기 때문이다. 체계적 접근방법의 기본적 치료단위는 개인이 아니라 그 개인이 관계를 맺고 있는 체계 모두를 포함한다. 문제나 증상을 가진 개인을 치료하기 위해서는 그와 상호작용하고 있는 광범위한 영역의 체계, 예를 들어 주거 상황, 소득, 교통편, 건강상태 및 건강보호자원뿐만 아니라 비공식적 또는 공식적 지원체계까지도 고려해야 한다.

③ 개입기법

일반체계이론에 입각하여 내담자의 문제해결을 지원하기 위하여 치료자가 활용할 수 있는 개입기법이나 기술은 매우 다양하다. 콤프톤과 갤러웨이(Compton & Galaway, 1989)는 내담자의 자아인식과 변화체계, 자원 및 표적체계 등에 대한 이해 증진 기술, 경청, 감정이입, 진실성, 존경심을 전달할 수 있는 능력, 기본적인 의사소통기술, 면접 및 자료 수집과 사정기술, 원조목표의 설정과 수행에 필요한 기술, 내담자의 참여와 판단을 촉진할 수 있는 기술, 개입결과에 대한 평가기술, 그리고 종결 및 분리기술 등을 골고루 갖추어야 한다고 하였다.

그러나 이러한 개입기법은 일반체계이론에 기반을 둔 접근방법뿐만 아니라 거의 모든 사회복지실천에서도 적용되고 있는 기법이기 때문에, 다음에서는 체계적 가족치료에서 활용되고 있는 대표적인 기법에 대해 간단히 논의해 보고자 한다.

- 상호작용 실연 및 경계선 설정 : 상호작용 실연기법과 경계선 설정기법은 미누친Minuchin의 구조적 가족치료에서 활용하는 대표적인 가족재구조화기법이다. 상호작용 실연기법은 치료자가 치료시간에 가족의 상호작용 유형을 직접 확인하고자 할 때 사용하는 기법으로, 가족으로 하여금 가족 내에서 일어나는 상호작용을 말로 설명하는 대신에 실제 행동으로 재현해 보게 하는 기법이다.

  예를 들면, '그때 남편에게 어떻게 하셨는지 직접 보여줄 수 있으세요'라고 요청하는 것이 있을 수 있다. 치료자는 이러한 상호작용 실연기법과 함께 의사소통 유형을 변화시키기 위한 개입을 한다. 예를 들면 가족들끼리 서로 이야기하여야 한다고 말하고 치료자는 관찰만 하겠다고 선언하거나, 질문을 받았을 때 다른 성원에게 답변하라고 지시하는 경우를 들 수 있다.
- 지시기법 : 지시기법은 해일리Haley의 전략적 가족치료에서 주로 활용하는 기법으로 직설적 지시, 은유적 지시 그리고 역설적 지시가 있다. 직설적 지시는 치료자가 내담

자에게 부적응적 행동을 중단하거나 과거와 다른 행동을 하도록 언어 또는 비언어적으로 치료시간에 명령하거나 숙제를 부과하는 기법이다. 이러한 직설적 지시를 사용하여 과제를 부과할 경우에는 명확하고 구체적인 과제, 전체 가족이 참여할 수 있는 과제, 일상생활과 밀접하게 관련된 과제, 아주 작고 쉬운 것부터 시작하는 과제를 부과하여야 하며, 과제 수행이 끝난 후에는 그 결과를 재검토하게 하고 미흡한 부분에 대해서는 유감의 표시를 강하게 표현하는 것이 좋다.

은유적 지시는 가족이 문제를 밝히기를 꺼려하거나 토론하기를 원하지 않는 경우에 사용하는 기법이다. 은유적 지시는 치료자가 가족이 특정 행동을 해주었으면 하고 원할 때 그와 유사한 행동을 하도록 명령하는 기법이다. 예를 들어, 성문제를 가지고 있는 부부를 치료할 때 성행위와 유사한 식사행위를 활용하여, 저녁시간에 촛불만을 켜서 조명을 은은하게 하고 잔잔한 음악을 틀고 빨간 와인을 곁들인 식사를 하게하는 에로틱한 분위기를 연출하여 분위기가 부부의 잠자리로까지 이어지게 함으로써 부부간의 성문제를 해결하는 경우를 들 수 있다.

역설적 지시기법에는 증상을 지속하게 하거나 과장하게 하고, 자의적으로 증상을 통제할 수 있게 하는 처방, 재발을 경고하거나 변화의 속도가 지나치게 빠르다고 지적하는 제지, 증상행동보다 더 큰 어려움이 수반되는 행동을 하게 하는 시련기법 등이 있다. 그러나 이러한 역설적 지시기법은 윤리적 문제를 야기시킬 수 있으므로 치료자에 대한 가족의 저항을 활용하여 문제행동의 해결이 가능한 경우에만 사용하여야 한다.

- 재정의 : 재정의기법은 MRI의 상호작용적 가족치료, 밀란그룹Milan Group의 체계론적 가족치료 등 대부분의 가족치료 접근방법에서 사용하는 기법이다. 재정의기법은 주로 행동이나 사건이 지니는 부정적 의미를 긍정적 의미로 변화시켜 주는 기법으로, 재명명 또는 긍정적 의미 부여라고도 불린다. 이러한 재정의기법의 대표적인 예를 들면 부모의 잔소리를 듣기 싫어하는 청소년에게 치료자가 그것이 잔소리가 아니라 애정의 표현이라고 그 의미를 재해석해 주는 경우를 들 수 있다.
- 순환적 질문 : 순환적 질문은 밀란그룹의 체계론적 가족치료의 대표적인 치료기법으

로 개인의 증상행동을 가족성원들 간의 관계상의 문제로 재규정하기 위하여 사용하는 기법이다. 그리고 이 기법은 가족 상호작용 유형이나 가족관계에 대해 질문을 함으로써 가족성원들 간의 지각 차이를 밝히는 데 목적을 두고 있다. 이러한 순환적 질문에는 차이에 관한 질문, 가설적 질문, 행동의 효과에 대한 질문, 3인군 질문이 있다. 차이에 관한 질문은 동일한 사건에 대해 성원들의 생각이 어떻게 차이가 나며, 시간의 흐름에 따라 사건의 의미가 어떻게 달라지는지를 질문하는 것이다.

가설적 질문은 가족에게 미래에 가족 내에서 일어날 수 있는 창조적인 대안적 행동을 만들어 내도록 하는 질문기법이다. 행동의 효과에 대한 질문은 가족성원들 간의 상호작용과정에서 나타나는 행동의 연쇄과정이나 연결고리에 대해 질문하는 기법이다. 3인군 질문은 제3자에게 두 사람의 관계 속성을 질문하는 기법으로, 한 성원이 참석하지 않은 경우에는 참석하지 않은 성원이 특정 상황에서 어떤 반응을 보였는지를 생각해 보라고 하는 마음읽기 질문을 사용하기도 한다.

2. 생태체계적 관점

브론펜브레너Urie Bronfenbrenner, 1917~2005는 1917년 러시아의 모스크바에서 태어난 후 6세에 미국으로 이주했으며, 1938년 코넬대학교에서 심리학과 음악학을 복수전공하여 학사학위를 받았다. 1942년 발달심리학으로 하버드대학교를 거쳐 미시간대학교에서 박사학위를 받았으며, 1948년부터 코넬대학교의 교수로 재직하였다. 그는 아동에 대한 이해가 사회문화적 맥락에서 이해되어야 한다는 관점을 강조하면서, 인간에 대한 이해는 인위적인 실험실 연구가 아닌 인간을 둘러싼 실제의 삶의 맥락 내에서 연구되어야 한다고 주장했다.

브론펜브레너의 활동적이며 성장하는 인간이 환경과 어떻게 관계되어 있는지를 이해하는 방법으로 인간발달의 생태학을 생각하였다. 그는 유아들의 발달이 이루어지는 주변세계와 더 넓은 세계와의 관계를 이해하려고 하였고 유아의 주변 세계에 대한 해석과 그 해석들이 어떻게 변하는지에 초점을 두었다.

브론펜브레너는 인간발달 과정을 분석하는 가운데 체계론적 관점을 확대하여 '생태적 체계'라는 용어를 사용하였고, 인간을 둘러싸고 있는 생태학적 환경을 가장 가까운 것부터 가장 먼 것에 이르기까지 네 개의 구조체계로 구분하였으며, 이후 시간체계를 추가하였다. 환경은 개인에게 개인의 행동은 환경에 영향을 주는 상호작용 관계를 형성한다. 또한 물리적, 사회적 환경 변화에 영향을 미치는 시간을 강조하였다. 브론펜브레너의 이론은 생태학적 모델 혹은 생태학적 이론이라고도 하였다.

1) 생태학적 관점

생태학적 이론은 '활동적이고 성장하는 인간과 환경 간의 일생을 통하여 이루어지는 진보적이고, 상호적인 적응과정을 과학적으로 연구'하는 것이다. 저메인Germain은 유기체와 환경을 분리할 수 없으며 상호작용하는 체계라고 보기 때문에 개인과 환경을 이분화하는 것을 방지할 수 있으며, 양자 간의 상호작용에 초점을 둔다.

지터먼과 저메인(Gitterman & Germain, 1987)은 사회복지전문직에서 생태학적 이론을 실천에 적용함으로써 내담자의 정신 내적 생활과 환경적 조건을 개선하는 데 목적을 두고 실시하는 서비스, 즉 직접적 서비스와 간접적 서비스를 통합할 수 있는 방법을 발견할 수 있게 되었다.

개인-환경 간의 적합성, 개인과 환경 사이의 상호적 교환 그리고 교환을 지지 또는 방해하는 힘 등과 같은 폭넓고 통합적인 실천적 지식을 제시해 준다. 인간이 생활하고 성장해 가며 환경에 적응하고 참아내며, 무엇보다도 환경을 창조해 나가는 능력을 가졌다고 강조하면서 인간의 적응성, 유능성 등을 부각시키고 있다.

2) 생태체계적 관점의 개념

체계이론과 생태학적 개념을 통합하는 관점으로 인간과 다른 생물체계 그리고 그들 간의 교류를 설명하고 분석하기 위해 사용되는 체계이론이다. 이 관점에 따르면, 심리과정은 생물학적, 대인관계적, 경제적, 정치적 요인 사이의 복합적인 상호작용의 결과로 나타난다. 이러한 요인들은 상호작용하면서 일생을 통해서 인간행동에 영향을 미친다. 생태학적 관점은 사회현상을 이해하는 하나의 방법으로 개입에 대해 어떠한 규정도 하지 않으나, 여러 이론들을 적용하여 사회현상의 연계와 복합성을 묘사할 수 있도록 한다.

3) 생태체계이론의 개념

(1) 인간관

① '환경 속의 인간'이라는 총체적 인간관

인간과 환경은 분리될 수 없으며, 지속적인 상호작용, 상호 교환, 상호 적응하는 호혜적 관계이다. 인간은 환경적 요구에 적응하고 때로는 환경을 자신의 요구에 맞게 수정 또는 변화시키며 발달하는 존재이다.

② 인간에 대한 낙관론적 관점

인간은 환경적 자원과 사회적 지지를 자율적으로 이용할 수 있으며 효과적으로 기능할 수 있는 능력을 지닌다. 인간은 내면세계와 외부 세계의 요구로부터 자유로운 존재로서, 환경과의 상호 교류에서 경험을 획득하고 자율성과 자기규제능력, 유능성을 확보할 수 있는 능력이 있다.

③ 사회문화적 존재로서의 인간

인간은 생활환경 속에서 타인과 가치 있는 사회적 관계를 맺음으로써 자아를 발달시키고 사회적 역할 기대를 적절히 이행한다.

(2) 기본가정

인간은 환경의 모든 요소와 지속적인 상호 교환을 하는 존재로 보는 적응적, 진화적 관점을 가진다. 인간과 환경은 분리될 수 없으며, 동시에 고려하여야만 한다. 인간과 환경은 서로를 형성하는 단일체계를 구성한다. 인간과 환경 사이의 상호적 관계 또는 상호작용에 관심을 둔다. 환경을 이해하지 못하고 개인의 미래를 예측할 수 없으며, 개인을 이해하지 못하고 환경의 미래를 예측할 수 없다.

(3) 주요 개념

① 사회환경

인간을 둘러싼 조건, 상황, 대인적 상호작용 등을 포함한다. 개인은 생존과 성장을 위해 환경과 효과적으로 상호작용해야 한다. 사회나 문화에서 형성하는 물리적 환경, 예를 들어 사람들이 사는 주택의 형태나 직업의 종류, 법이나 사회규범 등을 포함한다. 가족, 친구, 직장, 집단, 정부 같은 개인이 접촉하는 체계들을 포함한다. 보건이나 주택, 복지, 교육제도 등의 사회제도도 사회환경의 또 다른 측면이다.

② 상호 교류

인간이 환경 속의 다른 사람들과 의사소통하고 관계 맺는 것을 말한다. 상호 교류는 무엇인가를 전달하고 교환하는 것이기 때문에 활동적이며 역동적이다. 상호 교류에는 긍정적 상호 교류(내가 사랑하는 사람도 나를 사랑한다는 사실을 아는 것, 일을 끝내고 급여를 받는 것)와 부정적 상호 교류(15년간 일하던 직장에서 해고당한 것, 키우는 개가 밤새 짖어 이웃이 경찰에 신고하는 것)가 있다.

③ 에너지

인간과 환경 사이에 적극적으로 개입하는 자연발생적 힘으로 투입이나 산출의 형태를 띤다.

④ 공유영역

체계이론에서 말하는 공유영역의 개념으로 개인과 환경이 상호작용하는 지점을 말한다.

⑤ 적응

적응이란 주변 환경의 조건에 맞추어 조절하는 능력을 의미한다. 인간의 내적 영향력과 생태적 환경의 영향력에 의해 이루어지는 상호 의존적인 과정을 의미한다. 인간은 환경을 자신의 욕구에 적합하도록 변화시키고 이러한 환경의 변화에 또한 적응할 수 있어야 한다.

생태학적 관점에서는 적응상의 문제를 병리적으로 보지 않으며, 개인적 욕구와 대처가 환경적 자원이나 지지와 일치되지 못한 것으로 간주한다. 개인과 환경 사이에서 일어나는 상호교환의 적합성으로서 적합성의 수준은 환경이 개인의 전반적인 안녕상태를 지지하고 개인이 좀 더 높은 수준의 유능성을 갖고 행동할 수 있도록 하는 경우가 더 높아진다.

⑥ 적합성

개인의 적응 욕구와 환경의 속성이 서로 조화하는 정도를 말한다. 즉 인간의 욕구와 환경자원이 부합되는 정도를 말한다. 개인과 환경 사이의 상호작용이 성공적이고 적응적일 때 적합성이 이루어지며 양자 간에 갈등과 힘의 불균형이 야기될 때 양자의 생존과 발달을 저해하는 부적합성이 야기된다.

⑦ 스트레스

개인이 지각한 요구와 이러한 요구를 충족시킬 수 있는 자원을 활용할 수 있는 능력 사이의 불균형에 의해 야기된 생리·심리·사회적 현상이다. 스트레스는 반드시 문제가 되는 것은 아니며 성장과 발전을 도모하는 동기로 작용할 수도 있다.

⑧ 대처

적응의 한 형태로 문제를 극복하기 위해 노력하는 것을 의미한다. 대처능력을 갖추기 위해서는 내적 자원과 외적 자원이 필요하다. 내적 자원에는 자존감, 문제 해결기술이 포함되며, 외적 자원에는 가족, 사회적 관계망, 조직의 자원, 유능감 등으로 스트레스를 경험함으로써 정서적 고통을 피하기 위하여 개인이 수행하는 행동이다. 성공적인 대처는 인간-환경의 질을 향상시키고 보다 높은 수준의 사회적 관계, 능력, 자긍심, 자율성의 획득으로 적응 수준을 향상시킨다.

⑨ 관계

생태학적 이론의 핵심적 개념으로 인간관계를 형성하거나 타인과 연결될 수 있는 능력이다.

⑩ 역할

역할은 특정 사회적 지위를 갖고 있는 개인이 타인에게 어떻게 행동해야 하는지에 대한 기대뿐만 아니라 타인이 그 사람에게 어떻게 행동해야 하는지에 대한 기대까지도 포함하는 상호적 욕구와 의미의 유형이다. 역할 수행은 감정, 정서, 지각, 신념과 연관되어 있다.

⑪ 유능성

유능성은 개인이 환경과 효과적으로 상호작용할 수 있는 능력을 말한다. 이러한 유능성은 자신의 환경 속에서 효과적으로 기능할 수 있는 능력으로 환경과의 성공적인 상호작용을 통하여 형성된다.

⑫ 환경

표 6-8 **환경의 유형**

구분	주요 내용
사회적 환경	• 관료제 조직 : 보건, 교육 및 사회서비스 조직은 인간의 욕구를 효과적으로 충족시키기 위한 목적으로 만들어진 것이다. 이러한 조직은 체계 유지에 더 많은 관심으로 오히려 생활문제를 야기하는 사회적 환경이 되어 버리는 경우가 많다. • 사회적 관계망(social network) : 가족, 친척, 친구, 이웃, 직장동료 등을 포함한 주요 타인 간의 관계체계로 개인의 욕구 충족뿐만 아니라 자원의 교환, 정보 제공, 정서적 지지를 제공하는 표현적 기능을 담당한다.
물리적 환경	• 자연적 환경 : 기후와 지리적 조건 등으로 기압, 습도, 온도, 계절적 변화와 같은 기후적 특성 또한 인간의 감정과 행동에 영향을 미치며 긴장의 원인이 된다. 밤과 낮, 하루, 계절 등 자연적 환경의 변화는 인간의 모든 생활 속에 반영된다. • 인위적 환경 : 건축물, 대중매체, 교통체계 등 인간이 배치한 구조나 대상물 등과 같은 인위적 체계가 인간의 생활에 영향을 미친다.
공간과 시간적 리듬	• 공간 : 생태학적 관점에서는 공간과 관련된 변인들이 도시지역과 농촌지역 모두에게 개인-환경 단위의 적응에 중요한 영향을 미친다고 보고 있다. • 시간적 리듬 : 생태학적 이론에서는 속도 및 기간과 같은 시간적 리듬이 적응과 밀접한 관련성을 지니고 있다고 본다. • 저메인에 의하면 시간적 리듬에서는 시계상의 시간(위장운동, 생리주기, 호흡, 맥박, 혈압 등), 심리적 시간(기간 및 연쇄과정 감각의 발달), 문화적 시간(생활사건의 시점에 대한 신념과 태도에 근거함), 사회적 시간(한 세대의 생활양식과 관렴된다)이 포함된다. • 사회복지관에서는 이러한 시간적 리듬을 활용하여 서비스 약속시간을 정해 놓기도 하며, 기관의 정책과 절차를 결정함에 있어 해당 지역사회의 시간과 관련된 문제를 고려할 필요가 있다.
문화적 환경	• 생활영역(적소) : 지역사회 성원들이 차지하고 있는 직접적 환경이나 자위들을 말한다. 생태학적 이론에서는 이러한 생태학적 생활영역의 개념에 입각하여 개인적 발달의 결과는 문화나 하위문화 그리고 시대에 따라 다르다고 보고 있다. • 거주환경 : 개인의 문화적 맥락 내에서 존재하는 물리적·사회적 환경과 관련된 개념이다.

⑬ **적소(생활영역, niche)**

특정의 집단이 공동체의 사회적 구조에서 차지하는 직접적 환경이나 지위들이다. 특정 집단이 한 적소의 수용 한계를 초과하면 선택의 압력이 작용한다. 체계 내에서 수용할 수 있는 능력이 한정되어 있고 또 구성원들은 항상 모든 가용자원 공간, 즉 적소를 채워 나가려는 경향이 있다고 가정해 보면 체계는 경쟁관계에 있는 성원들 중 각 적소에 가장 적합한 것들을 선택한다.* 마케팅 전략에서 '틈새'를 공략한다고 할 때 바로 이 틈새에 해당하는 용어가 적소를 의미한다.

4) 생태적 체계의 구성

(1) 미시체계

가족이나 학급, 친구들과 같이 개인에게 직접 영향을 미치는 환경이다.** 인간은 넓은 의미에서 생리적·심리적·사회적 체계의 한 형태이며, 이러한 체계들은 상호작용한다. 인간과 직접적이고 대면적인 상호작용을 함으로써 인간에게 영향력을 미치며, 미시체계 내에서 아동과 부모, 또래 교사와 같은 요인들 간에는 직접적인 상호작용이 이루어진다. 개인의 특성과 성장 시기에 따라 미시체계는 달라진다. 생애 초기에는 집과 가족, 청소년들에게는 가족, 학교, 동아리, 운동팀, 또래 집단, 교회 친구, 형제자매, 선생님, 교회나 다른 사회집단에서 만나는 사람들, 이웃사람들이 포함될 수 있다.

(2) 중간체계

두 가지 이상의 미시체계들 간 관계 또는 특정한 시점에서 미시체계들 간의 상호작용을 의미한다. 개인은 각 미시체계와 관련되어 각각의 역할을 수행하는데 미시체계 간의 연결이 제대로 이루어지지 못하면 어려움을 겪는다. 관계체계에는 학교생활, 가족생활, 종교생활 등의 상호작용을 의미한다. 가정에서 딸 또는 아들, 또래집단에서 친구, 학교에서 친구, 직장에서 일꾼, 다른 사람이 아버지 또는 어머니, 선생님, 직장 상사 등의 대응

---

* '적재적소'라는 말을 떠올려 보자.

** 부모, 친구, 학교, 지역사회, 매체, 종교단체, 집근처 놀이터의 시설물, 교사의 신념, 대인관계 유형 등

적 역할을 수행하고 있음을 암시한다. 가족, 직장, 여러 사교집단 등 소집단이나 가족과 같은 개인을 둘러싸고 있는 두 가지 이상의 환경에서 일어나는 과정과 연결성을 말한다.

(3) 거시체계

개인이 속한 사회의 이념이나 제도의 일반적인 형태 혹은 개인에게 영향을 미치는 환경 요소***를 의미한다. 미시체계, 중간체계, 외부체계에 포함된 모든 요소뿐만 아니라 개인이 살고 있는 문화적 환경까지 포함한다. 개인의 생활에 직접적으로 개입하지는 않지만 간접적으로도 강항 영향력을 발휘하며, 하위체계에 대한 지지기반과 가치 준거틀을 제공한다. 개별 미시체계는 사회환경 속에서 상호작용하는 거시체계의 영향을 지속적으로 받는다. 사회복지실천에서 거시적 접근은 사회 전반을 바꾸는 일에 참여하는 것이다.

(4) 외부체계

외부체계는 개인이 직접 참여하지는 않으나 그 개인에게 영향을 미치는 환경요소를 말한다. 부모의 직장, 대중매체, 정부기관, 교통·통신 시설, 문화시설 등이다. 외부체계는 개인과 밀접하게 상호작용을 하는 것은 아니지만 점차 성장하면서 생활의 주요한 요소가 되며, 개인의 행동발달에 영향을 미친다. 가령 어머니의 취업 여부에 따라 아동의 생활 패턴이 달라지는 것도 외체계의 영향이라고 할 수 있다. 외부체계는 미시체계와 중간체계의 질에 상당한 영향을 미치게 된다.

(5) 시간체계

개인의 전 생애에 걸쳐 일어나는 변화와 역사적인 환경을 포함하는 체계이다. 어떤 시대에 출생하여 성장했는지에 따라서 개인은 발달과 삶에 큰 영향을 받는다. 부모, 가족, 친구, 학교 등 개인을 둘러싼 미시체계부터 문화, 관습, 이념 등의 거시체계에 이르기까지 모든 생태체계는 개인에게 영향을 미치며, 이러한 생태환경은 과거, 현재, 미래의 시간체계의 변화 속에서 작용한다.

*** 정치, 경제, 사회, 법, 문화, 관습 등

사회복지실천에서의 생태체계 활용

- 4체계 모델을 활용
- 변화매개체계 : 사회복지사와 그가 소속된 기관 혹은 조직
- 내담자체계 : 원조를 구하는 개인, 집단, 가족, 지역사회로서 변화매개체계와 함께 일하는 사람들
- 표적체계 : 변화매개체계(사회복지사)가 목적을 달성하기 위해 변화시키고자 하는 사람들
- 행동체계 : 변화매개체계가 목적을 달성하기 위해 함께 일하는 사람들
- 생태도 : 개인이나 가족을 포함하는 내담자체계가 외부환경체계들과 어떻게 관련되어 있는지를 그림이나 도표로 나타낸 것
- 가계도 : 사회체계의 한 부분으로서 가족체계를 사정하는 방법
- 사회적 관계망 : 긍정적 의미와 부정적 의미 모두로 사용될 수 있는 중립적인 개념인 반면, 사회적 지지망은 주로 긍정적인 관계를 시사하는 경우에 사용된다.
- 사회복지실천에서의 생태체계이론의 유용성
- 과거의 어떠한 실천 모델보다 넓은 관점과 관심영역을 포괄하며 문제에 대한 총체적인 이해를 가능하게 해준다.
- 개인, 집단, 공동체를 포함한 다양한 수준의 사회체계에 적용되는 이론으로서 특정 대상에 국한되지 않는다.
- 사정의 도구로도 직접적인 유용성이 있다.
- 문제를 총체성 속에서 이해하도록 하기 때문에 개입할 때에도 어느 한 부분에 치중하지 않고 전체체계를 변화시키는 전략을 세우도록 해준다.

5) 생태체계적 관점의 사회복지실천에 대한 적용

생태체계이론이 사회복지분야에 도입됨으로써 사회복지실천은 인간과 환경의 개념에 대한 진일보한 설명을 가지게 되었다. 생태체계이론은 인간과 환경 사이의 상호 보완성을 설명하는 데 관심을 두고 있으며, 환경과 인간을 하나의 총체로 간주한다. 사회복지실천에 있어서 이러한 이론을 견지하는 것이 생태체계적 관점이다.

내담자는 사회복지와의 상호작용과 긍정적 생활 경험을 통해 성장할 수 있다고 보며, 원조과정은 회복과 권한 강화의 과정이라는 신념을 통해 사회복지전문직의 인본주의적 철학을 뒷받침해 준다. 내담자가 속한 환경 내의 타인들과 상호작용하는 방식, 특히 내담

자가 진보적 힘을 최대한 발휘하는 것을 방해하는 생활상의 문제에 관심을 갖게 하였다.

개인, 가족, 지역사회 그리고 더 큰 체계에 어려움을 유발하는 상황을 좀 더 적응적 상황으로 재구조화한다. 생태체계이론은 아동·청소년 복지, 정신건강문제, 학교사회사업, 실직노숙자 문제를 비롯한 여러 사회복지 영역에 포괄적으로 적용될 수 있다.

생태체계이론은 어느 하나의 개입기법을 가지는 모델이 아니며, 문제를 가진 개인과 그 환경에 대한 개입에 있어 다양한 기술과 기법을 필요로 하는 사회복지사에게 통합된 접근을 가능하게 함으로써 그 유용성이 더욱 크다.

CHAPTER

7

사회환경의 수준 : 미시체계, 중간체계, 거시체계

1. 미시체계

1) 가족체계

(1) 가족의 정의와 기능

① 가족의 정의

- 사회적 일차 집단 : 가족이란 부부와 그들 자녀로 구성되는 기본적 사회단위로서 인간의 성장과 발달에 필요한 것을 가르치고 양육하는 사회적 일차 집단이다.
- 혈연집단 : 가족구성원들은 혈연을 바탕으로 이익관계를 초월한 애정에 기초한다.
- 문화집단 : 가족구성원들은 고유한 가풍을 공유하는 문화집단이다.
- 인간발달의 근원적 집단 : 가족은 양육과 사회화를 통하여 인격 형성이 이루어지는 인간발달의 근원적 집단이다.
- 역동적인 집단 : 가족이란 산업화와 도시화 등 사회적 조건의 변화에 대해서 역동적으로 적응하는 집단이다.

② 가족의 기능

- 친밀한 관계의 근원 제공 : 가족체계 내에서 우리는 개방적인 상태에서 가족구성원들과 희망을 공유하고 자녀를 양육하게 된다.
- 경제적인 협조의 단위 : 전통적으로 가족은 성별에 따라 일을 나누어 맡는 경제적인 협조의 단위로, 가족은 보통 소비단위로 생각하기 쉬우나 중요한 생산단위이기도 하다.
- 자녀 출산 및 양육 : 가족은 자녀를 출산하고 양육하여 사회가 계속적으로 유지되는데 기여하며, 아동에게 사회에 적응할 수 있는 기술을 습득시킨다.
- 지위와 사회적 역할 부여 : 가족구성원에게 지위와 사회적 역할을 부여함으로써 가족 내 역할 수행을 통해 개인적·사회적인 정체감의 많은 부분을 형성하게 된다.

③ 가족의 유형

표 7-1 **가족의 유형**

유형	주요 내용
핵가족	• 부부와 미혼인 자녀로 구성된 가족 • 현대 산업사회의 사회경제적 구조에 가장 적합한 가족형태로 간주됨
확대가족	• 한 집에 여러 세대가 사는 가족 • 전통적으로 우리나라에서는 가부장제도에 근거한 이상적인 형태 • 핵가족의 증가에 따라 확대가족은 점점 감소함
노인가족	• 핵가족화되면서 노인만으로 구성된 가족 증가 추세 • 노인이 자녀와 별거하려는 선호도는 점점 늘고 있어 앞으로 노인가족은 더 늘어날 것으로 전망
한부모가족	• 점점 늘어나는 가족 형태로 이혼과 배우자 사망이 주원인
계부모가족	• 재혼으로 서로 다른 가족원이 함께 살게 된 일차 집단
혼합가족	• 인척 혹은 인척 아닌 사람들이 동거하면서 전통적인 가족 역할을 수행하는 형태의 가족 • 혈연이나 법적으로 아무런 관계가 없을 수도 있음
기타 가족 형태	• 딩크 가족 : 맞벌이를 하면서 자식을 갖지 않는 가족 • 통크 가족(TONK, two only no kids) : 자녀에게 부양받기를 거부하고 부부끼리 독립적인 삶을 일구어 나가는 노부부가족 • 소호 가족 : 집무와 살림을 동시에 하는 사람들(원룸) • 소년소녀가장 가족

(2) 사회체계로서의 가족의 특성

가족은 하나의 체계이므로 여러 가지로 기능하면서 체계로서의 균형을 유지하려는 자기조정능력을 갖고 있다. 가족 내에 어떤 문제가 발생하면 그것은 특정 구성원의 문제라기보다 가족 전체의 문제이며, 그 구성원은 단지 '가족의 문제를 표출시키고 있는 사람'으로 간주한다.

가족체계의 한 부분의 변화는 가족체계 전체의 변화를 초래할 수 있다. 한 개인의 문제는 그 개인의 내적 문제로만이 아니라 그를 둘러싼 전체로서의 가족이라는 맥락에서 이해하려고 한다. 가족은 각 구성원들의 특성을 합한 것 이상의 특성을 지닌 체계이다. 모든 가족체계는 경계를 가지고 있으며, 경계의 특성은 가족체계가 어떻게 기능하는가를 이해하는 데 중요하다. 가족체계는 항상 비교적 안정된 상태를 유지하려는 경향이 있다.

(3) 가족체계의 특성

① 기능적 혹은 역기능적 가족체계

기능적 가족체계는 가족구성원에게 지속적인 발달의 기회를 제공하며, 가족 안에서 일어나는 사회학습은 가족 외부에서 이루어지는 사회 적응에 결정적인 역할을 한다. 역기능적 가족체계는 가족구성원의 잠재능력을 저해할 수도 있으며, 이는 심각한 가족문제로 이어질 수 있다.

② 가족의 항상성

모든 체계는 스스로 평형상태를 유지하려는 내적 기제를 가지므로 가족도 가족 내의 균형을 이루려는 항상성을 가진다. 가족의 항상성은 가족 내에 고정적으로 만들어진 관계 유형을 지속하여 안정적인 상태를 유지하려는 특성이다.

③ 가족규칙

가족은 규칙이 있는 사회체계이므로 일련의 명시적이거나 암시적인 규칙을 만들어낸다. 가족 규칙은 구성원의 행동에 영향을 준다. 만약 한 구성원이 어떤 규칙을 위반하면 다른 가족원이 그것을 통제하는 힘을 행사하기도 한다.

④ 가족신화

가족신화란 가족구성원들이 가족 내에서 지키는 신념 내지 기대를 말한다. 가족구성원들은 상호작용을 통해서 이러한 신념 내지 기대를 공동의 것으로 만들어간다. 가족신화는 가족 내의 항상성을 유지하기 위해 필요하다.

⑤ 가족 내 하위체계

한 개인은 가족이라 불리는 보다 큰 체계의 하위체계이며, 가족은 또한 지역사회의 한 하위체계이고, 지역사회는 좀 더 큰 전체 사회의 부분이다. 가족의 하위체계에는 부부 하위체계, 부모 하위체계, 부모-자녀 하위체계, 형제자매 하위체계 등이 있다. 하위체계 간 경계가 명확하고 서로 개방적인 의사소통과 상호 교류가 많을수록 건강한 가족이라 할 수 있다.

⑥ 가족의 경계

경계는 체계를 보호하는 기능을 한다. 가족이 건강하게 기능하기 위해서는 체계 간 경계가 명확해야 한다.

2) 집단체계

(1) 집단의 정의와 기능

① 집단의 정의

적어도 2인 이상이 모여 공동의 목적 혹은 인지적·감정적 사회적인 면에서 관심을 공유하면서 집단활동을 위한 목적을 발달시키고 그 안에 있는 사람들의 관계가 구조화되고 유형화되어 있는 조직된 체계이다. 집단은 사회체계 가운데 가족 다음으로 개인의 성장과 발달에 영향을 미친다.

② 집단의 특징

집단은 일정한 목적을 가지고 움직이는 체계로서 내적으로 구성원들을 통제하기 위한 독특한 규범과 문화를 발전시킬 뿐 아니라 외적으로 환경체계의 영향을 받는다.

- 일정한 구성원을 가진다. 집단의 최소 단위의 2인 이상이며, 집단의 크기는 구성원 상호간의 상호작용으로 인해 제한을 받는다.
- 공통된 목적이 존재한다. 집단에는 구성원들이 함께 공유하고, 실제로 달성할 수 있는 목적이 있어야 한다.
- 정체성을 갖는다. 모든 구성원은 다양한 집단활동을 통해 형성되는 '우리 의식'인 정체성을 갖게 된다.
- 집단은 개인의 행동에 영향을 미친다. 각 집단은 독특한 하위 문화를 형성하는데, 이것은 구성원들의 집단 관련 행동에 영향을 미치는 규범이 된다.
- 집단 참여에는 한계가 있다. 한 개인이 가족 이외의 다양한 집단에 참여하는 것은 일정한 관심과 흥미에 기초하여 자발적으로 결정되므로 한 개인이 집단에 참여하는 정도와 수는 제한적이다.

(2) 집단 유형

① 일차 집단과 이차 집단

- 일차 집단 : 혈연과 지연을 바탕으로 자연 발생적으로 이루어지는 집단이다. 정서적 인간관계와 감정적 측면을 강조한다.
- 이차 집단 : 목적 달성을 위해 인위적으로 계약에 의해 만들어진 집단이다. 수단적이고 능률 위주의 인간관계와 합리성을 강조한다.

② 개방집단과 폐쇄집단

개방집단과 폐쇄집단은 구성원의 가입과 탈퇴의 자율성 여부에 따른 구분이다.

- 개방집단 : 집단이 진행되는 동안 언제나 새로운 구성원의 입회가 가능한 집단이다. 구성원들의 가입과 탈퇴가 자유로울 뿐 아니라 구성원이 바뀌면서 새로운 생각과 신념, 가치관이 유입될 수 있다.
- 폐쇄집단 : 구성원의 자격을 먼저 분명하게 설정한 후, 집단 구성원들이 동시에 들어와 집단이 운영되는 기간에 새로운 구성원의 유입 없이 처음부터 끝까지 일정하게 운영되는 집단이다. 구성원들이 동일하기 때문에 집단에 대한 응집력이 높으며 집단의 공동 목표와 개발 목표를 모두 효과적으로 달성할 수 있다.

③ 치료집단

- 치유집단 : 치유집단의 목적은 성원들의 행동 변화, 개인적인 문제의 개선 또는 상실된 기능의 회복을 원조하는 것이다. 대개 집단성원은 전문가에 의해 치유집단이 적합한지를 사정한 후에 공통적인 문제를 겪고 있는 사람들로 구성한다. 집단 지도자는 집단의 공동 목적 내에서 개별 성원의 목적을 구체적으로 수립하여 이를 달성하도록 원조 한다.
- 지지집단 : 성원들이 스트레스를 주는 생활상의 사건에 잘 대처하고 효과적으로 적응할 수 있도록 원조하는 데 목적을 둔다. 집단지도자는 자조와 상호 원조를 통해서 대처 기술을 향상시키도록 동기화시키며, 미래에 대한 희망을 촉진시킨다. 지지집단의 성원은 대개 유사한 문제나 경험을 갖고 있어서 유대가 빨리 형성되며 자기표출의

정도가 매우 높다.

- 교육집단 : 교육집단의 주목적은 성원들의 지식, 정보 또는 기술의 향상에 있다. 정보의 제공은 주로 전문가에 의해서 강의형태로 이루어지며 성원들 간의 토의를 통해서 학습이 이루어진다. 집단 지도자는 성원의 지식, 기술, 경험 등을 고려하여 모든 성원이 최상의 학습효과를 얻도록 해야 한다. 집단 성원은 학습에 대한 공통의 관심사를 가진 사람들로 구성되며, 주로 강의를 중심으로 이루어지므로 성원들의 자기표출은 비교적 낮은 편이다.
- 성장집단 : 성장집단의 목적은 성원들에게 자신과 타인에 대해서 그들의 생각, 감정, 행동을 인식하고 확장하며, 변할 수 있는 기회를 통하여 자신의 잠재력을 최대한 발휘할 수 있도록 돕는 데 있다. 성장집단은 개인의 내적 병리를 치료하기보다는 심리사회적 건강을 향상시키는 데 초점을 두며, 집단을 자신의 성장 기회로 활용하려는 사람들로 구성된다. 집단은 성원들이 통찰력을 얻을 수 있고 새로운 행동을 시험해 볼 수 있으며, 피드백을 얻고 성장할 수 있는 지지적인 분위기여야 한다.
- 사회화집단 : 사회적 관계에 어려움을 가지고 있는 사람을 중심으로 사회생활에서 효과적으로 기능하기 위해 필요한 사회 기술을 학습하거나 사회적으로 받아들여지는 행동 형태를 배우는 데 목적을 두고 있다. 게임, 역할연습, 레크리에이션, 여가활동 등의 특정 프로그램 활동에 참가하여 결속력을 발전시키며 대인관계 기술을 향상시킨다.

④ 과업집단

목표를 달성하고자 하는 목적 지향적 집단이다. 자기 공개성이 낮고, 은밀한 진행과정이 필요한 집단이다. 집단의 성공은 과업이나 명령 달성 또는 성과물 산출에 근거해서 판단한다.

⑤ 자조집단

공통된 쟁점에 대해 개인 또는 환경에 바람직한 변화를 가져오기 위해 뜻을 함께 하는 사람들로 구성된다. 비슷한 환경에 있으면서 공통의 이익을 도모하기 위해 서로 돕거나 공통의 문제를 함께 해결하려는 집단이다.

⑥ 사회적 관계에 기초한 집단 유형

- 퇴니스Tonnies의 사회적 관계의 두 가지 기본적 유형 : 첫째, 공동사회(게마인 샤프트 Gemeinschaft)이다. 절친한 친구 사이의 관계이다. 인간의 자연적 의지에 의한 결합이다. 둘째, 이익사회(게젤 샤프트Gesellschaft)이다. 판매자와 구매자 사이의 관계이다. 합리적 의지에 의하여 결합한다.
- 쿨리Cooly의 집단에 따른 사회적 관계 유형 : 첫째, 일차 집단이다. 혈연과 지연을 바탕으로 하여 자연발생적으로 이루어지는 집단이다. 예를 들면, 가족, 친구, 이웃 등이다. 둘째, 이차 집단이다. 목적 달성을 위해 인위적으로 계약에 의해 만들어진 집단이다. 예를 들면, 전문 단체, 군대 등이다.

표 7-2 **퇴니스와 쿨리의 집단 유형 비교**

	퇴니스	쿨리
자연집단	공동사회	일차 집단
형성집단	이익사회	이차 집단

(3) 사회체계로서의 집단의 특성

체계적 관점에서 볼 때, 집단은 더 큰 환경 속에 있는 체계들과 상호 연결되어 있고 상호 영향을 주는 체계로서 다양한 하부 요인들은 서로 연결되어 영향을 주고받는다.

① 적응의 추구

어떤 집단에서 외부로부터 제공되던 자원이 차단되면 그 집단은 적응을 위해 새로운 자원을 확보하거나 새로운 기술을 만들어 낼 수 있어야 한다.

② 목적 달성의 추구

목적 달성의 과정에 어떤 장애가 있으면 집단 구성원을 재교육하고 그들의 능력을 동원할 수 있어야 한다.

③ 통합의 추구

집단 내 어떤 부분이 다른 부분을 위협할 때에는 집단은 이러한 갈등을 조정하고 해소할 수 있어야 하며, 집단의 결속력이나 응집력을 높이는 방향으로 집단분위기를 이끌어 가야 한다.

④ 형태 유지의 추구

집단 내 어떤 어려움에 처해 있을 경우 그 기본목적과 방향을 분명히 함으로써 이를 해결하여 집단이 추구하는 기본이념이나 철학에 입각하여 구성원들을 다스릴 수 있어야 한다.

(4) 집단의 발달단계

① 클라인(Klein, 1972)의 집단발달단계

- 1단계 오리엔테이션 : 집단의 목적과 성원을 소개한다.
- 2단계 저항resistance : 집단과정의 인지된 위협에 방어한다.
- 3단계 협상negotiation : 규범 설정, 핵심이슈 일치점을 찾는다.
- 4단계 친밀intimacy : 안전감, 유대 형성 그리고 집단과 목적에 동일시에 중점을 둔다.
- 5단계 종결termination : 집단 과업의 종결과 집단으로부터 분리시킨다.

② 갈랜드Garland의 집단발달단계

- 1단계 친밀 전 단계(접근과 회피행동) : 책임을 맡거나 성원들과 상호작용을 통해 집단에 접근하건, 프로그램에 참여하는 데 있어서 자신의 입장을 밝히기 주저하는 경향을 보인다. 지도자를 중심으로 의사소통을 한다.
- 2단계 권력과 통제 단계(과도기적 혼란) : 성원들이 집단 경험이 잠재적으로 안전하고 가치 있다고 생각하면서 집단 내 자치, 권한, 통제에 관한 문제를 관심을 갖게 된다. 낮은 지위에 있는 성원에 대한 언어적 침해, 공격, 거부 등도 자주 나타나며, 하위집단에 속하지 못한 고립된 성원은 다음 모임에 참석하지 않을 수도 있다.
- 3단계 친밀단계(친밀한 관계 발전) : 갈등이 사라지고 성원들 사이에 개인적인 관심이 높아지면서 서로를 이해하게 된다. 서로의 독특성을 인정하면서 상호 신뢰도가 높아

지고 자신의 문제를 노출하며 집단에 의견을 구한다.

- 4단계 분화단계(집단 응집력과 조화) : 집단의 정체감이 발달하면서 집단은 고유의 관습을 창출하며 내부 준거 틀을 갖추게 된다. 성원들은 고도의 신뢰성을 갖추면서 리더십이 균등하게 공유된다. 성원들에게 특별한 전문성과 능력 발휘에 대한 욕구가 나타나면서 리더 역할을 자발적으로 맡기도 한다. 반대 의견을 가진 성원의 지위를 주의 깊게 고려하면서 토론을 통해 합의를 이끌어 낸다.
- 5단계 분리단계(종결의 단계) : 집단의 목적이 성취되고 성원들이 새로운 행동 유형을 학습하게 되면서 종결의 단계로 접어든다. 종결은 집단단계에서 학습한 새로운 행동 유형을 공고히 하는 단계이며, 성원들은 집단의 존재를 더 유지하고자 퇴행적인 행동을 보이거나 불안감과 노여움을 표시하고 그리고 종결을 부정하기도 한다.

(5) 집단의 역동성

집단 구성원은 집단 내에서 역할을 맡으면서 어떤 문제를 해결하기 위하여 상호작용하고 이 과정에서 집단의 역동이 발생한다. 집단의 생존을 위해서는 과업활동과 사회 정서적 활동 간의 역동적 평형을 유지해야 한다. 사회체계로서 집단이 인간행동에 미치는 영향은 집단의 역동성으로 나타나게 된다.

① 과업 역할

집단이 해결해야 할 수단적 문제에 초점을 둔 행동으로, 수단적 문제는 집단 외부에서 집단에 부과하는 요구에서 비롯된다. 과업 달성과 관련된 문제를 다루기 위해서 집단 구성원들은 정보, 제안, 의견을 구하고 제공한다.

② 사회정서적 역할

집단 내의 대인관계 문제에 초점을 둔 행동을 의미하며, 집단 내부에서 야기된다. 사회정서적 문제를 다루기 위해서 긴장을 처리하고, 공동 체의식 또는 적개심을 보이게 된다.

③ 개인적 역할

개인적인 욕구 충족을 위한 행동이다.

2. 중간체계

1) 조직체계

(1) 조직의 정의와 특성

① 조직의 정의

두 명 이상의 인간이 모여 같은 목표를 달성하고자 어떤 일을 하여 그 성과나 업적을 이루는 단위이다. 어떤 목표를 달성하기 위하여 일정한 지위와 역할을 지닌 사람들이 모인 질서있는 하나의 집합체이다. 구성원 간 조정된 행동과 관계를 통해 다양한 목표를 추구하는 구체적인 사회적 실체이며, 생존하기 위해 보다 큰 체제 속에서 다른 개인 혹은 하부체계에 의존한다.

② 조직의 특성

- 조직은 특정 목적을 갖는다.
- 조직은 특성에 맞는 일정한 규범을 갖는다.
- 조직의 운영과 유지를 위해 조직 외부로부터 투입이 있어야 한다.
- 권위 수준이 다양할수록 구성원 간 관계가 서열적이다.
- 조직은 상하체계 간 서로 영향을 주고받는다.
- 독특한 조직문화를 갖는다.

(2) 집단과 조직

① 집단과 조직의 유사점

집단과 조직은 인간에 의한 집합체로 특정 목표와 문화를 지닌다. 집단의 목표가 뚜렷하고 집단 성원의 결속력과 집단 역동이 강한 소집단과 조직은 유사하다. 소집단은 집단 성원의 결속력과 책임의식, 집단 성원의 집단 내 자유로운 의사소통, 집단의 기능을 평가하는 능력과 의지 등의 특성을 지니므로 조직과 다르지 않다.

② 집단과 조직의 차이점

- 조직은 집단보다 공식적인 상호작용을 한다.

- 조직은 집단보다 강한 결속력과 지도력이 있다.
- 조직은 집단보다 공식적이고 위계적인 구조를 갖는다.
- 집단은 조직보다 대면적인 상호작용을 한다.

(3) 조직 유형

① 파슨스Parsons의 분류

체계이론의 기본틀을 조직에 적용하여 각 조직이 사회의 유지 발전에 어떤 공헌을 하느냐에 따라 구분하였다.

- 생산조직 : 경제활동을 통하여 적응의 기능을 하는 기업
- 정치조직 : 목적 달성기능을 하는 정당, 국회
- 통합조직 : 사회질서 유지를 담당하는 군대
- 잠재적 형태 유지조직 : 사회화를 담당하는 교회나 학교

② 블라우와 스코트Blau & Scott의 분류

조직의 활동으로부터 누가 가장 이익을 얻느냐를 기준으로 분류하였다.

- 호혜조직 : 조직 구성원 모두가 상호 이익을 얻는 조직
- 기업조직 : 조직의 소유자가 이익을 독점하는 조직
- 봉사조직 : 조직의 이용자가 가장 이익을 얻게 되는 조직
- 공익조직 : 일반 대중이 조직활동의 대상이 되는 조직

③ 에치오니Etzioni의 분류

- 강제적 조직 : 조직 구성원의 의사와 관계없이 강제적으로 참여하게 되는 조직
- 자발적 조직 : 자유롭게 가입하거나 탈퇴할 수 있는 조직
- 공리적 조직 : 조직원이 실리적 목적을 위해 가입하거나 탈퇴할 수 있는 조직

(4) 조직에 대한 관점

① 개방체계 관점

조직의 각 부분은 다른 부분과 상호 연관성이 있으며, 현존 상태에 있는 것이 아니라

보다 더 성장한다. 조직은 생존과 목표 달성을 위해 필요로 하는 자원 및 여건을 제공해 주는 외부 환경과 관련된다.

② 행동주의 관점

조직 내 성원들의 겉으로 드러난 구체적인 행동을 강조한다. 불확실한 상황과 목표 사이의 갈등 그리고 불완전한 정보 및 불분명한 결과 등이 조직과 서비스 전달 조직의 특성을 규정한다.

③ 경제적 관점

조직은 합리적인 선택에 의해 가장 효율적인 결과를 얻기 위해 작동한다. 효과를 최대화하는 비용을 투입하고 이익 분석의 구조와 최저 비용으로 바람직한 결과를 기대하면서 구조적 문제를 해결한다.

④ 문화적 관점

문화적 시각은 조직이 조직 내의 가치와 관습에 의해 지배된다고 본다. 조직 성원들의 현재 행동은 조직 내의 가치와 관습을 토대로 이루어진 것이다.

(5) 조직체계와 사회복지실천

① 개인의 환경으로서의 조직

조직은 개인들에 의해 만들어지며, 인간은 살아가면서 자발적 혹은 의무적으로 조직의 성원이 되기 때문에 조직 성원의 생활환경으로서 중요한 의미를 갖는다. 따라서 사회복지사가 접하는 내담자를 비롯하여 모든 개인에 관한 이해는 그 개인이 소속하고 있는 조직을 염두에 두고 이루어질 필요가 있다.

② 자원으로서의 조직

사회복지실천에서 조직은 자원으로 활용된다는 점에서 중요한 의미를 갖는다. 사회복지사가 특정 사례를 위해 자원봉사자를 조직하거나 필요한 개인, 기관, 단체 등을 중심으로 연결망을 구축하여 이들 조직을 주요 자원으로 활용할 수 있다.

2) 지역사회체계

(1) 지역사회의 정의와 개념

① 지역사회의 의의

공동의 장소, 이해, 정체감, 문화, 활동에 기반하고 있는 사람들이 구성한 사회의 단일체이다. 일정한 지리적 공간 안에서 서로 사회·심리적 인연을 가지고 있는 집단이다. 다양한 욕구나 문제를 가지고 있으며, 일정한 규모의 지리적 공간 안에서 지역사회 주민의 상호작용이 활발하게 이루어지고, 지역사회의 욕구나 문제를 해결하기 위해 사회복지실천이 가능한 일정 규모의 장이다.

② 지역사회의 주요 개념

- 지역사회 욕구 : 개인이 스스로 안정을 유지하기 위해 욕구를 지니듯 지역사회 역시 안정상태를 위해 욕구를 갖는다. 지역사회는 유기체로서 존재하므로 지역사회 욕구는 지역 사회가 공동으로 갖는 욕구이다.
- 지역사회 문제 : 지역사회가 당면하고 있는 문제로써 이를 해결해야 건강한 지역사회로 존재할 수 있다. 지역사회 문제도 욕구와 같이 지역사회 주민에 의해 수렴된 공동 문제이다.
- 지역사회 목표 : 지역사회 목표는 지역사회 주민이 공동으로 갖는 목표를 의미한다. 개인이 궁극적으로 자아실현과 같은 인생 목표를 가지듯 지역사회도 살기 좋은 지역사회라는 궁극적이면서도 포괄적인 목표를 갖는다.
- 지역사회 자원 : 지역사회 목표를 달성하기 위해 구체적인 방법을 실천할 수 있는 제반 능력이다. '지역사회의 사회적 능력'으로 간주하고 있다.
- 지역사회 문화 : 지역사회가 위치하고 있는 자연환경과 주변 여건, 지역사회 주민의 공통된 특성 또는 성향을 반영한다.

(2) 체계로서의 지역사회의 특징

물리적 혹은 지리적 장소에 근거한 사회적인 조직형태를 뜻한다. 지역 공동체가 추구하는 최상의 목적은 지역 공동체 구성원들의 삶의 질을 향상시키는 것으로, 같은 지역에

살거나 동일시된 사람들에 초점을 맞춘다. 공통의 욕구, 공통 문제, 성장과 발전을 위한 기회가 있을 때 상호 의존한다. 개인을 사회에, 그리고 사회를 개인에게 연결하는 중간단계이다.

(3) 지역사회의 기능

① 생산, 분배, 소비

지역사회 구성원들은 상품과 서비스를 분배하며 소비하는 과정이다.

② 사회화

사회화는 지역사회의 제도, 특히 가족과 사회가 구성원에게 지식, 사회의 가치, 행동패턴을 전수하는 과정이다.

③ 사회통제

지역사회가 주민들에게 사회규범에 순응하도록 행동을 규제하는 기능이다.

④ 사회참여

사회적 참여는 지역사회가 제공하는 제반 활동에 구성원들이 자발적으로 참여하는 것인데, 종교조직, 민간조직, 비공식집단 등이 주도한다.

⑤ 상호 원조

구성원들은 개인적으로 자신의 욕구를 충족할 수 없는 상황에서 상부상조한다.

(4) 지역사회를 바라보는 이론적 관점

① 지역사회 상실이론

일차 집단의 해체, 공동체의 쇠퇴, 복잡한 도시산업사회에서의 비인간적 사회관계의 발전 등을 그 특성으로 하고 있다. 지역사회 공동체는 이상적인 것으로서 복구될 수 없는 잃어버린 세계로 이해된다. 전통적 지역사회의 쇠퇴에 따른 상호 부조기능의 수행이 국가의 사회복지제도 개입에 의해 이루어져야 한다고 본다.

② 지역사회 보존이론

지역사회 상실이론에 대한 반론으로 제기된 것으로도 도시민들도 농촌사회에서와 비슷한 혈연, 이웃, 친구들에 의한 사회적 지지망을 갖고 있다는 것이다. 복지국가의 제도적 역할을 축소시키고 가족이나 지역사회가 갖고 있는 상호 부조기능 수행을 강조하는 정책적 입장이다.

③ 지역사회 개방이론

지역사회 상실이론과 지역사회 보존이론에 대한 제3의 대안이다. 순수한 지역성에 기초한 개념에서 벗어나 사회적 지지망의 관점에서 비공식적 연계를 강조하고, 지역성에 기초한 개념과 공통의 이해와 관심에 기초한 개념을 결합시키고 있다.

(5) 지역사회의 유형

① 공동사회와 이익사회(Tonnies)

- 공동사회 : 친밀하고 사적이며, 비개방적인 공동생활을 의미한다. 성원들 간의 관계는 자연적으로 형성된 정의적 관계이다.
- 이익사회 : 산업사회의 특징적 모습으로 의식적으로, 의도적으로 참여하는 공식적 생활을 의미한다. 인간과계가 계약에 의해 이루어지며, 능률과 효율성을 강조하고 개인의 능력과 업적에 따라 생산을 배분한다.

(6) 지역사회와 인간행동

① 역동성

지역사회는 곧 주민이라는 측면에서 지역사회는 역동성을 띤다. 역동성은 지역사회를 구성하고 있는 지리적 공간, 생활공간, 주민, 조직, 상호작용 등이 지역사회가 추구하고자 하는 목표를 달성하기 위해 움직이는 상태를 의미한다.

② 변화성

지역사회는 끊임없이 변화를 거듭하며, 정체된 상태로 남지 않는다. 지역사회의 변화성은 지역사회가 자기변화를 꾀하기 위해 외부환경과 대처하는 상황에 중점을 두고 있다. 지역사회는 지역사회 주민의 제반 상황이 바뀌면서 지역사회가 처하고 있는 형편에 의해 긍정적 혹은 부정적인 변화를 시도한다.

③ 지역사회 보존이론

지역사회는 그 상황에 따라 적절한 서비스를 요구한다. 모든 지역사회는 나름대로 욕구 또는 문제를 가지고 있기 때문에 적당한 시기에 욕구 혹은 문제 상황에 걸맞은 도움을 받고자 한다.

④ 변화능력

지역사회가 변화능력을 가지고 있다고 보는 것이다은 인간에 대한 인본주의 관점에 의한 것이다. 지역사회 주민이 스스로 변할 수 있는 능력을 가지고 있다면 지역사회도 무궁하게 변할 수 있다.

⑤ 다양성

인간의 개별성과 독특성을 인정하고 있는 측면에서 여러 사람으로 구성된 지역사회의 다양성은 한층 강조되어야 한다. 실제로 모든 지역사회는 그 구성요소의 특성이 달라 다양한 유형으로 존재한다.

⑥ 시민 변화를 위한 최적 단위

지역사회는 시민의 변화를 위한 개입 활동에 최고로 적합한 규모의 공간이라 할 수 있다. 좋은 사회를 만들기 위해서는 시민들의 변화가 지역사회 단위로 이루어지는 것이 바람직하다.

(7) 지역사회와 사회복지실천

① 자원으로서의 지역사회

지역사회는 욕구나 문제를 지니고 있는 집합체이면서 사회복지실천의 중요한 자원을 보유하고 있다. 사회복지실천에서 필요로 하는 주요 자원은 인적 자원과 물적 자원으로 요약할 수 있는데, 이들 자원을 지역사회의 개인, 조직, 단체 등이 가지고 있기 때문에 지역사회는 사회복지실천의 자원으로 이해되어야 한다.

② 내담자로서 지역사회

유기체로서 욕구나 문제를 지니는 지역사회가 사회복지실천의 내담자가 되는 것은 당연하다. 이는 지역사회를 곧 주민으로 간주하기 때문이다. 지역사회는 욕구를 지니고 있으며, 제때에 해결되지 못한 지역사회 욕구는 문제 상황으로 번지게 되므로 사회복지실천의 전문지식과 기술, 그리고 경험을 갖춘 사회복지사의 개입을 필요로 한다.

③ 사회복지실천의 장으로서 지역사회

사회복지실천은 내담자와 사회복지사, 그리고 참여성이 함께 어우러져 이루어지며, 이러한 활동은 지역사회 내에서 이루어지므로 사회복지실천에서 지역사회는 중요한 의미를 지닌다.

3. 거시체계

1) 문화체계

(1) 문화의 정의와 특성

① 문화의 의의

문화는 행위를 이루어내는 전체 과정의 사고와 그에 관련된 삶의 현상이며, 합의된 행동기준을 낳는 원천이다. 사회 성원으로서 인간이 습득한 모든 능력과 습관의 복합적 총제이다. 개인들에 의해서 학습된 역사적인 맥락에서 총체적인 개념이다.

② 문화의 특성

- 문화는 창조된 것이며 학습되는 것이다.
- 문화는 사회적인 유산 또는 상속으로서 전승되어 온 것이다.
- 문화는 보편성을 지니고 있다.
- 문화는 다양성을 지닌다.
- 문화는 정치, 경제, 사회, 역사 등의 사회적 구성물들이 상호작용한 결과물이다.
- 문화는 상징성을 지니고 있다.

- 문화는 역동적이다.
- 문화는 초개인적이다.

(2) 주요 개념

① 문화마찰

서로 다른 문화가 접촉하면 역사나 전통 따위의 문화적인 차이에 의하여 사고나 행동 양식에 갈등이 발생하는 현상이다.

② 문화변용

독립된 문화를 지닌 둘 이상의 사회가 장기간 직접적인 접촉에 의해 한쪽 또는 양쪽의 문화 체계에 변화가 일어나는 현상이다. 상이한 문화를 지닌 개인 혹은 집단이 접촉했을 때 이들 당사자 간 관계의 성격에 따라 달라진다.

③ 문화상대주의

문화의 우월을 결정한다는 것은 올바르지 않다고 주장하는 견해이다. 인류 문화는 일원적으로 진화하는 것이 아니라 제각기 독자적인 방향으로 발전하기 때문에 문화의 우열을 가릴 수 없다고 보는 태도나 관점이다.

④ 문화사대주의

다른 사회권의 문화가 자신이 속한 문화보다 우월하다고 믿고 자신의 문화를 업신여기는 태도를 말한다.

⑤ 문화생태학

인간사회가 환경에 적응하고 환경을 변형시키는 방식들에 관한 연구를 의미한다. 인간과 환경 간 관계를 중시한 생태학을 바탕으로 문화를 환경에 대한 적응체계로 간주하고 문화의 특정 영역이 환경과 밀접한 관계를 맺는다는 점을 강조한다.

⑥ 문화층

개인이 접하는 문화의 여러 수준을 의미한다. 한 개인은 국가, 지역, 종교, 언어, 성별, 사회계층, 조직 등과 같은 다양한 수준에서 문화를 복합적으로 형성함과 동시에 각 수준의 문화로부터 영향을 받는다.

(3) 문화의 기능

① 사회화 기능

인간이 어떻게 세상을 인식할 것인가를 가르쳐 주는 지침을 통해 개인의 성격을 형성하고 변화시키며, 개인에게 다양한 생활양식을 내면화시켜 개인이 사회에 적응하면서 살아갈 수 있게 하는 사회화의 기능을 말한다.

② 욕구 충족기능

다양한 생활양식을 통해서 의식주와 같은 개인의 기본적 욕구를 충족시키는 욕구 충족의 기능을 한다.

③ 사회 통제기능

규범이나 관습 등으로 개인의 행동에 대한 규제와 사회악의 제거를 통해 사회 통제의 기능을 수행한다.

④ 사회화 존속기능

사회가 계속해서 존재할 수 있는 것은 사회가 문화를 학습하고 전승하여 새로운 구성원들에게 필요한 생활양식을 전승해 주기 때문이다.

(4) 사회체계로서의 문화

문화는 개인, 가족, 집단, 조직, 지역사회를 이해하는 데 중요한 환경이다. 문화는 인간의 의식과 삶 속에 내재되어 있기 때문에 개인의 행동을 결정하는 중요한 거시체계이다. 문화가 개인의 행동과 삶 속에 내재되어 있는 관계로 내담자나 그를 둘러싼 사회체계의 문화를 이해하지 않고서는 적절한 문제 해결을 위한 방안을 제시하기 어렵다.

(5) 사회복지실천과의 연계성

① 사회복지실천기술 측면

- 개인과 문화 : 개인은 문화의 창조자인 동시에 문화로부터 지배를 받으므로 개인의

문화를 이해하고 수용함으로써 부정적 갈등 관계를 피하고 긍정적이고 신뢰할 수 있는 관계를 형성할 수 있다.

- 가족과 문화 : 가족은 인간의 사회화를 위해 중요한 역할을 하는 중요한 개인의 활동 단위로, 가족 내에서 개인은 자신의 독특한 문화를 형성한다. 따라서 사회복지사가 개인을 내담자로 삼거나 가족 자체를 위해 개입할 때, 그 가족이 독특하게 지니고 있는 문화를 사회의 흐름 속에서 이해해야 한다.
- 집단과 문화 : 집단 성원 전체가 공통으로 지니는 고유한 문화를 이해하기 위해서는 가족문화를 세심하게 이해할 필요가 있으며, 집단의 문화를 고려하여 집단을 위한 효과적인 소프로그램을 적용하는 것이 바람직하다.
- 조직과 문화 : 조직은 체계적인 연계망에서 조직 밖의 사람들에게 영향을 미치므로 사회복지사가 조직화할 때 조직 성원의 문화적 특성과 조직의 문화를 철저히 이해할 필요가 있다.
- 지역사회와 문화 : 사회복지사가 지역사회를 내담자로 삼아 활동하거나 지역사회 자원을 동원하여 활용하고자 할 때 지역사회에 영향을 미치는 문화적 요인을 파악해야 지역 공동체를 위한 주민 모임을 유지·발전시킬 수 있다.

② 사회복지실천윤리 측면

사회복지실천의 딜레마는 사회복지사가 접하는 내담자와 그의 가족, 사회복지사가 근무하는 기관과 정부의 정책 등과 관련하여 발생하는데, 사회복지사가 이들 각 체계의 문화를 이해함으로써 윤리적 딜레마를 경감 혹은 해결해 나갈 수 있다.

사회복지사는 자신과 상대의 다양한 문화적 특성으로 인하여 실천의 어려움뿐만 아니라 윤리적 딜레마에 빠질 수 있는데, 문화와 관련된 윤리적 딜레마는 상대 간 문화의 차이로부터 시작되므로, 사회복지사는 사회복지실천에 적용하는 데 불합리한 문화는 배제함으로써 윤리적 딜레마로부터 자유로울 수 있다.

CHAPTER

8

인간의 성장과 발달 : 태아기, 영유아기, 학령전기

1. 태아기

1) 태아기prenatal의 개념

수정(임신)에서 출생까지 이르는 기간을 말하는 것으로 일생 중 가장 빠른 속도로 성장·발달이 이루어지는 시기이다. 정자sperm와 난자ovum의 세포핵이 결합하는 것을 수정fertilization 또는 임신이라 하며, 이로 인해 23쌍의 염색체를 가진 새로운 개체가 형성되고 수정 후 34~40주, 즉 238~280일 동안 어머니의 체내에서 자란 후 출생하게 된다. 개인에 따라 차이는 있으나 일반적으로 정상적인 임신기간은 10개월로서 약 280일이다.

2) 태아의 발달

(1) 태내기의 구분

① 난체기

수정되어 모체와 의존관계를 확립하는 1~3주간이다.

② 배아기*

중요한 신체기관과 신경계가 형성되는 수정 후 3~8주간이다.

③ 태아기

수정 후 3개월부터 출생까지의 시기이다.

(2) 태아의 발달

태아의 발달은 3개월씩 세 단계로 구분할 수 있다.

① 임신 초기(수정~임신 3개월)

태아의 급속한 세포분열이 일어나므로 임산부의 영양상태, 약물 복용에 영향을 받기 쉬운 가장 중요한 시기이다.

- 임신 1개월 : 원시적인 형태의 심장과 소화기관이 발달한다. 두뇌와 신경계의 구조,

*임신 후 3~8주 사이, 빠르게 세포분열이 일어나는 이 시기에 발달을 방해하는 사건이 발생하면 영구적인 손상을 입게 된다.

팔과 다리가 될 부위도 나타난다.

- 임신 2개월 : 태아가 인간의 모습을 갖추기 시작한다. 눈, 코, 입을 비롯한 얼굴 전체 모습이 드러난다.
- 임신 3개월 : 팔, 다리, 손, 발의 형태가 나타난다. 손톱과 모낭, 눈꺼풀이 발달한다. 연골도 뼈로 대체되기 시작한다. 이때 태아의 움직임이 감지된다.

② 임신 중기(임신 4~6개월)

태아는 계속 성장하면서 손가락, 발가락, 피부, 지문, 머리털 등이 형성된다. 심장 박동이 규칙적이며 정해진 시간에 자고 일어나기 시작한다.

③ 임신 말기(7~9개월)

태아 발달이 완성되고 출산 후 자궁 밖에서 생존하기 위한 준비를 마친다.

3) 태아의 발달에 영향을 미치는 요인

(1) 유전적 요인의 영향

유전은 인간의 발달 한계, 특히 신체적 성숙과 관련된 한계를 설정한다. DNA에 의해 전달되는 유전은 성숙 속도의 차이, 기질적 차이를 만든다. 유전인자는 성장 급등기, 치아 발달, 사춘기, 폐경기 등을 결정하는 등 성숙 속도의 차이를 만들어낸다. 유전적 요인에 의해 선천적이나 비정상적 발달이 초래되기도 한다.

표 8-1 **유전적 원인과 발달 특성**

발달장애 유형	유전적 원인과 발달 특성
터너증후군 (Turner's syndrome)	• X염색체가 1개이며 전체 염색체의 수가 45개인 이상 • 외견상 여성이지만 여성호르몬의 부족으로 2차적 성징이 나타나지 않으며 난소가 기능을 제대로 하지 못하여 생식을 하지 못함 • 목이 가늘고 키가 작음
클라인펠터증후군 (Klinefelter's syndrome)	• XXY, XXXY, XXXXY 성염색체를 가지고 있어 남성의 특성이 약함 • 사춘기에 가슴과 엉덩이가 커지는 등 여성적인 2차 성징이 나타남 • 고환이 미성숙하여 정자의 생산이 불가능하므로 생식이 불가능함

(계속)

발달장애 유형	유전적 원인과 발달 특성
X염색체결함증후군	• 여성보다 남성에게 더 많고, 얼굴이 길고, 당나귀 모양을 하고 있으며 고환이 비대함 • 정신지체, 언어장애, 자폐증 등의 장애가 나타나기도 함
다운증후군 (Down's syndrome)	• 몽고증이라고도 부름 • 23쌍의 염색체 중 21번 염색체 이상에 의해 유발됨 • 머리가 작고 뒷머리가 납작하며, 팔다리가 짧고 통통함 • 지능은 40~60 정도 • 성격이 밝고 다정하며 쾌활하여 사교성이 좋음
혈우병	• 혈액이 응고되지 않는 선천적 장애 • 성염색체인 X염색체의 이상에 의해 발병 • 질병 저항력이 약함
페닐케톤뇨증 (PKU)	• 페닐알라닌이라는 단백질분해효소가 결여되어 소변에 페닐피루브산이 함유되어 배출되는 증상 • 금발, 백안, 치아 사이가 많이 벌어져 있으며 굽은 자세, 운동 과다, 매너리즘적 손가락 놀림이 특징
겸상적혈구빈혈증	• 헤모글로빈을 만드는 유전자 부족으로 인한 장애
흑내장성 지진아	• 안구진탕, 수정체 혼탁으로 시력이 매우 낮고, 전신 쇠약 증세를 보임, 보통 2~3세에 사망

(2) 환경적 요인의 영향

① 임산부의 영양상태

수정에서 출산까지 태아는 성장에 필요한 모든 영양분을 전적으로 임산부가 섭취하는 영양에 의존하므로 어머니의 영양상태는 태아의 발달에 결정적인 영향을 미치는 태내환경이 된다. 어머니의 영양이 부족하면 유산과 사산의 가능성이 높고, 발육이 늦으며 신체적으로 기형이 될 확률이 크다. 특히 임신초기의 영양결핍은 뇌와 신경계의 발달에 지장을 초래한다.

② 임산부의 질병

임산부의 여러 가지 질병은 태반을 통해 태아에게 전이되거나 출생 시 태아에게 감염된다.

③ 어머니의 정서상태

심한 공포, 불안 등 어머니의 강한 정서적 경험은 아드레날린을 분비하여 혈액을 통해 태반으로 흘러들어가게 된다. 이는 태아의 발육에 지장을 줄 수 있으며, 출생 후 잘 울고 잘 놀라는 등 정서적 불안정을 보일 수 있다.

④ 어머니의 연령

일반적으로 어머니의 연령이 25~29세 사이에 있을 때 태어나면 성장에 가장 좋은 태내 환경조건이 이루어지는 것으로 나타난다. 어머니의 연령이 높을수록 태아의 지적 발달장애가 나타날 가능성이 커진다. 반면에 10대의 산모가 출산한 아기 또한 체 중미달이나 미숙아가 될 위험이 크다.

⑤ 약물 복용과 치료

각종 약물 복용은 태아의 발달에 큰 지장을 초래할 수 있다. 약물치료가 아니더라도 아스피린이나 카페인 같은 약품을 지나치게 복용하는 것도 위험하다. 마약중독은 많은 문제를 일으킬 수 있다. 마약은 저체중아 출산, 조산, 경련 등의 증상을 초래한다. 약물중독자가 낳은 신생아는 이미 그 약물에 중독되어 있는 경우가 많다.

⑥ 알코올

임신 중에 알코올을 섭취하는 것은 태아에게 많은 영향을 미친다. 대표적인 것이 태아알코올증후군이다. 임신 중에 알코올을 많이 섭취한 임산부의 아이는 특이한 얼굴과 작은 머리, 작은 몸, 선천적인 심장질환, 관절상의 결함, 정신능력의 저하 그리고 이상한 행동패턴을 보인다.

⑦ 흡연

많은 연구에서 흡연은 저체중아 출산, 임신기간의 단축, 자연유산의 증가 등 임신과 출산에 관련된 문제의 증가와 출생 시 사망과 관련이 있다고 보고된다. 간접흡연도 태아에게는 위험하다. 그리고 이러한 영향은 아동기로 이어진다.

⑧ 기타 요인

사회적·경제적 요인인 적은 수입, 낮은 사회경제적 지위 또한 태아에게 직·간접적으로 영향을 미칠 수 있다.

(3) 태아기 검사

① 초음파검사

태아를 진단하는 가장 일반적인 방법이다. 태아의 이미지를 TV와 같은 스크린에 형상화하기 위해 초음파를 사용한다. 임신 4주 또는 5주에 시행할 수 있으며, 태아의 성별과 자궁 내의 자세 그리고 다양 한 신체의 이상을 탐지할 수 있다.

② 양수검사

임산부의 복강을 통해 자궁에 바늘을 삽입하여 양수를 채취하는 방법이다. 태아의 성별, 염색체 이상을 알아낼 수 있다. 양수에는 태아세포가 포함되어 있기 때문에 다운증후군, 근육영양장애 및 척추이열을 비롯한 선천성 기형을 알아낼 수 있으며, 태아의 성별도 구분할 수 있다.

③ 융모생체표본검사

태아의 선천성 기형을 진단하는 또 다른 방법이다. 가느다란 플라스틱 관을 통해 삽입하거나 복강을 통해 바늘을 자궁으로 삽입하는 것이다.

④ 산모 혈액검사

임신 15~20주에 이루어지며, 이 검사를 통해서 태아의 다양한 상태를 알아낼 수 있고 다운증후군의 가능성도 알아볼 수 있다.

4) 태아기의 발달에 관한 사회복지실천

(1) 생물학적 측면의 관심영역

① 임산부의 건강문제

가임여성과 그 배우자를 대상으로 임신 전 철저한 의료진단을 받도록 권유할 필요가 있다. 임신기간 중 또 다른 질병에 걸릴 경우에 적절한 치료를 받을 수 있도록 하고, 금연과 금주를 적극적으로 권장하여야 한다.

② 선천성 장애 발생의 예방

사회복지사는 임신한 부부를 대상으로 하여 유전적 질병, 흡연이나 음주, 방사선, 약물 복용, 환경오염이나 유독물질에 대한 노출 등으로 인하여 발생할 수 있는 선천성 장애 예방방법과 대책을 알려주어야 한다. 출산 이후 선천성대사이상 검사 등을 통하여 선천성 장애의 유무를 확인할 수 있도록 한다. 선천성 장애아를 출산한 경우에는 장애인 전문기관과 서비스에 대한 정보를 제고하고 조기 치료를 받을 수 있도록 지원해야 한다.

③ 불임의 문제

불임의 가족갈등 더 나아가 가정의 해체로까지 이어지는 경우가 있다. 산부인과 전문병원에 의뢰하여 불임 원인에 대한 의학적 진단을 받게 하고, 인공수정, 시험관 수정 또는 입양이나 결연 등의 실현 가능한 불임대책에 대한 정보를 제공하여야 한다.

④ 인간 복제의 가능성과 문제점에 대한 관심

유전자학의 발달로 인간 복제의 가능성의 대두와 여기에 대한 윤리적 문제에 대해 관심을 가져야 한다.

(2) 심리적 측면의 관심영역

① 임신과 출산에 대한 지식 제공

성폭력에 의한 임신, 10대의 임신, 계획에 없던 원치 않는 임신, 사회문화적으로 규정된 과정이나 규범을 벗어난 경우 등으로 인한 임산부의 부정적 심리반응을 고려하여야 한다.

임신과 출산 과정에 대한 지식이 전혀 없는 임산부를 위하여 임신과 출산에 대한 정보와 지식 제공에 목적을 둔 교육프로그램을 시행하여야 한다. 예비 부모들이 출산 이후에 필요한 자녀 양육기술을 사전에 습득하고 훈련할 수 있도록 예비부모 역할교실 등을 개최하여야 한다. 임신기간 중 지나친 불안, 스트레스 그리고 정서적 홍분 등을 적절히 조절할 수 있는 방법을 알려주어야 하며, 태교와 관련된 정보 제공하여 한다.

② 출산 후 산후우울증

배우자와 기타의 가족들로 구성된 사회적 지지만을 활성화시켜 임산부가 필요로 하는 사회적 지지를 받을 수 있도록 지원하여야 한다.

(3) 사회적 측면의 관심영역

① 가족의 사회경제적 안정성 관련

빈곤가족을 포함한 사회적 보호를 필요로 하는 가족의 임산부에게는 필요한 영양 공급과 의료 보호를 지원할 수 있도록 필요한 자원을 연결한다. 직접적인 재정지원, 주거지원, 가사지원 서비스 등 물리적 서비스를 연결하여 임산부의 건강과 태아의 발달을 지원할 수 있는 안정적인 환경 제공해야 한다.

② 직장생활을 계속하는 경우의 임산부들을 위해 해야 할 일

상담을 통하여 직장생활과 가사활동을 병행할 수 있는 적절한 방법에 대한 정보를 제공한다. 또한 가사분담을 포함한 가족 내 역할 재조정을 통해 편안한 환경을 제공해야 한다.

2. 영아기

1) 신생아기

영아기infants는 출생 후부터 만 1.5세 혹은 2세까지를 말하는데, 특히 생후 1개월까지를 신생아라고 한다. 주양육자인 어머니와의 관계의 양과 질이 대상관계와 대인관계 그리고 사회관계에 있어서 신뢰감과 불신감을 형성하는 근간이 된다고 볼 수 있다. 이 시기의 발달과업을 충실히 수행하면 건강한 신체와 정신 및 정서적 안정이 조화롭게 이루어져 건전한 인격체로 성장·발달하는 밑거름이 형성된다.

(1) 신체적 발달

- 피부 : 쭈글쭈글하고 붉은색을 띠며 끈적끈적한 태지로 덮여 있고, 눈꺼풀은 퉁퉁 부어 있으며, 몸 전체는 솜털로 덮여 있는데 몇 주가 지나면 점차 없어진다.
- 신장 : 평균 신장은 50~52cm 정도로 성인의 1/3~1/4 정도이다. 머리 부분이 신장의 1/4 정도를 차지한다.
- 체중 : 3.2~3.4kg 정도이며, 2.6~4.1kg이면 정상범주에 속하고 남아가 더 크고 체중이 많이 나가는 것이 일반적이다.
- 맥박 : 1분에 120~160회 정도로 빠르고 불규칙하다.
- 호흡 : 출생 후 울음을 통하여 공기가 폐로 들어가면서 산소의 독립적 흡입이 가능하며, 동시에 불규칙적인 복식호흡을 시작한다.
- 체온 : 37~37.5°C로 체온 조절능력이 미흡하다.
- 배변 : 생후 1~2개월경에 검고 끈적끈적한 태변을 보게 되며, 모유를 먹이는 경우는 하루 3~4회, 인공유를 먹이는 경우는 하루 1~2회의 변을 본다.
- 운동 : 전신운동과 신체 특정 부위의 운동이 이루어진다. 신경과 근육 계통이 미분화되어 생후 10일 동안은 전신운동이 이루어진다.

표 8-2 **신생아의 반사운동**

반사운동		특징
생존반사	젖찾기반사	입 부근에 부드러운 자극을 주면 자극이 있는 쪽으로 입을 벌리는 반사운동
	빨기반사	입에 닿는 것은 무엇이든 빠는 반사운동
	연하반사	음식물을 삼키는 반사운동
원시반사	바빈스키반사	발가락을 펴고 오므리는 반사운동으로 생후 1년 무렵에 사라짐
	모로반사	소리나 몸의 위치에 변화가 있을때 껴안거나 잡으려고 하는 동작을 하는 반사운동으로, 5~6개월이면 소멸됨
	파악반사	손에 잡힌 것을 꽉 쥐고 놓지 않으려는 반사운동으로, 3~4개월 되면 소멸됨
	걸음마반사	겨드랑이를 잡고 살짝 들어 올려 발을 바닥에 닿게 하면 걸어가듯이 무릎을 구부리고 발은 번갈아 바닥에 내려놓음

⑵ 감각 및 지각 발달

- 시각 : 출생 후 2일이 되면 동공반사를 하며, 15일이 지나면 색채 식별이 가능하다.
- 청각 : 처음에는 양수로 인하여 반응하지 않다가 곧 예민해져 출생 4주가 되면 어머니의 음성을 식별할 수 있다.
- 미각 : 생후 2주일 후 맛에 대한 식별반응을 나타내는데, 단맛을 선호하며 쓰거나 신 것은 내뱉고 얼굴을 찡그린다.
- 후각 : 출생 직후에는 완전하지는 못하나 젖 냄새를 맡을 수 있으며, 자극적인 냄새로 코를 자극시키면 반응을 보인다. 그 밖에 온도감각과 통각 등이 발달되어 있다.

⑶ 사회·정서적 발달

정서 미분화 상태로 잠을 자거나 젖을 빠는 등의 본능적인 정서가 지배적이다. 태내발달을 통해 최소한의 생존능력을 갖춘 신생아는 출산 이후에 어머니의 모성애적 보호가 절대적으로 필요하다. 안정된 모성보호는 모성인물에 대해 기본적인 신뢰감을 형성한다.

불안정하고 불규칙적 모성보호는 타인을 불신하게 되고 이후의 사회화과정에 부정 적 영향을 미친다. 신생아의 사회적 발달은 미소반응을 통해 확인할 수 있다. 생후 1개월 전에는 무의식적·반사적 미소반응을 보인다. 생후 5주부터 사회적 미소를 보이고, 생후 4개월경이 되면 미소반응이 분화된다.

2) 영아기(1개월~만 2세)

영아기는 제1 성장급등기로, 신체와 뇌의 성장이 급속히 이루어지는 시기이며, 신생아기부터 만 2세까지를 말한다.

⑴ 신체적 발달

신장은 1.5배, 체중은 약 3배 정도 증가하는 등 급격한 신체적 성장이 이루어진다. 몸통과 다리의 성장급등현상이 강하게 나타난다(두미원칙). 머리는 전신의 약 1/4로 다른 부위에 비해 비교적 크다. 머리에서 발가락으로 발달이 진행된다. 남아가 여아에 비하여 키가 더 크고 몸무게가 많이 나가는 것이 특징이다. 다리보다 상체를 사용하는 법을 먼저 배운다.

(2) 감각발달

- 지각 : 감각에 의미를 부여하는 과정으로, 자극에 대한 해석이다.
- 청각 : 출생 후 얼마 되지 않아 성인 수준에 도달한다.
- 시각 : 인간의 감각능력 중에서 가장 늦게 성숙한다.
- 후각 : 영아기 때 다른 동물들에 비해 덜 발달된다.
- 미각 : 태내에서도 어느 정도 기능을 하며 출생 직후에도 여러 가지 맛을 구분하는 것이 가능하다. 영아기 말엽에 미각이 매우 예민해진다.
- 촉각 : 출생 시에 입술과 혀를 제외하고는 그다지 발달되어 있지 않지만, 6개월이 지나면 영아는 촉각을 사용하여 물체를 탐색하고, 첫돌 무렵에는 손의 감촉만으로 물체를 알아본다.

표 8-3 **피아제와 인헬더의 감각운동단계**

운동단계	주요 내용
반사기 (출생 후 1개월까지)	생후에 나타나는 본능적 반사활동의 단계로서 반사적 반응에 의해 원인과 결과가 반사적 반응에 의해 연결됨
1차 순환반응의 성립 (생후 1~4개월)	영아가 어떤 행동을 하며 흥미로운 결과를 얻었을 때 이를 반복하며, 점차 대상의 특성을 발견하고 그 대상의 요구에 따라 반응을 수정해 감
2차 순환반응의 성립 (생후 4~8개월)	활동 자체의 흥미에서 벗어나 환경 내의 변화에 흥미를 갖고 활동을 반복하며, 자신의 행동과 그 행동에 따라 나타날 수 있는 결과를 예측할 수 있게 된다. 욕구 충족을 위해 의도적으로 행동하기 시작함
2차 도식의 협응 (생후 8~12개월)	친숙한 행동이나 수단을 사용하여 새로운 결과를 얻으려고 하므로 영아의 행동은 의도적이고 목적적임
3차 순환반응의 성립 (생후 12~18개월)	친숙한 행동으로 목표에 도달할 수 없을 경우 전략을 수정하여 사용하며, 도식 자체가 크게 변화하게 되고 능동적으로 새로운 수단을 발견함
통찰기 (생후 18~24개월)	행동하기 전에 사고를 하여 행동 결과를 예측하며, 수단과 목적의 관계에 대한 정신적 조작이 가능해짐

(3) 심리적 발달

- 인지적 발달 : 인지발달이 급격하게 이루어진다. 사적 유기체에서 생각하는 유기체로 자신의 행동을 통제하고 사고할 수 있다. 영아기의 인지발달은 감각기관과 운동기능을 통해 이루어진다. 영아는 반복적 경험과 실험을 통하여 '울면 안아준다'와 같은 현상들 간의 예언적 관계를 학습하게 된다. 피아제와 인헬더의 인지적 발달은 6단계로 구분된다. 대상영속성이 발달한다.
- 정서발달 : 자극에 직면하여 발생하거나 자극에 수반되는 생리적 변화 또는 눈에 보이는 행동 등의 반응을 말한다. 영아기에 감정은 아기와 엄마 사이의 대화에 중심적 역할을 한다. 태어난 후 처음 2년 동안에 감정의 점진적 분화가 일어난다.

  신생아도 기쁨이나 슬픔 같은 정서를 가지고 태어나지만 덜 분화된 정서이며, 연령이 증가함에 따라 점차 분화된 정서를 나타낸다. 영아기 초기에는 기쁨, 슬픔, 놀람, 공포 등 일차 정서가 나타나고, 첫돌이 지나서 수치, 부러움, 죄책감 같은 이차 정서가 나타난다. 6개월이 지나면서 정서를 구분하고 다른 사람들의 정서를 인식하며, 정서를 규제하는 능력도 발달하게 된다.

(4) 언어발달

영아기의 언어발달은 인지발달 및 사회성발달과 밀접한 관련성을 지닌다. 영아는 울음, 표정, 몸짓 등과 같은 비언어적 행동을 통하여 의사소통을 하며, 다른 사람이 알아들을 수 있는 단어를 사용하는 것은 첫돌 무렵이다. 영아기의 언어발달 특징은 자기중심적인 언어 사용이다. 부모가 아동의 질문에 성실하고 지혜롭게 답변을 해주고, 새로운 세계를 경험할 수 있는 기회를 제공해 주면 언어발달이 보다 촉진될 수 있다.

(5) 사회심리적 발달

- 애착 형성과 발달 : 영아기에 발생하는 가장 중요한 형태의 사회적 발달이 애착이다. 애착이란 친숙한 사람과의 강력한 정서적 유대를 말하는 것으로, 영유아와 보호자 사이에 형성되는 친밀한 정서적 유대감을 의미하며, 주로 양육자에서 점차적으로 기타가족이나 친구에게로 확대된다.

이 용어는 보울비Bowlby, 1969가 최초로 사용했으며, 그의 애착이론에서 아기에게는 안전에 대한 기반으로서 애착에 대한 본능적 욕구가 있음을 지적하고 있다. 애착 형성은 어느 문화권에나 볼 수 있는 보편적인 발달 양상이며, 애착의 유형과 질은 영유아기뿐만 아니라 이후의 사회성 및 성격발달에 지속적으로 영향을 미친다.

스로페 등은 어머니와 안정된 애착을 형성한 영유아들은 아동기가 되었을 때 더욱 온순하며 협동적이었으나, 불안한 애착을 형성한 영유아들은 의존적이며 자율적으로 뭔가를 하기보다는 성인의 도움이나 지시를 기다리는 경향이 있다고 밝혔다(Sroufe et al., 1983).

영유아의 양육자에 대한 애착형성은 영유아의 인지능력에 기초한다. 보통 유아는 일차적 양육자인 어머니와 애착을 형성하는데 영아가 특정 인물에게 애착을 형성하

애착의 평가 : 에인스워스와 동료들

• 낯선상황실험 : 유아가 엄마와 헤어져서 낯선 사람과 있다가 엄마가 돌아왔을 때 유아의 반응 관찰

애착의 유형	행동	엄마의 평소 태도
안정 애착 (secure attachment)	• 엄마가 떠났을 때 정상적으로 슬퍼하고, 돌아왔을 때 기뻐하고 친밀감, 접촉 원함 • 부모에 의해 쉽게 달래지고 다시 놀이로 복귀함	• 아이가 우는 것에 반응하며 미소 지음 • 유아의 다양한 행동에 적절하게 대응함
양가적 애착 (ambivalent attachment)	• 분리로 인한 괴로움이 부모에 의해 달래지지 않음 • 접촉을 원하면서도 미묘한 분노를 표현함	• 일관성 없는 태도
회피적 애착 (avoidant attachment)	• 엄마가 떠났을 때는 조용히 있고, 돌아왔을 때는 회피하고 거부함 • 버려질 것을 예상하고 보복하는 것 같음	• 냉담 • 정서적 부재를 보이고 가끔씩 노골적인 거절이나 무시
혼란 애착 (disorganized/disoriented)	• 모순된 방식(접근하면서도 회피)으로 행동함 • 방향감각을 상실한(굳어진) 모습 • 양쪽 부모에 대한 태도가 다르기도 함	• 일관성 없는 태도 또는 부모 중 하나가 아이에게 비반응적 태도

⇒ 이후에 누군가와 더 나은 애착을 형성함으로써 불안정 애착을 극복할 수는 있지만, 불안정 애착유형은 타인을 멀어지게 하는 행동을 하기 때문에 불안정 애착 유형은 자기영속적 특성을 가짐

게 되면 그 사람과 있을 때 기쁨을 느끼고, 불안한 상황에서는 그의 존재로 인해 위안을 받는다.

영아기에 형성된 애착은 이후 인지, 정서, 사회성 발달에 중요한 영향을 미친다. 일반적으로 안정된 애착관계를 형성한 영아는 유아기에 자신감, 호기심, 타인과의 관계에서 긍정적인 성향을 보인다.

표 8-4 **뉴만과 뉴만의 애착발달 5단계**

단계	연령	특징
1	출생~3개월	빨기, 젖찾기, 쥐기, 웃기, 쳐다보기, 껴안기, 눈으로 따라하기 등을 사용하여 주요 양육 제공자와 가까움을 유지하려고 한다.
2	3~6개월	낯선 사람보다는 친밀한 사람들에게 반응을 더 보인다. 낯가림이 시작되는 시기, 애착 형성의 결정적 시기이다.
3	6~9개월	애착의 대상에게 접근하여 신체적 접촉을 하려 한다.
4	9~12개월	애착의 대상에 대해 내부적 초상/표상을 형성한다.
5	12개월 이후	안전과 친밀감의 욕구를 채워 줄 수 있는 방법을 사용하여 애착 대상에게 영향을 줄 수 있는 다양한 활동들을 한다.

표 8-5 **에인스워스의 애착발달 4단계**

단계	주요 내용
1단계 (출생~3개월)	생후 첫 3개월 동안 영아는 울음, 발성, 미소, 응시, 시각적 추적으로 양육자와 접촉을 시도하고 양육자를 자기 곁에 머무르게 하려고 노력한다. 이 시기에 영아는 감각적 접촉에 의해 양육자와의 독특한 특성을 인지한다.
2단계 (4~6개월)	영아의 반응은 몇몇 친숙한 성인에게 한정된다. 영아는 일차적인 양육자는 물론, 한두 사람의 다른 성인도 구별할 수 있다. 친숙한 사람이 나타나면 미소 짓고 좋아하며 그가 떠나면 싫어하는 표정을 짓는다.
3단계 (7개월~2년)	양육자에 대한 분명한 애착을 형성하며 다른 가족에 대해서도 애착행동을 나타낸다. 애착대상자에게 능동적으로 접근하고 접촉을 시도한다.
4단계 (2년 이후)	영아와 양육자는 협력자 관계를 형성할 수 있다. 아동의 인지능력의 증대와 함께 타인의 소망이나 목표를 탐지하고 예상할 수 있으며, 사회적 관계에 대한 기본이해를 획득한다. 따라서 양육자가 외출을 할 때 따라가겠다고 떼를 쓰기도 하지만, 양육자가 돌아올 때까지 기다릴 수도 있다.

• 낯가림과 분리불안

• 낯가림 : 영아가 애착을 형성하게 되면, 그 반작용으로 낯선 사람에 대해 불안반응을 보이는 현상을 낯가림이라고 한다. 대개 생후 5~15개월에 나타나는 행동이다. 일반적으로 6~8개월 무렵에 나타나기 시작해서 첫돌 전후에 최고조에 달했다가 서서히 감소한다. 낯가림은 특정인에 대한 애착 형성의 표시이며 영아의 탐색행동과 밀접한 관련이 있다.

• 분리불안(격리불안) : 영아가 부모나 애착을 느끼는 대상과 분리될 때 나타내는 불안반응이다. 분리불안은 친숙 정도 및 분리기간 등 여러 요인들의 영향을 받는다. 안정적인 애착을 형성한 영아는 불안정한 애착을 형성한 영아보다 분리불안반응을 덜 보이는 경향이 있다. 보통 낯가림보다 조금 늦은, 생후 9개월경에 나타나기 시작하여 첫돌이나 15개월 무렵에 절정에 달하며, 그 이후에는 점차 감소되어 20~24개월경에는 없어진다.

(6) 영아기 발달과 사회복지실천

• 발달 이정표에 관한 실천 : 영아의 정상적인 발달 이정표를 이해함으로써 잠재적인 발달지체나 발달상의 문제를 조기에 사정할 수 있고 사회복지사는 미래에 발생할 어려움을 최소화하거나 예방할 수 있도록 돕는다.

• 감각 및 지각 발달 측면의 실천 : 영아기의 아동들에게 중요한 것은 감각 및 지각의 발달에 관한 문제이다. 이 시기의 아동들은 촉각, 시각, 청각 등의 감각기관을 통하여 외부대상과의 현실거래를 하기 때문에 신체발달과 심리사회적 발달에 많은 영향을 미치게 된다. 아이가 적절한 반응을 보이지 못할 경우에는 아이에 대한 정확한 진단과 치료, 어머니에 대한 정서적 지지·치료를 제공해야 할 것이다.

• 신체적 측면 : 선천적인 질병과 장애 문제는 조기치료와 교육 기회를 제공하고, 장애아 부모와 가족에 대한 지지서비스를 제공한다. 운동발달지체는 영아의 운동발달지체는 인지 또는 정서 발달에 많은 영향을 미치게 되므로 영아의 운동발달 상태를 평가하고 필요시에는 의학적 진료나 서비스를 받을 수 있도록 연계한다.

- 사회적 발달 측면 : 애착관계 확립에 대한 문제는 지속적이고 책임 있는 보호의 결핍은 아동기, 청소년기 등 사회적 관계에 지장을 초래할 가능성이 높다. 따라서 부모 자녀 간에 효과적인 애착관계를 형성하기 위해 양육기술을 교육하고 양육의 질을 높일 수 있는 서비스를 개발한다.

  양육문제는 여성의 사회 진출이 증가하면서 영아와의 분리문제를 해결하기 위해 양질의 보육시설 및 보육서비스가 필요하다. 또한 맞벌이 부부를 대상으로 하여 영아와의 효과적인 애착을 형성할 수 있는 양육기술에 대한 교육이나 정보 제공이 필요하다.

3. 유아기

유아기early childhood는 아동전기, 학동초기로 불리기도 하며, 만 3~6세의 초등학교 입학 전까지를 의미한다. 여기에서는 3~6세를 유아기로 통칭하여 하나의 단계로 구분하되, 세부적으로 3~4세를 걸음마기로, 5~6세를 학령전기로 세분화하여 정리하고자 한다.

1) 걸음마기(2~4세)

꾸준히 신체발달이 이루어지고 인지적 성장과 언어발달이 빠른 속도로 이루어진다. 자아가 발달한다. 처음에는 배고픔을 울음으로 표현하다가 점차 언어를 배우면서 말로 표현할 수 있다. 자유로운 독립적 보행이 가능한 걸음마단계에서는 끊임없는 지적 호기심을 충족시키기 위해 많은 탐험과 학습을 하게 된다. 부모로부터 사회화 교육을 받고 이를 바탕으로 향후 사회적 행동의 기준이 되는 가치관 확립 등은 향후 독립된 인격체로서의 출발과 정신적인 성숙의 밑거름이 형성되는 계기가 된다.

(1) 신체적 발달

영아기에 비하여 팔다리가 확장되며 머리의 비율이 작아진다. 걷는 능력이 정교해지고, 운동능력이 발달하며 대근육과 소근육 운동의 활동이 이루어진다.

- 신체 성장 : 걸음마기에는 영아기와 같은 급속한 신체발달은 이루어지지 않으나 꾸

준하게 성장을 보인다. 신체적 특성으로 머리에 집중된 신체적 성장이 하부로 확산되어 가긴 하지만 아직까지는 머리가 크고, 가슴이 작고, 배불뚝이며 다리는 짧다. 걸음마기의 신체발달을 위해서는 충분한 영양 공급, 규칙적인 생활습관, 사고와 질병으로부터의 보호가 필수적이다.

- 운동발달 : 걸음마기의 운동능력은 뒤로 달리기, 손과 팔을 사용한 기어오르기, 혼자서 옷입기 등으로 보다 정교해진다.
  - 2~3세경 : 달리기를 시작한다. 잘 달리지만 방향 조절은 못한다. 걸음걸이는 안정된다.
  - 4세경 : 계단, 탁자, 난간 등에서 뛰어내리기가 가능하고, 하루 종일 움직일 정도로 운동량이 많아진다.
  - 걸음마기 말엽 : 팔과 어깨를 이용한 운동과 수영, 썰매 등 다양한 형태의 보행이 가능하며 특히 세발자전거를 즐겨 타게 된다. 3~4세경에 손을 사용하는 위치가 유전, 생리적, 학습 등의 요인으로 결정된다.

(2) 심리적 발달

- 지각발달 : 유아의 지각은 정서적 혹은 주관적으로 파악된다. 사물의 크고 작음은 지각하지만, 방향이나 위치에 대한 지각은 발달하지 않는다. 언어와 사회적 기준을 배우기 시작한다. 언어와 사고가 통합되는 첫 단계는 대상이나 사물의 이름에서 시작한다. 즉 반복에 따라 단어가 특정한 대상에 연관된다는 것을 알게 된다. 첫 4년간의 언어발달은 다음과 같이 구분할 수 있다.

표 8-6 **지각발달 순서**

발달	주요 내용
1년	감각적 자극에 의해 여러 가지 소리를 내다가 구어(spoken language)를 모방하는 소리를 내기 시작한다.
2년	단어와 구절을 이해하기 시작한다. 어휘를 쓸 줄 알고 두 단어로 이루어진 구절을 사용하기 시작한다.
3년	사고, 관찰, 욕구를 전달하기 위해 언어를 사용하며 구어에 대한 이해는 거의 완성된다.
4년	광범위한 어휘를 습득하며 대부분의 기초적인 문법규칙을 요하는 문장을 구사할 수 있다. 이로써 언어의 기초는 4세 무렵에 확립되며, 이런 기본적인 언어의 확립이 이루어진 후 비로소 더욱 정교하고 복잡 미묘한 언어적 기술이 발달한다.

- 인지발달 : 피아제는 전조작기 초기에 해당하는 시기이다. 아동은 눈 앞에 보이지 않는 대상이나 사건에 대해서도 정신적 표상에 의해 사고할 수 있게 된다. 사고가 아직 자기중심적이고 두 개 이상의 차원을 동시에 고려하지 못하며 논리적 조작이 불가능하다. 상징적 사고, 자기중심적 사고, 물활론적사고, 인공론적 사고, 전도 추리가 특징적이다.
  - 상징적 사고 : 영아의 사고는 더 이상 자신의 행동이나 감각에 의존하지 않아도 여러 형태의 상징으로 표현할 수 있다. 상징적 사고의 시작은 감각운동기 말기에 시작되지만, 언어를 습득하게 되고 상상력이 풍부해지는 전조작기에 와서 주를 이룬다. 상징적 사고가 가능해짐으로써 가상놀이(상상놀이 혹은 상징놀이)를 즐긴다. 가상놀이는 가상적인 사물이나 상황을 실제 사물이나 상황으로 상징화하는 놀이를 말한다. 즉 긴 막대기를 총이라고 하면서 놀 수 있다.
  - 자기중심적 사고 : 전조작기에는 자신과 타인을 구별할 능력이 생기지만 타인의 입장을 생각할 수 없다. 이를 자기중심성이라 한다. 자기중심성 때문에 다른 사람의 입장에서 사물을 볼 수 없다. 다른 사람의 욕구와 관점을 인식하지 못하는 것으로 이기적인 것과는 다른 의미이다. 또래들과의 상호작용을 통해 극복될 수 있다. 자신이 좋아하는 것을 다른 사람도 좋아한다고 생각하기도 하고, 숨바꼭질 놀이를 할 때 자신이 술래를 볼 수 없으면 술래도 자신을 볼 수 없다고 생각하여 몸은 다 드러내 놓고 얼굴만 가린 채 숨었다고 생각하기도 한다.
  - 물활론적 사고 : 전조작기의 유아가 생물과 미생물을 구분하는 방식은 성인의 경우와 다르다. 이 시기 유아들은 물활론적 사고를 하는데 이는 생명이 없는 대상에게 감정과 생명을 부여하는 것이다. 인형의 다리가 부러지면 아플 것이라고 생각한다.
  - 인공론적 사고 : 세상의 모든 사물이나 자연현상은 사람의 필요에 의해서 자신의 목적에 맞도록 쓰려고 만들어진 것이라고 믿는 사고이다. 사람들이 필요에 의해 집을 짓듯이, 해와 달도 우리를 비추게 하기 위해 사람들이 하늘에 만들었다고 생각하거나 누군가 파란 물감으로 하늘을 칠해서 하늘이 파랗다고 생각한다.

• 전환적 추론(전도추리) : 전환적 추론이란 특정 사건으로부터 다른 특정 사건을 추론하는 것이다. 두 가지 사건이 시간적으로 근접해서 발생하면 두 현상 간에 아무런 관계가 없는데도 인과관계가 있다고 생각한다. 자신이 동생을 미워하기 때문에 동생이 아프게 되었다고 생각한다. 항상 낮잠을 자던 아이가 어느 날 낮잠을 자지 않았는데 자신이 낮잠을 자지 않았기 때문에 아직 '낮'이 아니라고 생각한다.

• 자아통제 및 자율성의 발달

• 자아통제self control(자기통제) : 타인의 특정한 요구에 순응할 수 있고, 상황에 맞추어 행동을 조절하거나 지연시킬 수 있으며, 외부에 의해 꼭 지시받지 않더라도 사회적으로 받아들여지는 방식으로 해동할 수 있는 능력 등을 포함한다.

걸음마기 아동의 자아통제능력 획득은 대소변 훈련toilet training에서 시작된다. 대소변 훈련은 개인의 자율성과 사회적 요구의 갈등이 최초로 일어나는 장場으로서, 이러한 갈등의 성공적 해결은 자아통제능력의 발달에 기여한다.

이 시기 자아통제는 충동에 대한 통제와 환경에 대한 지배의 두 방향으로 형성된다.

표 8-7 **자아통제**

구분	주요 내용
충동의 통제 (분노에 대한 통제)	• 행동제한과 또래, 형제와의 경쟁에서 무능력을 지각하여 분노 표출이 많아지고 부모의 분노를 통제하는 방법을 학습하고 모방하여 분노 통제능력을 발달시켜 3세에 부정적 정서 표현을 자제하는 능력이 나타난다.
환경에 대한 지배	• 무엇이든 혼자서 해보려 함으로써 환경에 대한 통제를 시도하며, 자기가 원하는 방식대로 하려고 한다. • 부모로부터의 행동 제한, 또래나 형제와의 경쟁에서의 무능력을 지각함으로써 분노를 표출하는 경우가 많아지며, 이러한 반항적인 행동은 3~4세경에 절정에 달한다.

• 자율성의 발달 : 유아는 보모와 자신이 분리된 존재라는 사실을 인식하기 시작하기 때문에 많은 것을 자기가 원하는 방식대로 하려고 한다. 자기주장적이고 반항적인 행동은 3~4세경에 절정에 달하는데 이를 제1반항기라고 하며, 이러한 자기주장적이고 반항적 행동을 통해 자율성이 발달한다. 걸음마기 유아의 자율성과

자기통제능력의 획득은 대소변 훈련에서 시작된다. 대소변 훈련은 개인의 자율성과 사회적 요구의 갈등이 최초로 일어나는 장으로서 이러한 갈등의 성공적 해결은 자기통제능력의 발달에 기여한다.

(3) 사회적 발달

사회화는 아동이 자기가 속한 특정한 사회에서 구성원들과 잘 어울리고 성공하기 위해 필요한 가치, 예절, 규범, 사회적 기대, 행동양식에 대한 지식을 습득하는 과정이다.

- 성역할 발달 : 성역할이란 생물학적 의미를 넘어서 사회화과정에서 습득된 것으로 그 사회에서 기대하는 남·여의 생활 및 행동양식, 규범을 의미한다.
- 성정체감 : 자신이 남성 혹은 여성라는 사실을 인식하는 것이다. 2년 6개월에서 3년 사이에 형성된다.
- 성항상성 : 성이란 한번 결정되고 고정되어 불변하다는 것이다. 5~7세에 형성된다.
- 성역할 고정관념 : 남성과 여성의 역할에 관한 사회적 규범으로 성정체감과 비슷한 시기에 형성된다. 유아는 자신의 성이 여성인지 남성인지를 인식하는 성정체감 형성으로부터 시작하여 성역할 고정관념과 유형화된 성적 행동양식을 발달시켜 나간다. 성정체감이 형성되기 시작하여 자신의 성을 구분할 줄 안다. 남녀 간의 성 차이를 어렴풋이 이해하기 시작한다. 걸음마기에는 아동의 삶이 가족을 중심으로 이루어지기 때문에 가족환경이 사회화의 일차적 지점이 된다.

(4) 도덕성 발달

걸음마기에는 부모의 칭찬과 제한을 통해 도덕성이 발달한다.

(5) 걸음마기와 사회복지실천

- 신체적 발달의 관심영역
  - 영양결핍과 질병 : 유아기 영양 불균형상태에 이르거나 질병에 걸리게 되면 신체적 성장이 지연되고 운동능력이 뒤떨어짐으로써 또래와의 사회적 상호작용에서 고립될 가능성이 높아진다.

- 주의력 결핍 및 과잉활동 장애 : 사회복지사는 학교에 입학하기 이전에 유아의 과잉활동을 억제하고 주의집중시간을 늘려 나가며 공격성을 줄여나갈 수 있도록 임상적 개입을 할 필요가 있다.

- 심리적 발달의 관심영역 : 걸음마기 유아에게서 나타날 수 있는 특징적인 심리적 발달장애는 자폐증, 눌어증, 야뇨증이 있다. 사회복지사는 가족상담을 통하여 걸음마기 유아의 자발적 환경탐색을 조장해 줄 수 있는 훈육기술과 가족분위기 조성방법에 대한 정보를 제공할 필요가 있다.
- 사회적 발달의 관심영역 : 물리적 방법에 의하여 걸음마기 유아의 훈육은 유아에 대한 신체적·심리적·사회적 발달에 많은 장애를 초래할 수 있다. 사회복지사는 유아를 학대 또는 방임하는 가족에 대한 면밀한 욕구평가에 근거하여 필요한 서비스를 제공하고, 필요한 경우 아동복지 전문기관에 의뢰하도록 한다.

  프로텍티브 서비스protective servive는 학대받거나 방치되는 아동을 보호하기 위하여 주어지는 매우 강력한 형태의 아동복지 프로그램이다.

4. 학령전기

학령전기preschool childhood는 4~6세를 말한다. 이 시기는 프로이트 발달의 남근기로 초기적 형태의 양심인 초자아가 발달한다. 에릭슨의 심리사회발달단계의 3단계인 학령전기(주도성 대 죄의식이 형성되는 시기), 피아제의 이론에서 타율적 도덕성 단계, 콜버그의 도덕성 발달단계 중 전인습적 도덕기에 해당된다.

수와 종류는 알지만 상위개념과 하위개념을 완전히 구별하지 못하고 사물이나 사건의 개별 특성만을 고려하여 추리한다. 유치원 입학 등으로 생활환경이 확대된다. 좀 더 복잡하고 다양한 사회적 영향을 받게 되는 시기이다. 또래집단과 상호작용을 통해 사회기술을 본격적으로 습득하고 사물에 대한 호기심이 증가한다. 영아기의 특징이었던 상상놀이보다는 좀 더 구조화되고 현실 지향적인 집단놀이에 흥미를 가지는 등 새로운 형태의 놀이를 선호한다.

1) 신체적 발달

(1) 신체 성장

몸무게는 키보다 불규칙한 성장을 보이며 개인차를 나타낸다. 5~6세부터 유치가 빠지면서 영구치가 나오게 된다. 출생 시의 골격 성숙이 남아보다 앞서지만, 남녀 모두 비슷하게 직선적이고 평면적인 체격을 갖는다.

(2) 운동발달

운동상의 발달특성은 모든 근육의 기능이 높은 수준까지 발달하기 때문에 다양한 운동이 가능하다. 삼각형과 사각형을 그리고, 공을 던지고 받는다. 5세 무렵에는 직선을 따라 걸을 수 있고, 달리면서 방향 조절과 멈춤이 가능하다. 또한 발을 바꿔 계단 오르기가 가능하다. 6세 무렵에는 한발 뛰기, 뛰어넘기, 오르기 등을 할 수 있다.

2) 심리적 발달

(1) 인지발달

피아제는 만 4~6세를 전조작적 사고단계 중에서 직관적 사고단계라고 하였다. 이 시기의 유아는 수와 종류는 알지만 상위개념과 하위개념을 구분하지 못한다. 사물이나 사건의 개별적 특성만을 고려하여 추리하는 사고 유형이 지속적으로 나타난다. 전체 상황 중에서 하나의 차원이나 측면에만 주의를 기울이고 다른 차원은 무시한다.

일련의 논리나 사건을 원래 상태로 역전시킬 수 없다고 생각한다. 전개념적 사고단계에서 타인의 관점과 역할을 고려하지 않은 채 자신의 입장에서 세계를 지각하는 자아중심적 사고가 나타나며 여전히 자기중심적 언어를 많이 사용한다.

(2) 도덕성 발달

학령전기에는 가족과 사회의 도덕적 규칙을 내면화하고, 내면화된 규칙에 따라 행동을 수행하게 된다. 걸음마기부터 학령전기의 유아는 타율적 도덕성에 의존하여 도덕적 판단을 내리는데, 규칙의 옳고 그름을 자신이 입게 되는 손해의 양이나 처벌 여부에 따라 판단한다.

표 8-8 **보존개념 획득을 어렵게 하는 학령전기의 인지적 특성**

구분	주요 내용
중심화	• 중심화란, 두 개 이상의 차원을 동시에 고려하지 못한 채 한 가지 차원에만 주의를 집중하는 것을 말한다.
직관적 사고	• 어떤 사물을 볼 때 대상이나 상태가 갖는 여러 속성 중에서 가장 두드러진 지각적 속성에 의해 판단하는 것인데 유아는 지각적 특성에 의해 판단하기 때문에 보전개념 형성이 어렵다.
비가역적 사고	• 가역성이란 어떤 변화가 일어났을 때 이것을 먼저 상태로 돌려놓는 것이며 사고의 가역성이란 사고가 진행되어 온 과정을 거꾸로 되밟아서 사고하는 것이다. • 학령전기 아동은 비가역적 사고를 하기 때문에 양의 보존에 관한 실험에서 물을 처음 잔에 도로 부으면 물의 양이 똑같다는 사실을 이해하지 못한다.

- 전인습적 수준(전인습적 도덕기) : 자기중심성의 윤리로, 10세 이하의 아동에게서 일반적으로 나타난다. '전인습'이라고 불리는 이유는 아동이 일반적으로 타인에 의해 부과되는 규칙을 완전히 이해하지 못하기 때문이다. 아동들은 규칙이 내면화되어 있지

콜버그의 도덕성 발달이론

하인츠의 딜레마

유럽의 한 부인이 특수한 종류의 암을 앓아 거의 죽음 직전에 와 있었다. 의사들이 그 부인을 살릴 수 있을 것으로 생각하는 한 가지 약이 있었다. 이 약은 같은 도시에 있는 어느 약사가 최근에 발명한 라디움의 한 형태이었다. 그 약을 만드는 데는 원가가 상당히 비싼데다가, 그 약사는 약값을 원가의 10배나 요구하였다. 라디움을 200달러에 구입해 가지고 그 소량 처방의 약을 2,000달러에 팔려고 한 것이다. 병든 부인의 남편인 하인츠는 돈을 구하기 위해 아는 사람들을 모두 찾아 다녔으나, 그 약값의 절반인 1,000달러밖에 마련하지 못했다. 할 수 없이 하인츠는 그 약사에게 가서 자기 부인이 죽어가고 있다고 설명하고 그 약을 1,000달러를 받고 싸게 팔거나, 아니면 외상으로라도 자기에게 팔아 주면 다음에 그 돈을 갚겠다고 간청했다. 그러나 그 약사는 '안 됩니다. 그 약은 내가 발명한 약인데, 나는 그 약으로 돈을 벌어야 합니다'라고 대답했다. 절망에 빠진 하인츠는 결국 약국을 부수고 들어가서 자기 부인을 위하여 그 약을 훔쳐내었다.

질문 1 : 남편 하인츠의 행동은 정당하다고 생각하는가?
질문 2 : 왜 그렇게 생각하는가?(Kohlberg, 1963)

않으므로 벌을 피하기 위해 혹은 보상을 받기 위해 외부에서 주어진 규칙을 따른다.

행위의 결과가 가져오는 보상이나 처벌에 의해 옳고 그름을 판단하는 수준으로, 행동의 의도보다는 결과를 중요하게 고려하여 자신이 타인의 욕구를 충족시키는 것이 옳다고 생각한다. 관습, 습관, 규정, 법규 등 사회가 정한 최소한의 규칙보다는 처벌이나 권위, 욕구가 도덕적 행동의 이유가 되는 수준이다.

- 1단계 – 벌과 복종 지향의 도덕성 : 보상과 처벌의 기준에 따라 행동을 판단 물리적 결과가 선악 판단의 기준이다. 권위에 무조건 복종하고 벌을 피하는 방향으로 행동을 결정한다. 하인츠의 딜레마 상황에서 훔치는 일은 벌을 받기 때문에 하인츠의 행동은 나쁘다고 판단한다.
- 2단계 – 목적과 상호 교환 지향의 도덕성 : 자신이나 사랑하는 사람에게 이익이 되는 정도에 따라 행동을 판단한다. 자신의 욕구를 충족시켜 주거나 이익이 되는 행동을 옳은 행동으로 판단한다. 훔쳐서는 안된다. 하인츠의 손해다.

- 인습적 수준(인습적 도덕기)
  - 타인의 윤리
  - 일반적으로 10~12세에 나타난다.
  - 사회적 규칙과 계약에 순응하는 단계이므로 사회적 기대와 규칙을 중요한 판단 근거로 사용하며, 올바른 일이란 사회적 질서를 유지하는 것이라고 생각한다. 사회가 정한 관습, 덕목, 법규, 규정에 따라 행동하려는 수준이다.
  - 3단계 – 착한 아이 지향의 도덕성 : 권위적 인물의 기대를 충족시키고 인정받는 정도에 따라 행동을 판단한다. 타인이 어떻게 생각할지에 대한 염려에 기초해 윤리적 결정을 내린다. 타인의 기대에 부합하고자 하는 동기를 갖고 있다. 하인츠는 아내를 사랑하고 아내의 생명을 구하려 애썼기 때문에 착한 것이고, 반대로 약사는 자신의 이익 때문에 생명에 무관심하다고 생각하여 약사를 감옥에 보내야 한다고 응답한다.
  - 4단계 – 법과 질서 지향의 도덕성 : 사회의 법률이나 규칙을 지지하는 정도에 따라 행동을 판단된다. 법과 규칙 그리고 사회질서에 근거한 윤리이다. 옳은 행동은 자

신의 의무를 다하고 법과 질서를 따르는 것이다. 규칙과 법은 절대적이고 그 자체로서 존경받고 지켜야 한다는 믿음이다. 하인츠에게 동정적이지만 그럴만한 이유가 있을 때마다 모두가 법을 어기면 어떻게 되겠느냐고 반문하면서 하인츠가 불가피한 상황에서 약을 훔쳤다면 그에 따른 처벌도 함께 받아야 한다고 생각한다.

- 후인습적 수준(후인습적 도덕기) : 도덕적 가치와 원리에 초점을 맞추면서도 개인의 권리를 존중한다. 법이나 규칙은 개인의 자유의 규제가 아닌 극대화를 위해 제정된 것이기 때문에 사회적 약속은 대다수의 이익을 위해 변화될 수 있다고 생각한다. 법을 보다 유동적으로 파악한다. 즉 법이란 사람들이 화목하게 살아가기 위해 공동체가 동의한 장치이며 상호 동의와 민주적인 절차를 통해서 변경시킬 수 있다.
  - 5단계－사회계약 지향의 도덕성 : 개인의 권리를 존중하고 사회계약을 유지하는 정도에 따라 행동을 판단한다. 규칙과 법은 사회에 이로운 행동에 대한 사람들의 합의를 나타낸다는 믿음이다. 옳은 행동은 사회 전체가 합의한 기준에 따르는 행동이다. 개인의 권리를 중요시하며 합리성에 따라 사회적 기준이 바뀔 수 있다. 따라서 규칙이 더 이상 사회에 필요하지 않다면 규칙을 바꿀 수 있다는 생각을 가진다.

    개인의 가치가 법보다 상위에 있음을 알며 법이 개인을 무시하면 사람들을 설득시켜 법을 개정해야 한다고 생각하지만 여전히 법에 깊은 합리성을 부여하고 있다. 하인츠의 딜레마 상황에서 하인츠 아내의 살 권리가 중요하다는 것은 알지만 그렇다고 도둑질한 것을 옳다고 할 수 없어 옳고 그름을 분명히 이야기할 수 없다고 한다.
  - 6단계－보편적 원리 지향의 도덕성 : 시대와 문화를 초월한 보편적 원리에 근거하여 행동을 판단한다. 옳은 행동은 자신이 선택한 도덕 원리에 따르는 것이다. 도덕성은 양심에 따른 결정이다. 이 양심의 원리는 '인간의 존엄성'이나 '정당성과 같은 보편적 정의의 원리이다. 하인츠의 딜레마 상황에서 하인츠가 도둑질을 할 법적 권리는 없지만 보다 상위의 도덕적 권리를 갖고 있다고 응답한다.

표 8-9 **피아제의 도덕성 발달단계**

단계	주요 내용	연령
타율적인 도덕성 단계	• 어른들의 신체적 힘에 대한 두려움과 어른의 권위에 대한 복종에서 시작된다. • 규칙은 신이나 부모와 같은 권위적 존재에 의해서 만들어진 것이므로 그 규칙은 신성하고 변경할 수 없는 것이다. 이를 위반하면 벌을 받아야 한다고 생각한다. • 규칙은 변경할 수 없는 절대적인 것으로 간주한다. 행위자의 의도와는 관계없이 행동의 결과만을 가지고 판단한다.	• 4~7세(전조작기 후기)
자율적인 도덕성 단계	• 옳고 그름에 대한 판단을 행위의 결과가 아닌 의도성에 의해 판단한다. • 규칙은 수정 가능하다는 것을 알게 된다.	• 10세 이후(구체적 조작기 후기) • 7~10세의 아동기는 타율적 도덕성과 자율적 도덕성이 공존하는 과도기적 단계

(3) 정서발달

학령전기의 유아는 여러 가지 감정을 다루고 적절한 방식으로 표현되며, 충동이나 사회적 요구 간에 균형을 유지하는 방법을 배우게 된다. 죄책감은 특정한 대상이나 상황에 대한 불합리한 공포로 발전되는 경우가 많다. 불안을 감소시키기 위하여 방어기제와 적응기제를 사용한다.

3) 사회적 발달

(1) 사회적 관점 수용능력

학령전기 유아의 사회적 발달은 타인의 관점을 수용할 수 있는 능력과 직결되어 있다. 이 시기의 유아는 다른 사람의 기분을 어느 정도 이해할 수 있으나 모든 사람이 자신과 동일한 방식으로 상황을 이해한다고 생각하며, 자신의 관점과 타인의 관점을 정확하게 구분하지 못하여 사회적 관점 수용능력의 발달수준이 매우 낮다. 대인관계상의 갈등을 객관적으로 해결하지 못한다.

(2) 성역할 학습

학령전기 유아는 성과 관련된 사회적 관계 성향에 관심을 나타내고, 자신의 성에 걸맞은 행동을 함으로써 성역할 정체감을 형성해 간다. 문화에 따라 남아나 여아에게 기대하는 적절한 행동기준이 설정되어 있으며, 부모는 자신이 생각하는 문화적 성역할 기준에 맞추어 자녀가 행동하도록 격려하거나 처벌을 가한다. 이러한 과정을 통하여 학령전기의 유아는 부모의 기대와 문화적 기준에 맞는 성역할 기준을 이해하고 내면화하게 된다.

유아는 부모로부터 학습한 성역할 기대를 또래관계에서도 그대로 적용하고자 한다. 동성의 친구와 어울리며 성에 따라 옷차림 놀이, 직업에 대한 사회적 기대를 의식하고 이에 따라 행동한다.

(3) 우정의 발달

학령전기에는 집단놀이에 더 많은 흥미를 갖게 된다. 이러한 또래와의 집단놀이과정에서 유아는 협동과 상호작용의 쾌락을 경험하고 역할관계의 상호성을 학습하게 되며, 이를 통하여 자아중심성이 어느 정도 완화된다. 또래와의 집단놀이에서 구체적인 물건을 교환하거나 협력활동을 통해 우정을 경험한다.

(4) 사회화

학령전기에는 부모보다는 형제와 보내는 시간이 더 많아지게 되는데, 형제관계의 상호작용을 통하여 서로를 모방하려는 경향이 강하게 나타나며, 이를 통하여 사회성을 발전시키게 된다. 또한 조부모와 함께 사는 유아들은 보다 폭넓은 인간관계를 맺을 수 있는 기회를 갖게 되므로 사회성 발달이 촉진될 수 있다.

4) 발달과제

(1) 성적 역할에 대한 관심, 운동과 지적 활동의 주도성

학령전기의 아동이 자신의 행동에서 충분한 만족감을 경험하지 못할 경우, 자신의 주도적 행동에 대해 죄책감을 가지게 되고 결국 자신의 역량을 최대한으로 발휘하는 데 주저하게 된다. 친구들과의 놀이를 통해 상호작용을 배우게 되고, 이 시기를 성공적으로 수행하면 주도성과 더불어 책임의식이 발달할 수 있다.

(2) 동기간 경쟁

동생이 태어나는 것은 협동과 공유 능력을 시험하며 동기 간 경쟁을 부추긴다. 편애를 받는 아이는 형제들로부터 분노를 사게 되는데 동기 간의 경험이 성장 후 또래관계나 권위에 영향을 줄 수 있다. 부모가 새로 태어난 동생 때문에 자신의 욕구를 돌볼 틈이 없다는 것은 상처가 될 수 있다.

(3) 상상 속의 동무

이 시기에 가장 흔히 나타나는데, 평균 이상의 지능을 가진 아이에게 나타나며, 보통은 사람의 형태이나 때로는 인격화된 사물이나 장난감일 수도 있다. 친구 역할을 해주고, 고독감을 감소시켜 주며 불안을 줄여 주는 역할을 한다.

대부분의 경우 12세가 되면 사라지나, 어른 때까지 지속되기도 한다. 그리고 이 시기의 후반이 되면 기본적인 사회화를 위한 과제들이 성취되어 있어야 한다.

5) 학령전기와 사회복지실천

(1) 신체적 발달의 관심영역

학령전기의 신체적 발달과 관련하여 관심을 가져야 할 것은 뇌염, 근이완증 등과 같이 신체적 발달뿐만 아니라 다른 발달영역에도 치명적 장애를 초래할 수 있는 질병을 예방하고 치료할 수 있도록 필요한 정보와 자원을 제공하는 것이다.

학령전기 유아의 경우 근육과 운동 기능이 상당히 발달되어 있는 것은 사실이지만 안전사고를 당할 위험 또한 매우 높아진다. 어린이집이나 유치원 같은 보육시설에는 프로그램을 개발할 때 안전사고를 방지할 수 있도록 개발해야 할 것이다.

(2) 심리적 발달의 관심영역

학령전기의 유아에게는 도덕 기준을 지나치게 강압적인 방식으로 부과하여서는 안 된다. 학령전기 유아의 환경에 대한 호기심을 억압함으로써 죄책감을 갖게 하여 유치원이나 교사 등에 대해 공포심을 유발하는 것은 바람직하지 않다.

심한 불안이나 공포증이 있는 경우에는 유아와 그 부모에 대한 상담을 실시하여 이의 해결을 원조함으로써 유아의 건전한 정서발달을 지원하여야 할 것이다.

(3) 사회적 발달의 관심영역

학령전기 유아의 경우에 사회적 관점의 수용능력이 아직 낮고, 엄격한 성역할 기준을 타인에게 요구하기 때문에 대인관계에서 많은 갈등을 일으킬 수 있다. 유아의 타인에 대한 감정이입적 이해와 성역할 기준의 융통성을 부여하기 위해서는 적절한 놀이지도와 부모상담이 필요하다.

아동복지 분야에서 일하기를 원하는 사회복지사는 놀이치료와 가족치료에 대한 학습이 필요하다. 학령전기 유아의 경우 또래와의 우정관계에서 극단적 좌절감을 경험할 수 있기 때문에 이들의 자아존중감을 고양시키기 위한 임상적 개입이 필요한 경우도 있다.

CHAPTER

9

인간의 성장과 발달 : 아동기

1. 아동기의 이해

1) 아동기의 개념

아동기childhood는 생활의 중심이 가정에서 학교로 옮겨 가고, 공식적 학교 교육을 통하여 사회가 요구하는 기본적 기술을 습득하는 발달단계로서, 만 7~12세의 시기이다. 아동기를 거치면서 또래는 매우 중요한 존재로 대두된다. 아동기는 공식적 학습이 시작된다는 의미에서 학동기, 사회적 행동이 현저하게 증가하면서 또래끼리 어울려 다니기 시작한다고 하여 도당기, 영유아기나 청소년기의 역동적 변화에 비해 상대적으로 조용한 발달이 이루어지는 시기라고 하여 잠복기로 부르기도 한다.

이 시기의 아동은 신체적·인지적·사회적·정서적으로 상당한 발달을 경험한다. 스스로 감정을 통제하며 정서 표현이 사회화되는 시기이다. 놀이에서 일work로 분화되는 시기이다.

아동기의 일반적 특징을 살펴보면, 아동기에 학교의 경험이 시작됨으로써 아동이 더욱 복잡한 사회적 영향을 받게 된다. 가족 이외의 외부로부터의 평가, 성공과 실패의 기회, 또래집단과의 경험 등을 학교를 통해 제공받는다. 따라서 아동에게 학교는 중요한 영향력의 원천이 된다.

아동기에서는 자신의 능력을 자발적으로 시험해 보려 하며 재미있던 일들을 반복적으로 시도하려는 경향이 강하다. 자신만의 문화와 습관, 가치관을 형성하고 이런 과정을 통해서 자신감과 독립심이 발달하며 점차 지능이 발달한다. 운동과 놀이를 통해 신체 발달과 상상력, 추진력, 판단력, 사고력을 발달시키며 자신만의 세계관을 형성한다.

아동기의 세계관은 아직 직관적인 세계관이라는 점에서 하나의 독립된 인격체로 완성되었다고는 보기 어렵다. 이 시기는 자존감을 발달시키고 향후 기본적인 사회기술과 가치관을 확립하는 아주 중요한 시기이므로 아동이 자신감을 갖고 과업을 달성할 수 있도록 많은 긍정적인 지지가 필요하다.

2) 아동기의 신체적 발달

(1) 신체적 성장

이전의 단계들처럼 급속한 신체적 성숙은 일어나지 않으나 점진적이고 지속적인 발달이 이루어진다. 신장은 12세에 출생시의 3배, 체중은 8배이며, 뇌 중량은 6세에 성인의 90%, 12세에 성인과 동일하다. 10~11세 무렵에 사춘기로 진입하며 급성장을 경험한다.

키가 1년에 약 6cm 정도씩 자라 120cm에서 145cm 정도로 성장하며, 몸무게는 약 22kg에서 35~38kg 정도에 이른다. 신체 각 부위의 비율이 달라지는데, 신체 각 부위의 비율은 6세아는 거의 6등신이지만 12세가 될 무렵 이면 7등신이 된다.

성별로 차이가 있으며 개인차가 존재한다. 10세 이전까지는 남아가 여아보다 키가 크고 체중이 많이 나가지만, 11~12세 무렵부터 여아의 신체적 성숙이 남아보다 앞서며 청소년기가 되면 남아의 발육이 우세해진다.

젖니가 영구치로 바뀐다. 6세 무렵 젖니가 빠지기 시작하여 아동기에는 1년에 약 4개 정도씩 영구치로 대치된다. 아동기가 끝나가는 12~13세 무렵에 대부분의 젖니가 영구치로 바뀐다. 얼굴 면적이 전체의 10%로 줄어들고 뇌는 성인의 95% 정도가 발달한다.

뼈의 성장이 근육의 성장을 초월하는 경우가 있는데, 이러한 경우 아동들은 근육통으로 인하여 밤잠을 설치는 경우를 근육성장통이라 한다.

성장통이 나타나는 이유는 다음과 같다.

- 성장하면서 뼈를 싸고 있는 골막이 늘어나 주위 신경을 자극한다.
- 뼈가 자라는 속도에 비해 근육 성장의 속도가 느리다.
- 근육통 또는 스트레스 때문에 나타난다.

성장통으로 인해 나타나는 현상은 다음과 같다.

- 양쪽 정강이 또는 허벅지가 아프다.
- 팔이 아픈 고통을 느낀다.
- 통증은 밤에 심하게 나타난다.
- 활동적인 아동들에게 더 많이 나타난다.

• 보통은 쉬거나 자고 일어나면 사라진다.

아동의 성장은 다른 성장과 유사하게 영양과 유전 요인 모두 영향을 받는다. 예를 들면, 제인스의 연구(Janes, 1975)에서 나이지리아의 '부유한' 남아와 '빈곤한' 남아 비교 연구에서 신장이 10cm 차이가 나는 것은 영양의 영향으로 보았다. 영양상태가 비슷한 아동집단을 비교할 경우에는 유전적 영향이 나타난다.

(2) 운동기능 발달

아동기는 운동능력이 왕성하고 다양한 활동을 한다. 운동능력은 속도, 정확성, 안정성, 호응성 등의 면에서 더욱 발달되고 정교해진다. 이 시기에는 장난감보다는 자신의 신체를 이용한 달리기, 던지기, 뛰기 등의 능력을 활용한 스포츠와 조직적인 단체놀이에 강한 관심을 보인다.

다양한 운동을 통하여 신체적 균형을 시험해 보고, 신체 각 부분의 조정 통합을 추구하며 신체적 유연성을 기른다. 아동기의 운동발달은 신체적 발달뿐만 아니라 심리사회적 발달에 영향을 미친다.

아동은 자신의 운동기술을 다른 아동들과 비교하여 자기평가를 하게 되므로 자아와 자존심 형성에 중요한 역할을 하게 되어 운동을 할 수 있는 환경과 기회를 제공하여 자존감을 갖게 하는 것이 중요하다.

① 대근육 운동

다양한 스포츠에 참여하여 게임의 규칙, 팀원과 협동하는 법 등을 배운다.

- 6세 : 깡충깡충 뛴다.
- 7세 : 사방치기, 눈 감고 한 발 서기가 가능하다.
- 8세 : 발을 번갈아가며 한 발로 뛴다.
- 9세 : 작은 공을 12m 던진다.
- 10세 : 1초에 5m 달린다.
- 11세 : 1.5m 멀리뛰기 한다.

- 12세 : 1m 정도 높이뛰기 한다.

② 소근육 운동

중추신경계의 수초화가 증가하면서 아동기의 소근육 운동기능도 증가한다.

- 6세가 되면 독립심이 증가하고, 7세 무렵에는 손놀림이 더 안정되고 연필을 자유롭게 사용한다.
- 8~9세에는 양손을 따로 쓴다.
- 10~12세에는 성인의 손놀림이 된다.

3) 아동기의 심리적 발달

(1) 성격발달

① 학자별 발달단계

- 프로이트의 심리성적 발달단계 : 프로이트의 잠재기와 생식기의 초기에 해당하는 시기이다.
  - 잠재기 : 에너지가 신체, 지적 활동, 친구와의 우정 등에 집중한다. 자아와 초자아가 발달한다.
  - 생식기 : 성적 에너지를 직접 표현, 부모로부터 독립이 중요 과제이다. 성격 형성에 영향을 미치는 특별한 발달적 사건은 발생하지 않는다고 보았다.
- 에릭슨의 심리사회적 발달단계 : 에릭슨의 근면성 대 열등감의 시기에 해당한다. 학교에서 지적인 기술을 습득하는 과정에 몰입하면서 '근면성'이 발달한다. 이 시기의 위기는 열등감인데 학습능력·기술을 또래들과 비교하여 열등하다고 느껴 학습 추구의 동기를 잃게 된다.
- 콜버그의 도덕성 발달단계 : 인습적 도덕단계에 해당된다.
  - 타인의 윤리 : 일반적으로 10~12세에 나타난다. 사회적 규칙과 계약에 순응하는 단계이므로 사회적 기대와 규칙을 중요한 판단 근거로 사용하며, 올바른 일이란 사회적 질서를 유지하는 것이라고 생각한다. 사회가 정한 관습, 덕목, 법규, 규정에 따라 행동하려는 수준이다. 착한 아이 지향의 도덕성, 법과 질서 지향의 도덕

성을 특징으로 한다.

  - 인습적 수준의 도덕성 단계 : 10~13세는 콜버그의 인습적 수준의 도덕성 단계인데, 이는 다른 사람의 승인을 얻기 위해 또는 사회적 질서를 유지하기 위해서 규칙과 사회적 규범을 따르려고 하며, 외적인 벌과 보상 대신에 사회적 칭찬과 비난에 대한 회피가 도덕적 행위의 동기로 작용한다.

- 피아제의 인지발달단계 : 자율적 도덕성 단계이다. 피아제의 자율적인 도덕성은 옳고 그름에 대한 판단을 행위의 결과가 아닌 의도성에 의해 판단한다. 7~10세는 일종의 과도기적 단계로서 타율적 도덕성과 자율적 도덕성이 함께 나타난다. 10세 무렵에 대부분의 아동은 두 번째 단계인 자율적 도덕성 단계에 도달한다.

② 성격발달의 특성

학교라는 작은 사회를 경험하면서 많은 지적 능력을 발전시킨다. 친구를 통하여 사회의 가치관, 규범을 획득하는 시기이다. 친구관계에서 아동은 자기주체성을 확립한다. 스스로 무엇인가를 주도적으로 할 수 있는 능력, 자신감, 근면성을 발전시킨다. 과업을 성공적으로 달성하지 못하거나 학교, 사회가 편견 있는 태도로 아동을 대하면 열등감이 형성된다.

(2) 감각발달

감각기관을 통하여 사물이나 현상을 식별하는 과정을 지각이라 한다. 이전에는 지각이 미분화되어 있으므로 지각에도 정서가 혼합되어 있지만, 아동기에는 지적 기능이 분화됨에 따라 객관적인 지각이 가능해진다. 유아기에 발달한 운동지각능력이 공간지각능력으로 전환된다.

- 6~7세 : 친척집, 이웃, 친구, 집, 다른 나라, 우주 등에 대한 정확한 공간 개념이 형성된다.
- 8세 : 모험심이 형성되고, 시간지각능력이 생성된다.
- 9세 이상 : 한두 번 가본 곳이면 혼자서 교통수단을 이용하여 찾아갈 수 있다.

이 시기에는 시간지각능력이 발달한다. 과거, 현재, 미래를 정확히 구분하고 한 시간, 하루, 한 달 그리고 1년 동안의 시간에 대해서도 정확히 이해할 수 있게 된다. 8~9세 무렵이 되면 시간표에 따라 규칙적으로 계획한 일을 실행에 옮길 수 있으며, TV 프로그램의 시작 시간을 정확히 인식할 수 있다. 초등학교를 졸업한 정도가 되면 성인과 유사한 수준의 시간의식을 지닐 수 있다.

(3) 언어발달

언어적 유능성을 판가름하는 중요한 발달이 이루어진다. 문자언어, 발표력과 문법력, 독해력 등이 발달한다. 문자언어를 정확히 읽을 수 있는 능력은 초등학교 1학년 때에 거의 완전히 발달하고, 3학년이 되면 소리를 내지 않고 읽을 수 있게 된다. 3~4학년 무렵에는 발표력과 문법력이 현저히 발달하고, 고학년이 되면 독해력이 현저하게 발달한다.

유아기에 비해 단어를 보다 정확하게 사용하고 이해한다. 글씨를 바르게 쓰고, 자신의 생각을 글로 표현하는 능력이 점차 발달한다. 이해하고 있는 어휘 수보다 사용하는 어휘 수가 적은 것이 일반적이다. 기억력이나 주의력이 향상됨에 따라 사용하는 어휘 수와 언어적 표현력이 증가한다. 하나의 동일한 주제에 대해서 오랫동안 대화를 나눈다.

언어발달에 영향을 주는 요인으로는 지능의 차이, 신체적 조건, 남녀의 차이, 아동의 가정환경, 출생순위, 지역 간의 차, 부모의 사회적·경제적 지위이다.

(4) 인지발달

피아제의 구체적 조작기(7~11세)와 형식적 조작기(11세 이후)의 초기에 해당하는 시기이다. 구체적 조작기에는 구체적인 사물과 행위에 대한 체계적 사고능력이 발달한다.

아동기의 사고는 자신이 경험한 구체적인 세계에 한정된다. 상황과 사건에 대한 융통성 있는 사고를 할 수 있다. 유아기의 자기중심적이고 직관적인 사고와 같은 전조작적 사고의 특색은 남아 있지만, 인지적으로 성숙하여 자신을 둘러싼 세계에 대해 사고하고 이해하는 능력이 달라진다.

논리적 사고가 현저하게 발달하고 좀 더 복잡한 생각을 하며 다양한 변수를 고려하는 것도 가능하지만, 여전히 구체적인 부분에 머문다는 한계가 있다. 구체적 조작을 성취함으로써 논리적으로 사고할 수 있지만 이러한 논리를 언어나 가설적 문제에 적용하지는 못한다.

아동기 후반에는 형식적 조작 사고가 발달하기 시작하므로 가설에 대한 연역적 추리가 가능해지며, 인지양식*이 나타난다. 논리적 조작의 발달되고, 경험에 기초한 사고, 보존개념의 획득, 탈중심성, 자율적 도덕관, 유목화, 서열화 획득, 조합능력 획득 등을 특징으로 한다.

① 보존개념 획득

물질의 한 측면, 즉 질량 혹은 무게가 동일하게 남아 있는 동안에도 물질의 다른 측면, 즉 형태 혹은 위치가 변할 수 있음을 이해하는 것이 보존개념이다. 보존기술을 획득하기 위해서는 동일성, 가역성, 보상성의 원리에 대한 이해가 뒷받침되어야 한다.

- 보상성 : 높이의 감소가 폭이라는 차원으로 보상된다.
- 동일성 : 어떤 방법으로든 더하거나 빼지 않으므로 이전의 상태와 동일하다.
- 가역성 : 어떤 변화가 일어났을 때 이것을 이전의 상태로 되돌려놓는 것이다.

피아제Piaget는 보존개념은 '성숙'의 영향을 받는다라고 주장하였다. 즉 '아이가 일정 나이가 되어야만 보존개념능력이 발달한다'고 보았다. 6~7세에는 양의 보존개념이 발달하고, 10세에는 무게에 대한 보존개념이 발달한다. 그리고 11~12세에는 부피에 대한 보존개념이 생긴다. 학습(경험)의 영향이 적다고 생각한다.

하지만 반박으로는 최근 연구들은 성숙 이외의 요인들도 보존개념에 영향을 미친다고 생각한다. 즉 신경과 학습의 상호작용과정이라고 본다. 그 증거로 가장 어린 시기에 보존개념기술을 학습한 아동은 IQ검사 시 높은 언어성 점수를 획득한다.

② 분류기술(분류화)

대상이 공통적으로 지니고 있는 차원에 따라서 물체를 분류하고 통합하는 능력과 위계적 방식으로 하위집단으로 나열하여 하나의 새로운 집단으로 분류할 수 있는 능력을

---

* 개인이 환경에 대해 반응하는 양식

의미한다.

아동기에는 사물이 위계적 관계를 맺고 있으므로 조화를 이룬다는 사실을 인식하고 사물들 사이에 어떤 관계규칙이 있음을 인식함으로써 사물의 분류가 가능해진다. 이러한 분류기술을 습득했는지의 여부는 가족이나 친구를 좋아하는 순서대로 꼽는 행동에서 엿볼 수 있다.

③ 조합기술

수를 조작하는 능력으로서, 일정한 수의 사물이 있으면 그것을 펼치든지 모으든지 또는 형태를 바꾸든지 수가 같다는 것을 이해할 수 있는 능력이다. 이러한 조합기술의 획득으로 초등학생들은 더하기, 빼기, 곱하기, 그리고 나누기와 같은 셈을 할 수 있게 된다.

④ 서열화

서열화는 어떤 특정의 속성이나 특징을 기준으로 하여 순서대로 배열하는 능력을 말한다. 구체적 조작기의 아동은 서열화의 개념을 완전히 획득하게 된다.

⑤ 탈중심화

다양한 변수를 고려하여 상황과 사건을 파악하고 조사하는 등 좀 더 복잡한 사고를 할 수 있다. 더 이상 한 가지 변수에만 의존하지 않고 좀 더 많은 변수를 고려한다.

(5) 지능과 창의성 발달

① 지능

지능은 새로운 지식을 획득하고 적용하는 학습능력, 합리적이고 혁신적인 사고능력, 환경에 대한 적응능력 등으로 구성된 개인의 총체적 능력이다. 구성요소로는 언어적 지능, 논리적·수학적 지능, 공간적 지능, 음악적 지능, 신체·운동지능 및 개인적 지능이 있다.

또한 지능은 유전요인, 환경요인에 의해 영향을 받는다. 지능발달의 결정적 시기와 지능발달의 한계에 대한 의견들은 학자마다 다르다.

클라인버그Klineberg는 인간의 지능발달은 11~12세까지는 거의 직선적으로 발달하고 그 후부터는 점점 완만하게 발달하여 17~18세경에는 정절에 이른다고 한다. 데이비스

Davis는 11세경에 성인의 50% 정도까지 발달하고, 20세경에 발달이 절정에 이른다고 하였다. 하지만 마일스Miles는 18세경에 최고의 정점에 이르렀다가 이후 서서히 하강한다고 하였다. 하지만 아동기와 청소년기에 지능에 있어서 중요한 발달이 이루어진다는 것을 부인할 수 없다.

지능의 특징으로는 초등학교에 입학할 때쯤이면 약 5,000개의 어휘를 구사하게 되며, 6학년이 되면 어휘는 2배로 늘고, 문장의 표현 능력은 4학년에서 5, 6학년의 순으로 현저하게 발달한다. 기억력과 사고력도 현저하게 발달한다. 기계적인 기억의 발달은 8~10세경에 절정에 도달한다.

8세 이하에서는 청각적 기억이 우세하다. 9세가 되면 시각적 기억이 우세하게 된다. 초등학교 1, 2학년까지는 자기중심성이 사고의 특징을 이루고 있지만, 8~9세경이 되면 자기중심적인 경향이 없어지고 주위의 세계를 객관적으로 이해하게 된다. 추상작용이 9~10세경부터 발달하기 때문에 12세경이면 추상개념을 파악할 수 있게 된다. 10세경이 되면 상당한 수준의 추리작용도 가능하게 된다.

② 기억발달

기억은 인간의 학습에서 매우 중요한 요인으로 경험한 내용을 머릿속에 저장했다가 필요할 때 꺼내어 사용하는 인지과정이다.

기억은 부호화 > 저장 > 인출 순으로 3가지 과정을 거친다.

- 부호화 : 환경 속에서의 여러 가지 정보를 감각기관을 통해 부호로 전환하는 과정이다.
- 저장 : 부호화된 정보를 머릿속에 보유하는 과정(감각기억-단기기억-장기기억 순으로 저장함)이다.
  - 감각기억 : 감각기관을 통해 외부로부터 들어온 정보를 감각기억에 저장했다가 빠르게 잊어버리는 경우
  - 단기기억 : 기억의 흔적이 15~20초 동안 남는 것으로 몇 개 정도밖에 저장하지 못함
  - 장기기억 : 짧은 것은 몇 분밖에 기억하지 못하지만 어떤 정보는 일생 동안 기억할

수 있는 것

- 인출 : 저장된 정보를 꺼내어 사용하는 과정이다. 크게 2가지로 재인은 전에 우연히 마주친 어떤 것을 인지하는 능력이며, 회상은 기억에 관한 지식을 재생하는 능력이다.

③ 창의성

판에 박힌 사고에서 벗어나 융통성 있는 사고를 통해 새로운 아이디어를 고안해 내는 능력과 경향을 의미한다. 창의력 발달은 환경의 영향을 크게 받는다. 그러므로 창의력을 증진시키기 위해서는 부모나 교사가 아동이 자유롭게 질문하고 탐색할 수 있도록 허용적 태도를 가져야 한다.

(6) 정서발달

비교적 정서적으로 안정된 시기이며, 정서적 통제와 분화된 정서 표현이 가능하다. 상상적인 것, 가상적인 것, 비현실적이고 초자연적인 것에 대한 공포가 많아진다. 6세를 정점으로 질문에서 호기심에 대한 만족을 얻지 못하면 호기심이 점점 약해진다. 8세경부터는 독서력이 발달하고 자연계의 현상에 관한 호기심이 많아진다.

분노는 가장 빈번하게 발생하는 정서이다. 그 이유는 아동기에 접어들면서 사회적 관계 범위가 넓어지기 때문이다. 사회적 관계가 가정에서 학교로 확대되면서 욕구가 좌절되고, 행동에 방해를 받고, 놀림을 당하거나 무시를 당할 때가 더 많아짐으로써 분노의 감정이 이전보다 더욱 빈번하게 발생한다. 이와 같은 분노의 감정이 발생하는 빈도는 높아지지만 스스로 분노를 통제하고, 보다 간접적인 방식으로 분노를 표현할 수 있게 된다.

정서장애 중 대표적인 것은 등교 거부증 또는 학교공포증이다. 애정을 쏟는 대상이 가족성원에서 또래친구(특히 동성친구)로 옮겨간다.

2. 아동기의 사회적 발달

아동기에는 사회적 관계의 장이 가족으로부터 이웃과 학교로 확대된다. 이 시기에 아동은 학교나 이웃의 또래친구들과의 횡적인 대인관계 속에서 집단생활의 규범을 준수하고 상호 협력하며, 자신의 욕구를 통제할 수 있는 기본적인 사회적 기술과 태도를 학습하게 된다.

1) 자아개념(자기개념) 발달

(1) 인지적 측면

자아개념은 신체적 특성, 개인적 기술, 가치관, 희망, 지위와 역할 등 개인이 자신의 것으로 동일시하는 개인적 특성에 대한 지각이나 느낌이다. 전체적 자아개념은 자신의 능력, 신분, 역할에 대한 전반적 인식이다. 일시적 자아개념은 순간적인 기분에 의해 영향을 받는다. 이상적 자아개념은 타인과 상호작용 시 다른 사람이 자신에게 어떻게 하였으면 하고 바라는 것이다. 학교에서의 성공이나 실패 경험이 중요한 영향을 미친다. 학교 성적은 아동의 자아개념을 형성하는 데 결정적인 영향을 미친다.

(2) 정서적 측면

자아존중감은 자신에 대한 정서적 측면으로, 자기 존재에 대한 느낌이다. 자신을 객관적으로 평가하고 타인의 견해를 수용하는 능력 등이 발달함에 따라 자아존중감이 재조정된다. 학업적 자아존중감, 사회적 자아존중감, 신체적 자아존중감으로 분화된다. 자아존중감 발달은 아동기의 근면성과 열등감의 발달과 밀접한 관련성이 있다.

(3) 후기 아동기의 자기개념의 형성 요인

- 개인적 요인 : 개인의 연령과 성공 및 실패 경험
- 가족요인 : 부모의 양육태도
- 친구요인 : 학교라는 사회집단의 친구집단, 또래집단

(4) 자아효능감과 자아통제

- 자아효능감 : 자신이 스스로 극복할 수 있고 자신에게 주어진 과제를 성공적으로 수행할 수 있다는 신념이나 기대로 아동기에는 일반적으로 자아효능감이 높아진다.
- 자아통제 : 목표를 달성하기 위해 순간의 충동적 욕구나 행동을 억제할 수 있는 능

력, 유혹에 저항하는 능력, 만족을 지연하는 능력, 충동을 억제하는 능력이다.

2) 학교와 사회적 발달

학교는 아동의 인지발달과 사회적 발달의 장으로서 사회적 발달에 많은 영향을 미친다. 교사는 아동의 사회화과정에 많은 영향을 미친다. 교사의 행동이나 지도방법에 의해서 아동은 사회적으로 바람직한 행동과 관련된 규범을 학습하게 되며, 자신의 사회적 지위에 따르는 사회적 정체감을 형성한다. 교사의 태도 못지않게 아동이 교사의 태도를 어떻게 받아들이는지도 매우 중요하다.

상벌에 의한 사회적 강화와 비교를 활용하여 아동의 사회적 발달을 도모한다. 급우들과의 관계는 학년이 올라갈수록 더욱 강화된다. 급우와의 상호작용이 확대된다. 또래의 승인을 받고 싶어 하는 아동기의 특성 때문에 교사의 영향력이 점차 줄어든다.

(1) 학교에 대한 태도

- 학습의 장 : 학교에서 이론을 배우고, 환경과 문화에 대한 지식을 배운다.
- 성취의 장 : 학습결과에 따라 개인별 성취의 차이가 있다.
- 생활의 장 : 교사나 친구들과 사귈 수 있는 기회를 가지고 솔선성을 발달시킨다.

학교시설이 좋고, 교사들이 수용적이며 열성적이고, 학교 운영방법이 민주적일 때 아동들은 학교에 대해 긍정적인 태도를 형성하게 된다.

(2) 학교생활과 근면성의 발달

- 근면성과 열등감 : 근면성이란 자신에게 다가오는 외부의 도전을 스스로의 힘으로 극복할 수 있다고 믿는 태도를 말하는 것으로 아동의 성취동기와 경쟁심, 효능감 따위를 통해서 강화되는 특징이 있다.

  열등감은 아동이 그가 속한 세계에 대처함에 있어서 자신의 무능력이나 자신이 중요하지 않음을 지각하면서 생겨난다.
- 학교생활 : 가정과 더불어 가장 중요한 사회화 기관이다. 학교에서 이루어지는 여러

가지 경험을 통해 자신의 능력에 대한 자아개념 획득하며, 자신에 대한 평가내용에 따라 긍정적 혹은 부정적인 성격을 형성한다.

3) 또래친구와 사회적 발달

아동기의 또래집단은 주로 이웃에 살고 연령이 비슷한 동성의 아동으로 구성된다. 외모, 성숙도, 운동기술, 학업 성적, 지도력 등에 따라 서열이 정해진다. 아동은 또래친구와의 접촉을 통해 사회적 상호작용에 필요한 기술이나 규범을 배운다. 또한 동성의 친구와 친밀한 관계를 경험하며, 다른 방식을 배우게 된다.

또래집단의 행동 기준이나 태도, 가치관을 배우며 정서적 안정감을 갖게 된다. 동시에 인지발달이 촉진된다. 아동기에는 또래 친구와 진정한 우정을 나눌 수 있는 기회를 갖는다. 7~8세경에는 이성친구에 대해서 배타적인 관계를 유지한다.

(1) 또래집단의 기능

- 사회화의 기능
- 태도나 가치관의 형성
- 정서적 안정감 제공
- 인지발달과 정보 제공

(2) 또래관계

- 우정의 발달 : 또래집단과의 친밀하고 지속적인 애정적 유대감을 형성한다.
- 또래 사이의 인기를 좌우하는 요인
  - 아동의 성격 특성
  - 아동 가정의 사회경제적 특성
- 또래집단의 영향력 커짐
  - 함께 보내는 시간이 많을수록
  - 부모와의 의사소통이 적을수록
  - 집단 내의 응집력이 클수록

4) 친구관계의 경험

(1) 친구와의 경험이 가족과의 경험이 다른점

가족구성원은 마음대로 선택할 수 없지만, 친구는 자유의사에 따라 선택한다. 부모와 자녀, 형제 등 가족성원 간의 관계에는 지위의 차이가 존재하지만 친구 간의 관계는 동등한다.

(2) 또래집단의 기능

아동은 또래친구와의 접촉과 상호작용을 통해서 사회적 상호작용에 필요한 기술이나 규범을 배운다(사회화의 기능). 또래집단의 행동기준이나 태도, 가치관을 배운다(태도나 가치관 형성). 정서적 안정감을 가짐과 동시에 인지발달을 촉진한다(정서적 안정감 제공/인지발달과 정보 제공). 자신에 대해 새롭게 지각하게 된다. 집단에 대한 소속감이나 또는 그와 반대로 소외감을 발달시킨다(집단의식의 발달).

표 9-1 **친구요인**

요인	주요 내용
친구가 되는 요인	• 이 시기의 친구 선택이 가장 중요한 요인은 빈번한 접촉의 기회와 동일한 흥미 및 욕구이다. • 저학년에서는 집이 가깝고, 앉는 자리가 가깝고, 가족끼리 교류가 있는 또래를 친구로 선택하는 지역적 친구 선택 및 외부적 조건에 의한 친구 선택의 경향이 있다. • 고학년이 되면 외적인 이유 때문에 친해지는 경향은 감소하고, 친절·명랑·씩씩함·온화·호감·잘생김 등과 같은 감정적 또는 정서적 이유가 절대적이며, 더 나아가 이러한 내적 성격특성과 희망·장래목표·취미가 같다는 등의 정신적, 인격적 이유로 친해지는 경향이 있다. • 아동의 친구관계 요인으로는 아동의 생활연령, 지능지수, 운동능력, 성격특성, 가정의 사회경제적 지위 등 여러 가지가 있다.
친구로부터 멀어지는 요인 [벨든(Belden)의 연구]	• 나이가 어리거나 많은 아동, 너무 머리가 좋거나 나쁜 아동, 집단 전체로서의 접촉에서나 개인 접촉에 있어서 잘못 적응하는 아동 등은 고립(왕따)되는 경향이 있다. 지나치게 잘 적응하는 아동도 고립되는 경우가 있다. • 상대방보다 정신적으로 우수하거나 학업 성적이 떨어지는 아동, 또는 상대방보다 정신적으로 뒤지거나 학업성적이 좋은 아동은 모두 상대방으로부터 배척당하고 있다고 보고했다.

(3) 친구들과의 일상적 상호작용을 통해 배우는 점

친구들과 어울리면서 삶에 관한 여러 측면에는 다양한 방식이 있음을 알게 된다. 친구

집단은 아동에게 행동의 지침을 제공하며, 친구집단의 경험을 통하여 또래집단의 사회적 규범과 압력에 점점 더 민감해진다. 동성의 친구 친밀한 관계를 경험하며, 이는 후에 원만한 대인관계나 이성과의 친밀한 관계에 기여한다. 그러나 이 시기 친구와의 친밀성은 동성에 국한하며 이성에 대해서는 부정적인 감정을 보인다.

이 시기 아동은 또래집단의 승인을 중요시하여 또래집단의 승인을 받고자 하는 아동의 욕구는 또래 집단에 대한 동조경향을 자극한다. 아동기에 이루어지는 친구관계, 즉 우정friendship은 서로에 대해 친근감·애정·충성심을 갖는 또래의 지속적인 상호작용관계를 뜻한다. 아동기 우정의 결정요인은 유사성similarity과 친사회성prosocial 및 친근성intimacy, 불가피한 갈등conflict 극복 양상이고, 우정에 지속적인 영향을 미친다.

5) 짝패집단(=도당집단) 형성

9세경이 되면 아동은 집단을 형성하여 함께 행동하기를 좋아한다. 즉 강한 연대성과 소속감을 가진 또래친구집단을 형성하여 조직적인 활동을 하기 좋아함다. 이러함 집단을 짝패clique 또는 도당gang이라고 하고, 이러한 활동을 도당활동, 시기를 도당시기라고 한다.

짝패집단에서는 외모, 성숙도, 운동기술, 학업 성취나 지도력 등에 따라 서열이 형성된다. 이러한 짝패집단 내 서열은 인기도와 직결되며, 짝패집단에서의 수용과 인기도는 아동의 자기역량이나 자아존중감을 결정하는 주요 요인으로 알려지고 있다.

도당시기에 갖는 특징은 친구와 같이 행동하기를 좋아하며, 놀이나 운동경기는 물론 심지어 장난도 친구와 공동으로 행동하려고 한다. 친구로부터 승인이나 인정을 받고자 하는 욕구가 강하여 친구의 의견에 동조하고 친구의 기대에 부합하고자 자기의 역할을 충실히 이행하려고 노력한다.

자기들끼리 통하는 은어나 소지품을 갖고 싶어 하며, '우리'라는 감정we-feeling이나 의식이 강하고 집단의 응집성도 높다. 외부에 대해서는 강한 폐쇄성과 배타성을 나타내는 수가 많다. 집단구성원 간에 '우리의 맹세'와 같은 규칙을 정해놓고, 이에 대한 이행이 철저하며, 리더의 명령은 부모나 교사보다도 더 강할 만큼 통솔적이고 종속적인 관계로 이루어져 있다.

(1) 장점

아동은 집단 내에서 상호작용을 통하여 자기표현을 할 수 있는 기회를 갖게 되므로 성취감을 경험하게 된다. 상호 의존적 감정을 공유함으로써 우정이 싹튼다. 자아중심성을 극복하고 서로 협동관계를 맺게 된다. 또래로부터 승인을 통해 자아존중감이 발달한다. 짝패집단에서 인기 있는 소위 '~짱'이 되는 아동들은 지도력, 자아존중감, 사회적 상호작용 기술의 학습 등과 같은 긍정적 발달이 촉진된다.

(2) 단점

짝패집단에 참여할 수 있는 기회를 갖지 못하게 되거나 짝패집단으로부터 거부 또는 무시당하고 괴롭힘을 당하는 집단따돌림의 피해자, 즉 '왕따'가 되는 경우 높은 수준의 불안과 우울, 낮은 자아존중감과 부정적 자아개념을 형성하게 되며, 부적응적 행동을 보이게 된다.

도당집단gang group 자체가 어른들로부터 격리된 집단이기 때문에 짝패집단 참여를 통해 나쁜 유희나 게으른 버릇, 세속적이고 악한 지식의 교환, 집단적 범죄를 범하는 것, 비행 등과 같은 비사회적 행동이나 반사회적 행동을 학습하고 이를 행동화하는 경우도 발생할 수 있다.

6) 단체놀이의 경험

아동기에 이르면 집단놀이보다 단체놀이team play(팀놀이, 팀스포츠)를 선호한다.

① 단체놀이의 규칙

단체놀이는 심판이 필요하고 규칙이 매우 복잡하다.

② 단체놀이가 아동기의 사회적 발달에 주는 영향

- 상호 의존성 : 아동은 집단의 목표를 자신의 개인적인 목표보다 상위에 놓는 것을 배우게 된다.

- 노동의 분화 : 각자에게 부여된 지위와 역할을 충실히 수행하여야만 놀이의 승리를 보장받을 수 있다는 사실, 즉 분업의 원리(노동배분의 개념)을 배우게 됨을 인식한다.
- 경쟁 : 경쟁의 본질과 승리의 중요성을 학습한다. 아동은 단체놀이의 실패에 따르는 사회적 비난을 회피하기 위하여 더욱 노력하고 서로 협력하는 유용한 경험을 하게 된다.

7) 성역할의 이해

아동기에는 자신의 성역할에 대한 인식이 생기며, 아동은 전체적인 자아개념에 자신의 성역할을 연관시키게 된다. 자기와 같은 성과 그에 맞는 행동 및 사회적 관계에 관심을 갖는다. 자기와 같은 성의 친구들과 어울리며 성에 따른 옷차림 놀이, 직업에 대한 사회적 기대를 의식하고 이를 따른다.

아동기 성역할에 대한 인식이 아동의 발달에 중요성을 갖는 것은 아동이 이해하는 성역할의 기준이 그의 행동에 영향을 미치기 때문이다. 성역할의 기준이란 남성과 여성의 적합한 행동양식에 대한 문화적 기준을 말하며 이것은 문화나 시대에 따라 차이가 있다.

이 시기의 아동은 어른들이 그에게 기대하고 적용하는 알맞은 성역할을 이해하고 내면화하게 된다. 부모는 자신들이 옳다고 생각하는 성역할 기준을 아동이 받아들이도록 격려하고, 성에 맞지 않은 행동에 대해서는 벌을 주기도 한다.

또 이 시기의 아동은 매우 엄격하고 고정적인 성역할 기준을 갖게 되는데 이것은 아직 개인적인 사고나 가치관의 차이를 고려할 만큼 융통성이 없으며, 단지 학습을 통해 갖게 된 기준에 입각해서 판단하기 때문이다.

또한 성의 항상성 이해를 하게 된다. 약 6~7세경에 이르면 개인의 성은 상황의 변화나 개인적 소망에도 불구하고 변화되지 않는다는 것을 인식한다. 남녀 생식기 차이 이해는 8~9세 정도면 가능하다. 그리고 성역할의 동일시하게 된다. 5~6세경에는 자신이 어머니 또는 아버지와 유사하다고 느끼고 부모와 같은 사람이 되려고 노력한다.

8) 대중매체의 영향

아동의 사회성 발달에 크게 영향을 미치는 대중매체로는 TV와 컴퓨터가 있다.

(1) TV가 아동의 발달에 미치는 영향

- 인지발달 : 인지발달의 측면에서 아동에게 읽기, 셈하기, 분류화, 서열화 등 학교생활에 필요한 지식과 정보를 제공하여 학습능력을 높이는데 기여하고 있다. 행동발달의 측면에서 아동에게 친사회적 행동을 증가시키기도 하지만 공격성을 높이는 것으로 나타나고 있으며, 사회적 고정관념을 학습하는데 영향을 미치기도 한다.
- 신체발달 : 신체발달의 측면으로 아동의 시력, 척추발달, 근육발달 등에 부정적 영향을 미칠 수 있다.

(2) 컴퓨터가 아동의 발달에 미치는 영향

- 긍정적 영향 : 아동의 학업 성취와 학습 흥미를 높이는 효과적인 기제이며, 인지능력을 향상시키고 자기효율을 촉진시킬 수 있으며, 많은 정보를 쉽게 얻고 활용할 수 있다는 것, 또래 사이의 상호작용을 촉진하는 매개물로 활용되기도 한다.
- 부정적 영향 : 사회적 관계의 발달을 저해할 수 있으며, 학업 성취에 나쁜 영향을 미칠 수 있고, 공격성을 높일 수 있다는 것이다.

(3) 폭력성이 아동에게 미치는 영향

아동이 공격적인 행동을 모방한다. 폭력물을 본 아동들이 쉽게 통제력을 잃을 수 있다. 세상을 바라보는 인식의 틀을 변화시키고, 가치와 신념체계를 바꾸어놓을 가능성이 높다. 성장한 후에 그들 자신도 폭력적으로 변할 수 있다.

대중매체의 부정적인 영향을 통제하고 아동들을 적절히 보호할 수 있는 대책을 강화해야 한다.

3. 아동기와 사회복지실천

1) 신체적 발달

(1) 성장에 필수적인 영양 공급과 비만관리

아동기에 겪는 결식은 일차적으로 충분한 영양을 섭취하지 못함으로써 신체발달에 저해를 가져오고, 이에 따른 무기력감이나 질병으로 일상생활과 학업에 지장을 초래하기 쉽다. 결식아동을 위한 도시락 배달이나 중식서비스 등의 프로그램을 실시한다. 또한 아동의 영양관리 프로그램과 비만교실을 운영한다.

또한 저소득 가정이 지닌 여러 문제와 결부되어 결식아동이 처한 환경적 상황은 사회심리적 발달에도 부정적 영향을 끼칠 가능성이 많다.

아동 비만은 지나친 영양공급으로 우리나라 전체 아동의 10% 정도가 비만인 것으로 보고되고 있으며, 당뇨와 고혈압, 고지혈 등 이른바 성인병 때문에 치료받은 아동의 수가 증가하는 문제가 발생한다. 아동 비만이 보건사회적 문제로 대두되는 진짜 이유는 비만 아동들이 현재 어떤 문제를 겪고 있어서가 아니라, 이들의 대부분(3분의 2 이상)이 결국 비만 성인이 되어서 일찌감치 각종 질병을 짊어지고 남은 일생을 살아갈 것이기 때문이다.

(2) 장애 및 특수교육

조기치료 및 조기교육기관 그리고 특수교육기관들에 전문훈련을 받은 사회복지사와 기타의 전문가들이 배치되어 전문서비스를 제공할 수 있어야 한다.

2) 심리적 발달

(1) 시각장애, 청각장애, 언어장애인 경우

감각기관의 장애를 지닌 아동들을 위한 재활 및 치료 프로그램을 개발하여 실시한다.

(2) 생리학적 문제가 없는데도 학습에 어려움을 겪는 경우

사회복지기관에서는 언어, 지각, 운동과 관련된 문제들을 근원적으로 해결해 줄 수 있는 프로그램과 학습장애아와 그 가족에 대한 지지와 심리적 문제해결에 목적을 둔 치료 프로그램을 개발하여 실시한다.

(3) 정서발달에 문제가 있는 경우

아동의 정서발달을 지원할 수 있는 예술 및 놀이 프로그램을 개발하여 실시한다. 개인상담이나 가족치료 프로그램도 실시한다.

(4) 열등감이 있는 경우

아동기에 학교에서 잦은 실패를 경험하고 주위로부터 부정적 평가를 받게 되면 부정적 자아개념이 형성되고 열등감이 강화된다. 이러한 열등감을 극복하고 긍정적인 자기개념을 형성할 수 있도록 개별상담이나 치료, 그리고 부모, 교사, 또래 친구들을 대상으로 한 프로그램 등을 다각적으로 실시해야 할 것이다.

(5) 학습장애

학습장애는 지적 능력의 제한, 심리적 갈등, 불안감 등으로 지적 호기심이 억압되거나 학습동기가 결여되어 학업 수행에 지장을 초래하는 것이다. 다른 아동과 비교해서 지능은 정상이지만 듣기, 말하기, 읽기, 쓰기, 추리 또는 계산능력에 문제가 나타나는 장애로서 특수학습장애라고도 한다.

- 읽기장애 : 읽기장애란 초등학교 3학년까지 언어치료를 받지 못하면 평생 장애가 지속되므로 즉시 정확한 평가와 체계화된 언어치료를 받아야 한다.
- 산술장애 : 산술장애란 숫자를 세고, 더하고 빼는 따위의 기본적인 수의 개념이 나이에 비해 현저히 떨어지는 것이다. 특수교육이 필요하다.
- 표현성 쓰기장애 : 표현성 쓰기장애란 생각한 것을 글로 표현하기 어려운 것이다. 특수교육이 필요하다.

인지적 측면에서 살펴보면, 이들은 대부분 주의가 산만하고 집중시간도 짧으며 암기한 것을 기억하는 데도 문제가 있을 뿐 아니라, 언어영역에서는 표현력과 이해력, 문법 구조,

맞춤법의 이해가 떨어진다. 사회적 측면에서도 문제를 보이는데 상대방의 의사를 적절히 해석하지 못하고 의사소통 능력이 떨어질 뿐 아니라 행동면에서도 충동적이고 공격적일 때도 있고, 또는 반대로 우울하거나 위축되는 아동도 적지 않다.

학습장애가 있는 아동은 실패감, 낮은 자아존중감, 그리고 무기력을 경험할 수 있으며, 학령기 아동의 약 3~9%가 이 장애를 갖고 있다. 학습 기회나 교육적 자극이 부족한 경우, 정서적 문제, 신경학적 이상이 있거나 학습과 관련이 있는 뇌 기능 특정 영역의 결함, 발육지연 또는 장애가 있는 경우가 원인이 된다.

이러한 아동에게는 학습장애를 해결해 줄 수 있는 치료프로그램을, 가족에게는 지지와 심리적 문제 해결에 목적을 둔 치료프로그램을 개발하여 실시해야 한다. 또한 이 시기의 아동들에게는 정서발달을 지원할 수 있는 프로그램을 개발, 실시할 필요가 있다.

부모의 역할은 아이가 특정 영역의 학습능력이 다른 것에 비해 차이가 나게 떨어질 때는 아이를 다그치거나 학습량을 늘리기에 급급할 것이 아니라, 아이가 왜 그런지 학습행동을 세심하게 살펴볼 필요가 있다. 학습장애를 가정에서 해결하기는 힘들며 전문기관의 도움이 필요하다. 조기에 발견하여 입학하기 전에 전문기관의 도움으로 원인이 무엇인지 파악해 적합한 치료 및 보완 교육을 적절한 시기에 해주어야 하며, 학교에서도 잘 적응해 갈 수 있도록 가정에서의 지속적이며 정서적인 지지가 필요하다.

(6) 주의력결핍과잉행동장애ADHD

남성 초등학생의 10%, 여성 초등학생의 5% 학생들이 이런 문제로 인해 학업에 지장을 받고 있으며 사실 거의 모든 학급에서 주의력 결핍이나 과잉행동으로 인한 문제 학생을 발견할 수 있으며 과잉행동, 충동성, 산만성을 특징으로 하는 아동기에 가장 흔한 정신과 질환 중 하나이다. 행동, 충동, 주의를 조절하는데 어려움을 특징으로 하는 신경학적 상태를 말한다.

발병시기는 보통 3세 전후이나 대부분 초등학교 입학 후 많이 드러난다. 전체 아동의 3~5%가 이 장애를 경험한다. 5~20% 정도는 청소년기와 성인기에도 지속된다. 정확한 원인은 아직 명확하게 밝혀져 있지 않다. 부적절한 양육 생애 초기 경험의 중요성, 사회경제적 여건의 중요성이 논의되고 있지만, 흔히 일반적으로 생각하는 것과 달리 그것이 원인에 미치는 정도는 비교적 적으며, 오히려 타고난 뇌의 신경생물학적 원인이 더 결정적인 것으로 알려져 있다.

주요 증상은 과잉행동, 주의산만, 충동성 등이며, 인지발달 및 학업 수행의 저하, 학습장애, 언어발달의 문제, 기억력 및 실행능력의 부족 등의 부수적인 증상이 나타난다.

(7) 반응성 애착장애

반응성 애착장애는 5세 이전에 시작되고 병적인 보살핌과 밀접한 관련이 있다. 병적인 보살핌이란 아동의 기본적인 감정적, 신체적 욕구의 지속적 방치 혹은 양육자의 빈번한 교체들을 말한다.

반응성 애착장애는 부정적인 정서반응에 의해 사회적 놀이가 저해되어 대인관계에서 안정된 관계를 맺지 못하고 정서적으로 무관심하다. 그러므로 대인관계 및 사회성 발달을 위해 개별 또는 집단 치료를 해 정서 상태 및 능력에 알맞은 놀이를 적극적으로 시도하여 관계가 형성되도록 하여야 한다. 따라서 조기에 발견하여 적절한 지지적 환경이 주어지고 어머니와 아이가 함께 치료를 받으면 증상 회복이 가능하지만 그렇지 못한 경우 증상이 지속된다.

(8) 학교공포증

학교공포증school phobia(등교거부증)은 심인성心因性 등교 거부, 정신신경증적 거부라고도 할 수 있으며, 학교에 가는 것에 대한 비현실적 두려움이다. 즉 학교에서 경험한 불안이 심해져 학교에 가는 것을 싫어하거나 아예 가지 않으려는 행동을 말한다. 학교공포증은 초등학교 초기의 학교공포증과 후기의 학교공포증 등으로 나눌 수 있다

초기의 학교 공포증은 어머니와 분리되는 것을 두려워하기 때문에 나타나는 증상(분리불안)으로 취학 직후나 저학년에서 빈번히 발생한다. 후기 학교공포증은 여러 해 학교에 다닌 경험이 있는 아동들 사이에서 발생한다. 이러한 아동들은 부모-자녀관계가 소원하고 다른 신경증적 행동을 수반하는 경향이 있다.

학교공포증을 보이는 아동은 두통, 복통, 메스꺼움, 고열 등의 신체적 증상이 따르기도

하며, 심리적으로는 교사에 대한 불평과 불만, 학업에 대한 염증, 다른 학생에 대한 불만의 호소 등으로 나타나기도 한다.

3) 사회적 발달

(1) 따돌림(왕따)

집단따돌림은 'bullying', 'mobbing', 'social exclusion and harrassment', '이지메', '왕따' 등으로 불리고 있다. 학교에서 집단 따돌림은 오래 전부터 어느 사회에서나 있어 온 일임에도 불구하고 대수롭지 않게 무시되어 왔으나 최근 초·중·고등학교에서 대단히 심각한 문제로 부각되고 있다.

집단따돌림 아동의 치료와 지원을 위하여 교사와 또래집단을 대상으로 한 적극적인 학교사회사업적 개입과 집단사회사업적 접근이 요구된다. 아동가족에 대한 상담과 치료가 요구된다. 사회복지기관에서는 부모의 맞벌이 등으로 인하여 방과 후 적절한 보호를 받지 못한 아동들을 위하여 방과 후 아동보호프로그램, 아동기능교실 등을 운영한다.

(2) 품행장애

품행장애conduct disorder란 아동기의 사회성 미발달로 인해 나타나는 상습적 거짓말, 도벽, 가출, 무단결석, 환각제 흡입 등의 다양한 문제를 통칭하여 말한다. 타인의 기본적 권리를 침해하거나 사회적 규범이나 규칙을 위반하는 행동을 지속적이고 반복적으로 나타내는 것이다.

행동장애의 원인은 대개 부모를 괴롭힘으로써 부모에 대해 보복을 하거나, 그들이 부족하다고 생각되는 주변의 중요한 인물로부터의 관심이나 사랑을 획득하려는 데 있다. 사회복지사는 품행장애 문제를 해결할 수 있는 임상적 지식과 실천기술을 갖추어야 한다. 기관에서는 건전한 놀이지도나 여가프로그램을 개발하여 개입함으로써 아동기의 품행장애 문제의 발생을 예방할 수 있어야 한다.

(3) 아동학대

부모를 포함한 보호자가 아동에게 신체적·정서적·성적 학대를 가하거나 무관심, 유기 또는 방임을 하는 것이다. 아동학대의 유형은 신체적 학대, 정서적 학대, 성적 학대 및 방임 등이 있다.

- 신체적 학대 : 아동을 가격하기punching, 꼬집기beating, 걷어차기kicking, 물어뜯기biting, 열로 지지기burning 및 기타 해치는 행위이다. 신체적 학대로 인하여 아동들은 가볍게는 멍이 들고 심할 경우에는 목숨을 잃게 되는 경우도 있다. 또한 심각한 신체적 학대의 결과로 발육부진증후군을 들을 수 있다.

  신체적 학대 영향은 발육 저하, 영양상태 저하, 빈혈, 식욕 부진, 호흡곤란, 소변 자주 봄, 공격적 행동, 과잉행동, 자해행동, 주의력 결핍, 인내심의 결여, 우울증, 퇴행행동, 공포증상 등이다.

- 정서적 학대 : 아동에게 협박을 가하고, 습관적이거나 극단적인 말 또는 이중 메시지로 자아존중감을 해치는 언어적 공격을 일삼고 경멸, 모욕감, 수치심을 주거나, 처벌을 목적으로 신체를 구속하거나 감금하는 등의 적대적이며 거부적인 처우 형태가 포함된다.

  정서적 학대 영향은 대인관계의 어려움, 낮은 자존심, 불안, 불안정한 애착, 자기비난, 낮은 성취동기, 인지적 미성숙 등이다.

- 성적 학대 : 성적 행위는 삽입, 성적 접촉에서부터 노출, 관음증과 같은 비접촉적인 성행위까지도 포함된다. 특히 아동 성학대의 성적 행위에는 성적 놀이에서부터 시작된다.

- 방임 : 아동방임은 신체적 학대보다 더 널리 일어나고 있을 뿐 아니라 위험하기까지 하다. 아동방임은 아동의 기본적 욕구를 충족시켜 주지 못한 상태를 말하는데 방임은 신체적, 교육적 또는 정서적 방임으로 구분할 수 있다.

  - 발생요인
    - 부모의 특성 : 성격 결함, 정신지체, 자녀양육에 대한 지식 부족, 학대 받은 경험, 알코올 중독, 부부 간의 갈등 등이다.
    - 아동의 특성 : 사회적 반응의 결핍, 미성숙, 공격성, 과잉행동, 수동적 기질 등이다.
    - 사회경제적 특성 : 빈곤, 부모의 실직, 결손가정, 가정의 사회적 소외, 부모의 취업 등이다.

- 문화적 특성 : 신체적 체벌을 허용하는 문화 등이다.

학대받은 아동은 신체적으로 발육이 저하되고 영양상태가 나쁘며, 빈혈이 있고 식욕이 부진하며, 호흡이 곤란하고 소변이 자주 마렵다고 한다.

예방책으로는 아동학대의 가능성이 높은 가정의 부모에 대한 교육과 상담, 빈곤, 실업 등으로부터 가정의 경제적 조건 개선, 가해자에 대한 처벌 강화, 일시보호시설 운영 활성화, 상담사업과 전문적 치료사업 등을 실시해야 한다.

표 9-2 **바움린드Baumrind의 부모 양육태도와 아동 행동**

부모 유형	아동 행동
■ 허용적-익애적 부모 • 규율을 정하거나 부과하지 않음/아동의 울음, 고집 등에 굴복 • 일관성 없는 훈육 • 독립심, 성숙한 행동에 대한 요구나 기대가 적음 • 나쁜 행동을 무시 또는 수용/참기 어려움, 분노, 짜증을 숨김 • 애정/충동, 욕구의 자연스런 표현의 중요성 강조	■ 충동적이며 공격적인 아동 • 어른에 저항, 불복종함/자기신뢰성이 낮음 • 성취 지향성이 낮음/자기통제력이 낮음 • 공격적이고 저돌적임 • 쉽게 화내지만 유쾌한 기분으로 전환도 빠름 • 충동적/목적이 없거나 목표 지향적인 활동이 적음/지배적임
■ 권위주의적인 부모 • 규율을 맹목적으로 강요/나쁜 행동을 즉각 지적하고 처벌함 • 분노와 불쾌감으로 표시/규율을 명확히 설명하지 않음 • 반대에 직면해도 규율을 끝까지 강요함/심한 처벌과 훈육 강요 • 애정과 긍정적 관여가 낮음 • 아동과 함께하는 문화적 활동이 없음 • 교육적 요구나 규준이 없음	■ 갈등이 있으면 초조한 아동 • 공포와 두려움이 많음/우울하고 불행함 • 쉽게 초조하고 불안함 • 직접 표출하지는 않으나 적의적이고 배타적임 • 스트레스를 쉽게 받음 • 공격적인 행동과 무뚝뚝하고 무관심한 행동이 교차함 • 목적이 없음
■ 권위 있는 부모 • 엄격한 규율의 이행/아동의 고집에 굴복하지 않음 • 불복종적 행동에 대한 통제/아동의 나쁜 행동에 제동을 나타냄 • 규율을 명확히 전달함 • 아동의 욕구를 고려하여 의견을 듣고 조정함 • 대안을 제시함/반응하고 관여하며 애정적임 • 아동의 연령에 적합한 성숙하고 독립적인 행동 격려 • 아동과 함께하는 문화적인 활동계획	■ 활기 있고 다정한 아동 • 자기신뢰 지향적임/자기통제 지향적임 • 활발한 활동수준 높음/명랑 쾌활함 • 또래 친구와 잘 어울림/스트레스에 잘 대처함 • 새로운 상황에 흥미와 호기심 높음 • 성인에 협조적임 • 목적 지향적임/성취 지향적임

CHAPTER

10

인간의 성장과 발달 : 청소년기

1. 청소년기의 이해

청소년기adolescence의 정의는 관점에 따라 다양한 접근을 하고 있다.

도우반과 골드는 생리학적으로 청소년기는 생식기관과 성 특징들이 나타날 때 시작하여 생식체계의 완전한 성숙과 함께 끝난다고 하였다(Douvan & Gold, 1966). 또한 쿤은 인지적으로 추상적 사고와 논리적 추리가 나타나며 상위 인지능력을 갖기 시작할 때 청소년기가 시작되고, 생활의 모든 영역에서 그것들을 사용할 수 있을 때 끝난다고 하였다(Kuhn, 1979). 그리고 세발드는 사회학적으로 사춘기의 출현으로 청소년기가 시작되어 사회적 요구에 대한 일관성 있는 대처양식이 확립되므로 사회가 그들의 성인됨을 인정할 때 종결된다고 하였다(Sebald, 1968). 마지막으로 램지는 연령에 따라 10~19세를 청소년기로 보았다(Ramsey, 1967).

이와 같은 다양한 영역적 정의에도 불구하고 일반적으로 청소년기는 사춘기 또는 성적 성숙의 시작에서 출발하여 성인의 책임을 맡을 때까지로 정의된다. 이와 같은 청소년기는 아동기에서 청년기 및 성인기로 옮겨가는 과도기로서 사춘기를 특징으로 여러 가지 발달 특성을 보이고 있다.

1) 개념

청소년기의 전개과정을 보면, 과거 농경사회에서는 이분법적으로 어른 또는 아이였다. 산업혁명 이후 교육받은 노동력의 증가 요구에 따라 청소년기가 생겨나게 되었다. Adolescent는 라틴어로 '성장, 성숙하다'로 생리학적 발달 성격이 강하다. 아동기부터 성인기의 과도기적 성격이 부각되었다. 청소년기는 권리가 유보되는 시기로 성인기 준비를 강조하면서 아직까지 '미성숙한 존재'로 본다.

반면에 youth는 후기산업사회에서 교육적 성취요구에 따라서 새로운 인생주기를 창출하게 되었다. 사회적 범주로 파악하는 시기이다. 우리나라의 중학교, 고등학교, 대학교 시기로 말한다. 청소년 육성의 개념 도입으로 법적 범위 확대를 요청하고 있다.

2) 사회문화적 개념

청소년기는 생물학적, 사회문화적, 역사적 상황에 따라 다양하게 나타난다. 사회문화적 기준으로는 12~18세 또는 13~21세 시기를 가리킨다. 신체적, 정신적으로 성숙의 과정에 있는 자로 미성숙 단계에 속한다. 사춘기의 시작 연령은 점차 빨라지고 있다. 반면에 신체적·성적 발육의 완성 시기는 점차 늦어지고 있다. 발달적 측면에서 청소년의 범위는 넓어진다. 사춘기 변화가 본격적으로 시작되는 12세 정도를 그 시작 시기로 신체적 성장이 마무리되는 21세 정도를 마무리 연령으로 본다. 최근에는 사춘기의 변화 시기가 빨라지고 교육기간이 확대되면서 청소년의 시작 시기는 당겨지고, 마무리 시기는 늦춰지고 있다.

3) 법적 개념

청소년기는 아동기에서 성인기로 옮겨가는 과도기로 신체적·심리적·사회적 발달을 급격하게 경험하게 되는 시기이다. 많은 문제와 혼란의 시기로 인식되는 청소년기는 흔히 사춘기와 함께 시작한다.

표 10-1 **청소년의 법적 개념**

관계 법령	명칭	연령
청소년기본법	청소년기본법	19세~24세 이하
청소년보호법	청소년보호법	만 19세 미만
소년법	소년법	20세 미만
아동복지법	아동복지법	18세 미만

「형법」에서는 12세 미만을 형사미성년자로 본다. 「선거법」에서는 19세부터 선거권을 부여하며, 「근로기준법」에서는 여성과 18세 미만인 자는 도덕상·보건상 유해·위험 사업장에서 근로하지 못하도록 하고 있다.

각국 청소년 연령 정의

1. UN 국제식량기구(FAO) : 10~24세의 결혼 여부 불문한 남녀 인구 부문
2. UN 개념 : 15~24세(1985년)
3. 각국 청소년 연령 범주
   - 가봉 : 7~14세
   - 르완다 : 7~24세
   - 중국 : 7~30세
   - 그리스 : 14~30세
   - 헝가리 : 15~35세
   - 미국 : 16~24세

4) 일반적 개념

사회적 통념상 어린이, 아동이라고 인식하는 시기는 초등학교까지이며, 중학교부터는 청소년이라는 인식이 더욱 강하고, 대학생은 청소년이라기보다는 청년으로 규정한다. 여기에서는 만 12세 또는 13세부터 고등학교를 졸업하는 18세 혹은 19세까지를 청소년기라고 규정한다.

청소년기는 아동기에서 성인기로 전환하는 과도기이다. 청소년기는 신체적 성장과 성적 성숙이 급격히 이루어진다. 청소년 시기는 부모로부터 독립을 추구하는 과정에서 부모의 권위에 도전하여 잦은 갈등을 일으킨다. 자아정체감이 형성되지만 정서적 변화가 급격히 일어나기 때문에 질풍노도의 시기 또는 제2의 반항기라 부른다. 사회적으로는 어린이도 성인도 아닌 주변인에 머물러 있는 특징적인 발달양상을 보인다. 따라서 청소년들의 일반적이고 전체적인 발달 특징은 청소년기 전기에는 급속한 신체적 성장 변화와 인지적 발달을 경험하며, 청소년기 후기에는 자아정체감 확립과 더불어 청년 및 성인 생활을 준비하기 위한 여러 가지 과제에 집중한다.

5) 주요 학자들이 설명하는 청소년기

인간의 성격구조와 발달에 큰 영향을 미친 프로이트는 신체현상과 같이 정신 안에 일어나는 현상도 우연한 것이 아니라 반드시 인과법칙을 갖는다는 정신결정론psychic determinism과 무의식의 개념을 가설로 인생 초기가 기본적 성격 형성에 결정적 역할을 하는 시기라고 주장했다. 그는 구강기, 항문기, 생식기의 순서로 성장단계를 구분하였다. 사춘기 이후는 오이디푸스 콤플렉스oedipus complex가 해결된 이후 성적 흥미가 제한되어 있고 성격 특징이 생리적으로 노골화되지 않게 되어 잠복기라고 지칭하고 있다. 이후 청소년기는 성적인 관심이 성기에 집중되고 다시 성적 발달이 일어나며 성적인 문제로 갈등을 겪는 시기로 보고 있다.

프로이트의 딸인 안나 프로이트에 따르면 청소년기는 기본적으로 내적 갈등, 심적 불평등, 엉뚱한 행동이 지배하는 시기라 한다. 청소년은 한편으로는 우주의 중심을 자신과 동일시할 정도로 아주 자기중심적인 면을 지니고 있는가 하면, 다른 한편으로는 자기희생과 헌신을 보이는 면이 있고, 열성적인 사랑의 관계를 쉽게 맺기도 하지만 쉽게 깨기도 하며, 이기적이고 물질 지향적이기도 하지만 때로는 고고한 이상에 탐닉하기도 한다. 또한 그들은 남에 대해 전혀 고려하지 않는가 하면 자기의 상한 감정에 대하여 무척 분노하기도 하며, 가벼운 낙천주의와 극단적인 염세주의 사이를 왔다 갔다 하는 양립적인 면을 보인다는 것이다.

에릭슨은 비교적 발달단계의 특징을 세분하고 있는 에릭슨에 따르면 청소년기는 자아정체성이 확립되는 시기이다. 이 시기에 발달과업을 원만히 성취하면 자아정체감identity이 형성되지만, 그렇지 못하면 자아정체성 혼란을 일으킨다. 이 시기에는 또래집단과 리더십이 중요한 관계모델이며, 자기를 잘 아는 일이 중요한 관제가 된다.

피아제는 지적 성장이론을 정립한 피아제에 따르면 청소년기는 구체적 조작기를 넘어서 형식적 조작기에 이르는 시기이다. 구체적 조작기에서 아동들이 시간, 공간적으로 '현재now', '여기here'에서 진행되고 있는 사실과 직접적인 경험을 통해서 인지를 획득하는 등 사실 그 자체에 대해 논리적으로 사고를 한다면, 형식적 조작기에서는 청소년들의 추상적 추론이 가능하다. 즉 현실적 세계를 경험하지 않더라도 추상으로 사고(가상성에 기초한 사고)를 할 수 있게 된다. 또 이 시기에서 청소년들은 종합적 사고가 가능하다. 즉 하나의 문제를 해결하기 위해 여러 방면의 해결책을 논리적으로 조합하여 문제를 해결할 수 있는 사고가 가능하다. 이와 함께 연역적 사고도 할 수 있게 된다.

루소Rousseau는 인간발달을 4단계로 보았는데, 그중 청소년기는 제3단계와 제4단계에 속한다. 청소년기 전기라 할 수 있는 제3단계(12~15세)는 이성과 자아의식이 발달하고 신체적 에너지가 풍부하며 호기심이 왕성해져서 탐구심이 솟아나는 시기이다. 그리고 청소년후기로 볼 수 있는 마지막 단계인 제4단계(15~20세)에 와서야 비로소 이타적 사고나 성숙한 감정들이 발달하기 시작하여 가치체계와 도덕관이 형성되기 때문에 성인과 같은 활동이 가능해 진다고 보았다.

아리스토텔레스Aristoteles는 특정한 단계를 나누지 않고 청소년기를 통합적으로 판단해 이론을 제시하였다. 그는 청소년들이 참을성이 없고 안정감이 없으며, 자제력이 결여된 것으로 보았다. 그러나 21세쯤 되면 대부분의 청소년들은 보다 나은 자기통제력을 갖게 된다고 보았다. 그는 청소년기의 가장 중요한 발달 측면은 자기 결정이라고 보았는데, 이것은 오늘날 말하는 독립심이나 자아정체감과 비슷한 개념이다. 아리스토텔레스는 또한 청소년들의 성공에 대한 욕망, 낙천주의, 신뢰감, 과거가 아닌 미래에 대한 관심, 용기, 동조행위, 이상주의, 우정, 공격성 등에 관해 관심이 있고 논의한다고 한다.

스탠리 홀은 역시 발달단계를 4단계로 보았고 청소년기는 사춘기에 시작해서 22~25세 정도에 끝난다. 스탠리 홀은 청소년기를 '질풍노도의 시기'로 묘사하였다. 그는 청소년기가 혼란스러운 것은 인간의 진화과정에서의 과도기적 단계의 반영 때문이라고 생각한다. 즉 아동도 아니고 성인도 아닌 모호한 위치에서 청소년은 자아의식과 현실적응 사이의 갈등, 소외, 외로운, 혼돈의 감정을 경험하게 되고, 이로 인한 긴장과 혼란이 이 시기를 '질풍노도의 시기'로 만든다는 것이다. 또한 스탠리 홀은 청소년기를 '새로운 탄생'으로 보았는데, 청소년기에 보다 높은 수준과 완전한 인간 특성이 새로이 탄생하는 것으로 보았다.

2. 청소년기의 신체적 발달

청소년기 신체 변화의 특징은 급속한 성장과 생식능력의 획득이다. 신체적 변화로는 1차 성징으로 성과 생식기능에 밀접한 관련이 있다. 남성은 음경과 전립선이 발달한다. 여성은 자궁과 난소 그리고 질이 발달한다. 2차 성징이 나타나서 남녀의 차이를 알 수 있게 해준다. 남성은 턱수염, 체모, 몽정 그리고 목소리의 변화가 생기며, 여성은 생리, 가슴의 발달 그리고 체모가 형성된다.

1) 사춘기의 성장

청소년기에 나타나는 가장 핵심적인 신체발달은 성적으로 성숙하는 사춘기라는 현상으로 급속한 신체의 외형적 성장과 호르몬의 변화에 의한 생식능력 획득이다. 사춘기는 주로 청소년기에 일어나는 호르몬의 변화로 인해 급격한 신체적, 성적 성숙이 이루어지는 기간을 의미한다. '청소년기'는 사람이 살아가는 동안 경험하는 일반적인 시기를 지칭하는 문화적 개념인 반면, '사춘기'는 인간이 성적으로 성숙하고 자식을 낳을 수 있는 구체적인 시기를 지칭하는 생리적인 개념으로 사용된다.

2) 사춘기의 신체 변화와 성장

신장이 급격히 증가한다. 남녀는 대략 5~13cm씩 자란다. 11~13세에는 여성이 남성보다 키와 몸무게가 더 나가며 힘이 세지만, 이후에는 남성이 여성보다 더 커진다.

남성은 여성보다 어깨가 넓고 다리와 팔이 길다. 반면 여성은 골반과 엉덩이 부분이 넓어진다. 또한 사춘기 동안 여성의 배와 엉덩이에 지방층이 발달한다. 대부분의 청소년들은 신체부위의 균형이 맞지 않는 것처럼 보인다. 머리와 손발이 먼저 어른의 크기와 형태가 되고 그 다음 다리와 팔이 그 뒤를 따른다. 마지막으로 몸통이 자란다.

뼈와 근육의 성장이 안정되는데, 이러한 새로운 신체에 뇌가 익숙해질 때까지 갑작스러운 움직임은 어색하며 근육을 제대로 통제할 수 없게 된다. 신체 내부의 발달도 현저해지는데, 특히 간과 폐활량, 소화기능이 발달한다. 내분비선의 발달로 지방이 과다해져서 여드름이 발생한다.

성적 성숙은 청소년기의 가장 특징적인 발달 중의 하나이다. 사춘기puberty는 단순히 생식기관의 발달로 인한 생식능력의 발달에 초점을 둔다. 성적 성숙sexual maturation은 생식기관의 발달과 관련되어 일어나는 사회적, 심리적 적응과정 모두를 의미한다.

여성 청소년의 성적 표현은 애정과 친밀감의 표현수단이다. 반면에 남성 청소년의 성적 표현은 자위행위를 경험하게 된다. 문제점으로는 청소년들은 성적 성숙에 비해 성에 대한 정확한 지식이 부족하다. 청소년의 임신과 출산은 청소년의 정상적 발달과업과 사회화과정을 방해하게 된다. 최근에는 성적 호기심으로 인해 청소년 성매매 문제가 발생하기도 한다.

(1) 내분비선

남성은 뇌하수체에서는 신장과 체중의 변화를 조절하는 성장호르몬이 분비된다. 생식선은 성호르몬의 생성과 유출을 자극하는 기능을 하며, 남성호르몬, 여성호르몬 등의 분비량은 증가한다.

여성은 난소에서 에스트로겐을 분비하여 유방의 발달, 음모의 성장, 자궁의 임신 준비 및 임신상태를 유지할 수 있게 만든다. 여성호르몬estrogen은 가슴과 자궁의 발달, 뼈대 등에 변화를 주며, 여성 호르몬이 많이 분비되면 화를 많이 내고 공격적 성향을 가지게 된다.

(2) 여성 청소년의 성장 급등현상

유방이 발달하여 원추형으로 변한다. 음모와 겨드랑이의 체모가 발달한다. 월경 시작(10~16세), 초경 시작 후 1년이나 1년 반 정도의 기간이 지나면 임신이 가능하다. 월경은 성적 성숙의 표지로써 임신이 가능하고 신체적으로 어머니가 될 수 있다는 것을 증명한다. 여성 청소년은 생리를 통하여 여성이 되었다는 자부심을 가짐과 동시에 불편함과 당혹감을 경험하기도 한다.

(3) 남성 청소년의 성장 급등현상

12세경에 고환과 음낭이 확대되며 음모가 출현한다. 13세부터 음경이 커지기 시작하여 약 2년 동안 확대된다. 14~15세경에 사정이 가능하지만 정자가 충분한 활동성을 갖지 못하기 때문에 생식기능이 불완전하다. 사정에 대한 불안과 자신의 성적 성숙에 대한 기대감을 동시에 갖는다.

(4) 신체적 발달의 영향

성장속도가 너무 빠르거나 지나치게 늦으면 청소년은 심리적, 사회적 부적응을 경험할 수 있다. 신체적 성장이 빠른 경우에 여성은 동년배의 친구들과 잘 어울리지 않고 성에 대해 일찍 관심을 가진다. 그리고 성인기가 되었을 때 문제해결 능력이 상대적으로 더 높다.

여성의 경우 신체는 일찍 발달했지만 사회적, 인지적으로 미성숙한 상태에 있기 때문에 쉽게 문제행동에 빠져들 가능성이 높다. 그리고 조숙한 외모 때문에 불리한 평판을 받는다.

남성은 지도력을 발휘하고, 사회적 대처기술의 발달이 빨리 이루어져 긍정적인 교우관계를 형성을 하지만 또래친구들과 어울려 다니는데 더 많은 흥미를 갖게 됨으로써 학업성취도가 낮아지고, 청년기와 성인기의 직업 선택과 직업활동에서 오히려 불리한 위치에 처하게 되는 경우도 있다.

성조숙증은 성 발달이 빨라져 2차 성징이 일찍 나타나는 병이다. 성조숙증을 앓게 되면 자기 몸 관리에도 가끔씩 어머니의 잔소리가 필요한 어린이가 성적 변화를 감당해야 하는 난감한 상태에 직면하고 또래로부터 놀림을 당하는 것도 문제가 된다. 신체적 성숙과 달리 정신 연령은 자기의 실제 나이에 맞게 발달하기 때문에 성조숙증 자체가 정신적 이상을 초래하진 않지만, 정신발달과 신체발달이 균형감을 상실해 종종 정서불안을 동반하기도 한다. 성조숙증에 걸리면 뼈의 성장이 일찍 멈춘다. 처음에는 빨리 자라는 것 같지만 결국 뼈를 자라게 하는 성장판이 조기에 닫혀 최종 신장이 작아진다.

신체적 성장이 느린 경우에 여성의 늦은 성숙은 집단에서의 인기와 좋은 평판의 요인이 되기도 하지만, 부적 절감과 좌절감을 느끼기도 한다. 또한 의존적 욕구가 강화되어 심리적 발달이 지연된다. 남성은 부정적 자아개념과 계속적인 의존욕구를 보이며, 불안감, 열등감, 부적격감, 학습에 대한 열의 부족, 사회적 대처 능력의 결여 등이 나타난다. 구속으로부터의 자유를 추구하려고 하여 공격적인 행동을 자주 보인다.

이와 같은 청소년기의 신체적 변화가 청소년에게 미치는 심리적 영향은 다음과 같다.

- 청소년은 스스로 자신을 더욱 성인에 가깝게 느낀다.
- 성역할에 대한 동일시를 강화한다.
- 성적 성숙에 따라 발생하는 현상들에 대해 양가감정을 갖는다.
- 급속한 신체 변화에 관심이 집중되어 자기도취 상태에 빠지는 경향이 있다.

3) 신체 변화에 대한 심리적 반응

(1) 신체상과 자아개념

자기 신체상과 매력에 대한 지각은 청소년, 특히 소녀의 자존감 수준과 관련이 있다. 자신이 매력적이라고 생각하는 사람일수록 더욱 자신감이 넘치고 자신에 대해 만족하는 경향이 있다.

(2) 여성 청소년의 체중과 섭식장애

섭식장애를 보이는 이의 대다수는 여성이며, 대부분 청소년기에 시작된다. 섭식장애 중 거식증과 폭식증의 빈도가 가장 높다. 섭식장애를 보이는 여학생들은 낮은 자존심을 가지고 있기 때문에 타인에게 사랑과 인정을 받기 위해 순종하는 경향이 있고, 타인이 자신을 보는 것보다 자신의 신체적 이미지를 부정적으로 왜곡하는 경향이 있다.

신체 이미지와 외모의 관계는 자아존중감에 영향을 중요한 영향을 미친다. 섭식장애의 문제점은 비만, 신경성 식욕부진, 폭식증 등으로 발생한다. 해결방법은 의사의 감독 아래 이루어지는 체계적인 운동요법이나 충분한 영양분을 섭취하면서 인스턴트 음식 섭취 줄이는 방법, 가족 혹은 친구들의 심리적 지지를 동원하는 방법이 있다. 하지만 비만은 치료보다는 예방이 중요함을 인식하는 것이 중요하다.

섭식장애

신경성 식욕부진증

1. 체중이 빠지는 중에도 살이 찌는 데에 대한 두려움이 사라지지 않음
2. 말랐는데도 불구하고 살이 쪘다고 느끼는 등 자신의 신체상 형성에 문제가 있음
3. 원래 체중에서 최소 25%가 감소되어 있음
4. 표준체중의 유지를 원치 않음

신경성 폭식증

1. 남몰래 실컷 음식을 먹을 때도 있음
2. 복통, 졸음, 의도적인 구토 등으로 갑자기 먹는 것을 멈춤
3. 폭식, 굶기, 폭식 등을 반복하므로 체중의 변화 폭이 10kg 이상임
4. 자신의 식습관에 문제가 있음을 알면서도 고칠 수 없음을 두려워함
5. 폭식한 후에 후회하고 스스로 자책하면서 우울해함

(3) 남성 청소년의 성숙속도의 차이

또래보다 늦게 성숙하는 남성 청소년은 신체적으로 덜 매력적이고 균형 잡히지 않은 것으로 간주된다. 이 아이들은 긴장하는 경향이 많으며, 관심을 끌기 위해 미성숙한 행동을 하는 경향이 있다. 많은 또래들보다 성숙이 빠른 남성 청소년은 몸의 크기와 운동 능력에서 더 유리하며 또래는 그 아이를 우월하게 보는 경향이 있다.

3. 청소년기의 심리적 발달

1) 정서발달

(1) 질풍노도의 시기

청소년기에는 정서가 매우 강하고 변화가 심하며, 극단적인 정서를 경험한다. 이러한 정서적 특성 때문에 청소년기를 질풍노도의 시기라고 부른다. 이는 성적 성숙과 많은 관련성을 지니고 있는데, 2차 성적 특징의 발달과 그로 인한 성적 충동으로 인하여 성적

색채가 강한 정서를 경험하게 된다.

(2) 격하고 기복이 심한 감정

감정이 격하고 기복이 심하여 낙관적 감정과 비관적 감정이 교차하기도 하며, 자부심과 수치심을 경험한다. 부모나 형제, 친구들과 함께할 수 없는 감정의 경험으로 인해 고립감을 느낀다. 불안, 분노, 질투, 수치심, 죄의식, 우울, 고독, 열등감, 공허감 등의 부정적 감정을 경험하는 빈도가 높다. 이 시기의 주요 과제는 자신의 감정에 대해 좀 더 관대해 지는 것이다.

(3) 심리적 이유기

청소년은 부모의 지지와 승인을 필요로 하면서 동시에 부모의 통제를 받지 않으려고 하며, 부모나 가족으로부터 분리되어 친구나 자기 자신에게 의존하려는 경향이 증가한다. 이러한 성향을 '심리적 이유'라고 하며 이 시기를 '심리적 이유기'라 한다.

(4) 정서에 대한 문제

정서적 불안정을 고민이라고 표현하는 경우가 많다. 고독, 열등감, 실존적 공허감에 빠지기도 한다. 청소년들은 급격한 정서 변화에 반응하는 양식이 서로 다르다. 감정의 표현이나 수용에 엄격한 청소년들은 자신의 강한 감정에 대해 부끄러움을 느끼고 표현을 지나치게 억제하여 사회적 고립이나 부적응적 행동이 유발될 수 있다. 정서에 대한 통제가 이루어지지 않고 지나치게 충동적으로 반응함으로써 비행행동을 보이기도 한다. 청소년기에 발생하는 정신장애로는 정신분열증, 불안장애, 공포증, 우울증, 자살, 약물 남용 등이 있다.

(5) 가치관의 발달

가치관은 시대와 환경에 따라 변화 가능한 개념이다. 청소년은 개인에 따라 상대적인 특징을 지닌다. 청소년들의 가치관은 '열심히 일하여 부자가 된다' 또는 '국가와 사회를 위하여 봉사하겠다'에서 '인생을 즐겁게 살겠다', '공부하여 이름을 날린다' 등으로 변모하였다.

삶의 가치의 변화는 의리 있는 친구는 줄고, 건강과 돈에 대한 가치는 증가한다. 물질 지향적, 실리와 변법 지향적, 안정과 귀속주의를 지향한다. 자기 자신에 대한 개념은 개방적, 자유주의적, 개성적, 저항적, 진취적이라고 생각한다. 기성세대에 대한 관념은 폐쇄적, 권위적, 이기적, 획일적, 순종적, 보수적이라고 생각한다.

2) 인지발달

(1) 피아제의 형식적 조작기

형식적 사고의 발달로 인한 주요 특징인 형식적 조작사고의 특성을 보인다.

① 추상적인 사고

추상적인 사고abstract thinking가 가능해진다. 사고방식 면에서 좀 더 추상적이며 경험해 본 적이 없는 사건에 대해서도 인과관계를 추론할 수 있다. 자신의 지각과 경험보다는 논리적 원리에 지배를 받기 때문에 좀 더 추상적인 사고가 가능해진다.

② 가설적·연역적 사고

가설적·연역적 사고hypothetical-deductive reasoning가 발달한다. 자신의 사고가 옳은지 부적절한지 비판적으로 검토할 수 있고 어떤 현상이 다른 현상에 미치는 영향에 대한 가설을 세울 수 있다. 아동기에는 가능성에 대한 사고는 잘하지 못하지만 청소년기에는 '만약…'이라는 가설을 새우고 가능성에 대해 고려해 볼 수 있다. 즉 경험하지 못한 사건에 대해 가설을 설정하고 미래를 예측할 수 있다.

③ 조합적 사고능력

조합적 사고능력combination thinking이 발달한다. 가능한 개념적 조합을 고려할 수 있으며, 사건이나 현상과 관련한 변인을 동시에 다룰 수 있는 사고능력이 발달한다.

④ 이상적 사고

미래의 이상에 대한 상상과 공상이 많아지는 이상적 사고가 발달하게 된다.

⑤ 기억전략

기억전략을 발달시킨다. 기억량이 급증하게 되는데 그 이유는 기억전략의 발달로써 분류·체계화할 수 있기 때문이다.

⑥ 은유

은유metaphor나 비유를 이해할 수 있다. 따라서 추상적 상징을 사용할 수 있다.

⑦ 도덕성의 발달

도덕성의 발달과 관련된 형식적 조작사고를 할 수 있다. 즉 타인의 외형적 행동배경에 숨겨진 의도 및 동기를 추리하고 이해할 수 있기 때문에 고착적인 도덕 판단을 할 수 있게 된다.

형식적 조작사고 발달로 인한 부정적 영향은 다음과 같다.

- 추상적 사고의 발달로 인해 추상적인 이론과 관념적인 사상에 몰두하며, 불완전한 현실을 비판하거나 비관하기도 한다.
- 미래의 사건을 예측할 수 있는 사고능력의 발달로 인해 청소년들은 가까운 미래에 일어나게 될 진학이나 취업, 결혼 등에 대해 지나친 염려를 함으로써 과도한 불안을 경험하기도 한다.
- 자신의 사고를 비판적으로 검토할 수 있고 자신과 세계에 대해 상대론적 관점에서 이해할 수 있게 되지만, 자기성찰과 비판적 성향이 지나치게 강화될 경우 열등의식이 강화될 우려가 있다.
- 자신과 세계에 대한 상대론적 입장에서 생각할 수 있는 능력을 발전시키지 못하는 경우에 자신의 외모에 지나치게 신경을 쓰거나 타인의 입장을 배려하지 못하는 자아중심적 사고 성향이 그대로 유지되기도 한다.

⑵ 개인가치관과 사회규범과의 관계 이해

① 피아제 이론

청소년들은 형식적 조작기로 넘어가면서 대안을 고려하고 논리적으로 추론하며, 구체적인 것에서 일반적인 것을 이끌어낸다. 이러한 인지발달을 통해 청소년들은 자신의 사고를 비판적으로 검토하는 것이 가능하며 가치, 도덕 그리고 이상이 발달한다.

② 상대론적 관점

자신과 세계를 상대론적 관점에서 이해하게 된다.

③ 타인에 대한 이해

다른 사람의 가치관이나 행동양식을 포용하게 됨으로써 타인에 대한 이해와 포용력이 확장된다.

④ 열등의식의 강화

자기성찰과 비판적 성향이 지나치게 강화될 경우 열등의식이 강화될 우려가 있다.

⑤ 자아중심적 사고 성향의 유예

청소년이 자신과 세계에 대한 상대론적 입장에서 생각할 수 있는 능력을 발전시키지 못하는 경우에는 자신의 외모에 지나치게 신경을 쓰거나 타인의 입장을 배려하지 못하는 자아중심적 사고 성향이 그대로 유지되기도 한다.

⑥ 청소년기의 자아중심적 사고

청소년기에는 급격한 신체적, 정서적 변화로 인해 자신의 외모와 행동에 너무 몰두해 있으므로 다른 사람들도 자기만큼 자신에게 관심이 있다고 생각하여 자신의 관심사와 타인의 관심사를 구분하지 못하게 되는데 이를 청소년기의 자기중심성이라고 한다.

청소년기의 자기중심적 사고를 반영하는 개념으로 '상상적 청중'과 '개인적 우화'가 있다.

- 상상적 청중 : 자신이 주인공이 되어 무대 위에 서 있는 것처럼 행동하고, 다른 사람들은 모두 구경꾼으로 생각하는 것이다. 즉 청소년들은 다른 사람들이 자기에게 관심을 집중한다고 생각한다. 대다수의 청소년들은 상상적 청중을 즐겁게 하기 위해 많은 힘을 들이며, 상상적 청중에 대한 자신의 위신을 손상시킨다고 생각되면 작은 비난에도 심한 분노를 표출한다. 상상적 청중의식이 높은 청소년들은 부정적 자아개념을 갖는 경향이 높으며 자아존중감의 발달단계가 낮고, 자아정체감 확립 수준이 낮다. 유치하고 요란한 옷을 하고 멋있다고 생각하거나 어른들이 자신의 복장을 못마땅하게 생각한다는 것을 모르는 경우이다.

- 개인적 우화 : 자신의 감정과 사고는 너무나 독특한 것이어서 다른 사람들이 이해할 수 없다고 생각하는 것이다. 다른 사람이 경험하는 죽음, 위험, 위기가 자신에게는 일어나지 않으며 혹시 일어나도 피해를 입지 않을 것이라고 확신하여 음주운전이나 폭주, 성 문란 등의 파괴적인 행동을 범하는 것이다. 이러한 청소년기 특유의 비합리적이고 허구적인 자아관념이다.

⑦ 형식적 사고능력의 발달

다양한 역할 수행이 요구되는 상황에 직면함으로써 두 개 이상의 변인을 정신적으로 조절하는 능력을 갖추어야 한다. 이질적 성원으로 구성된 동년배집단에 참여하여 다양한 경험을 하며, 학교수업을 통해 논리적 사고능력을 키워 나가야 한다. 청소년기 출현하는 새로운 개념적 기술들(형식적 조작 사고의 특징)을 살펴보면,

- 2개 범주 이상의 변수들을 정신적으로 동시에 조작하는 능력
- 시간에 따른 변화들을 고려하는 능력
- 사건의 논리적인 연속을 가정하는 능력
- 행동의 결과를 예측하는 능력
- 일련의 진술에서 논리적인 일관성 또는 비일관성을 알아내는 능력
- 자기와 타인 및 세계에 관하여 상대적으로 생각하는 능력

(3) 자율성의 획득

후기 청소년 4년 동안 사고와 행동이 점점 자율적이 되며 부모로부터 자립을 준비하기 시작한다.

3) 자아정체감의 발달

(1) 자아정체감의 개념

자아정체감ego identity이란 용어를 처음 사용한 것은 에릭슨이며, 전 생애에 걸쳐 인간이 획득해야만 할 발달과업이며, 청소년기의 중심적 과업이다. 자아정체감은 시간이 흐르거나 상황이 바뀌어도 여전히 본질적으로 불변하는 자기 자신에 대한 인식으로서, 역할,

목표, 가치 및 이념에 있어서 자기가 지니고 있는 고유성에 대한 지각과 이에 부합되는 자기통합성과 일관성을 견지해 나가려는 노력을 의미한다. 확고한 자아정체감을 지닌 사람은 개별성, 통합성, 지속성을 경험한다. 개인의 자아정체감을 구성하고 있는 4가지 차원은 다음과 같다.

- 각 개인이 인간이라는 느낌, 즉 인간성 차원
- 남성 혹은 여성이라는 느낌, 즉 성별 차원
- 각 개인이 독특하고 특별하다는 인식, 즉 개별성 차원
- 시간 경과에도 불구하고 동일한 사람이라는 인식, 즉 계속성 차원

청소년기는 자신의 정체성을 탐구하고 형성하는 시기로, 자신의 다양한 역할을 검토함으로써 자신의 정체성을 통합한다.

초기 정체감은 타인의 반응에 의해 주로 결정된다. 즉 다른 사람이 자신에게 어떻게 관계하느냐에 따라 자아개념이 발달한다. 다른 사람의 이러한 반응을 낙인이라고 하는데, 낙인을 통하여 또래에게 일종의 위세와 지위를 얻기도 한다. 또한 자신의 여러 역할을 하나의 정체성으로 통합하지 못하고 상충되는 역할에 적응하지 못할 때 역할혼란이 일어난다.

(2) 심리사회적 유예

최종의 정체감을 성취하기 이전의 일정한 자유시험기간을 의미한다. 이 심리사회적 유예는 젊은이들에게 가치, 믿음, 역할 등을 시험해 볼 자유를 허락하며, 각자의 장점을 극대화하여 사회로부터 긍정적인 인정을 획득함으로써 사회에 최상으로 적응할 수 있게 한다.

(3) 자아정체감 형성

자아정체감 형성은 아동기의 동일시의 경험에서 시작된다고 볼 수 있다. 즉 부모나 선생님, 친구들의 감정, 태도, 가치관, 행동을 자신의 것으로 받아들여 그것을 자기만의 독특한 총체로 통합함으로써 정체감이 형성되어 간다. 정체감 형성은 부분적으로 어린 시절의 부모에 대한 의존으로부터의 정서적 분리를 포함하며, 청소년들은 자기 행동에 대

해 자주적인 선택을 하기 위하여 부모의 가치와 규범을 점점 더 나름대로 재평가하게 된다.

정체감 형성의 과정은 아동기에 그 뿌리를 두고 청소년기를 거쳐 성인기까지 지속되지만, 특히 청소년기에 본격적인 발달이 이루어진다. 자아정체감 형성을 위해서는 자신의 신념, 가치관 등에 대한 고통스러운 의문 제시가 선행되어야 하며 일종의 위기, 즉 일시적인 혼동이나 우울증을 경험한다.

자아정체감 형성이 청년기에 중요한 과업으로 등장하는 이유는 급격한 신체적 변화와 성적 성숙이 이루어지며, 아동기에서 성인기로 옮아가는 과도기적 단계로 어중간한 존재이고, 진학, 전공 선택, 이성문제, 교우관계 등과 관련된 선택과 결정의 시기이며, 현저한 인격발달이 이루어지기 때문이다.

(4) 제임스 마르샤James Marcia의 자아정체감의 유형 분류

표 10-2 **마르샤의 자아정체감 유형 분류**

전념	위기	
	예	아니오
예	성취	유실
아니오	유예	혼란

에릭슨의 이론을 바탕으로 역할실험과 대안적 선택 중에서 의사결정을 할 수 있는 능력, 즉 위기와 직업 활동, 종교, 정치이념 등의 수행에 몰입하는 정도, 전념이라는 두 가지 잣대를 활용하여 자아정체감의 발달단계를 나눈다.

① **정체감 유실**identity foreclosure

부모나 사회의 가치관을 자신의 것으로 그대로 선택한 것으로, 쉽게 의사결정을 할 수 있지만 독립적 의사결정은 하지 못하는 상태이다. 또한 부정적 정체감negative identity은 부모의 가치관이나 사회적 가치관과 정반대가 되는 자아개념이다.

② **정체감 유예**moratorium

정체감 위기상태에 대해 정체감을 확립하기 위하여 다양한 역할실험을 수행하고 있는 상태로, 정체감 성취 또는 정체감 혼란 중 어느 방향으로도 나아갈 수 있는 가능성이 있다. 대학시절은 심리사회적 유예기간이다.

③ **정체감 혼란**identity diffusion

정체감을 확립하기 위한 노력도 없고, 기존의 가치관에 대한 의문도 제기하지 않는 상태이다. 개인적 신념체계를 확립하지 못하고, 자기능력에 대한 회의를 가지고 있는 사람들이 여기에 속한다.

④ **정체감 성취**identity achievement

위기를 성공적으로 극복하고 정치적·개인적 이념체계를 확립한다. 자율적 의사결정을 하며, 직업적 역할을 성공적으로 수행할 수 있는 상태이다.

(5) 자아정체감 형성의 영향요인

정체감의 형성은 오랜 시간을 필요로 하는 과정으로 정체감 혼란상태로부터 점차 정체감 성취의 상태로 이루어진다. 즉 정체감 유형은 연령과 밀접한 관계를 지니고 있는데 청소년 초기에는 정체감 혼란이나 유실 상태에 있는 경우가 많으며, 청소년 후기가 되어야 정체감 성취에 이르는 경우가 많다.

청소년의 자아정체감의 형성에 영향을 미치는 요인은 다양하지만, 그중에서도 부모와의 관계와 동년배가 많은 영향을 미치고 있다. 자아정체감의 형성에는 성별 차이가 존재하는데, 남성의 경우에는 이념이나 직업 선택이 자아정체감 형성에 중요한 기제로 작용하는 반면, 여성의 경우에는 친밀감이나 대인관계 등이 보다 중요한 기제인 것으로 나타나고 있다.

인지의 성장, 집 밖에서의 경험, 더 넓어진 문화적 배경도 정체감 획득에 영향을 미친다.

① **정체감의 성취, 유예 상태에 있는 청소년**

- 높은 자아존중감
- 추상적·비판적 사고 가능

- 높은 수준의 도덕성

② 정체감 유실, 혼란 상태에 있는 청소년

- 독단적, 융통성이 없다.
- 부적응적인 행동을 하거나 문제를 일으킨다.
- 의견 차이를 수용하지 않는다.
- 미래에 대한 아무런 꿈을 가지고 있지 않은 경우가 많다.

4. 청소년기의 사회적 발달

1) 청소년기의 사회적 발달의 특징

(1) 분리개별화

청소년은 부모로부터 분리 개별화하고자 한다. 청소년 후기가 되면 사고와 행동이 점점 더 자율적으로 되며 부모로부터 독립하기 시작한다. 청소년의 자율성 획득에 가족 특히 부모의 역할이 중요하다. 빈번한 대화와 함께 어느 정도의 통제를 합리적으로 하는 부모의 경우에 자주적인 자녀를 갖게 될 가능성이 높다.

청소년의 주요 애착대상은 부모에서 친구로 이동한다. 청소년이 부모와 정서적인 유대를 지속하면서 자신을 부모와 다른 독특한 한 사람의 인격체로 인식하고 경험해 가는 심리적인 과정이다.

(2) 또래집단

동성이나 이성 친구 등 또래집단에 몰입한다. 또래 상호 간에 심리사회적으로 관여하는 정도가 매우 깊어지고 친밀해진다. 또래집단에서 인정받고자 한다. 나름대로의 문화를 가진다. 또래집단을 형성, 이 집단이 집단구성원들에게 커다란 영향을 미친다. 의복과 같은 물질적인 측면이 중요한 의미를 지니게 된다. 청소년들이 사용하는 은어가 발달 된다. 스포츠맨이나 연예인을 영웅시한다. 그리고 반협력적 태도와 안주성을 요구한다.

(3) 위기와 혼란

청소년들은 많은 위기와 혼란에 직면해 있다. 프로이트와 에릭슨 외에도 여러 학자들이 청소년기를 위기와 혼란의 시기로 규정하고 있다.

2) 가족관계 및 대인관계에서의 변화

(1) 가족관계-의존에서 독립으로 이동

부모나 가족으로부터 분리되어 있는 친구나 자신에게 의존하려는 경향이 높아진다. 부모는 청소년이 성장한 데 대하여 보람을 느끼지만 거부당하는 데 대한 상실감도 동시에 경험한다. 심리적 이유기로 청소년들이 부모의 보호로부터 벗어나서 자기의 판단에 의해 독립적으로 행동하려는 성향이 두드러진다.

(2) 친구관계-또래집단 체계에서의 상호작용

가족 간의 애정보다 우정이 더 중요한 시기이다. 가족과의 대화보다는 친구를 만나거나 연락하는 데 더 많은 시간을 보낸다. 청소년은 강한 군중심리가 있고 또래에게 인정받고자 하는 욕구가 강하다. 청소년기의 원만한 친구관계는 사회적 적응과 정신건강에 많은 영향을 미친다.

친구와 또래집단은 부모에게서 독립하도록 서로 돕고, 정서적으로도 지지한다. 청소년기의 친구관계는 긍정적 측면뿐만 아니라 부정적 측면도 동시에 지닌다. 술, 약물, 문제행동을 배우거나 직접 행동에 옮기기도 하며, 친구들로부터 거부되고 무시당함으로써 극도의 스트레스와 좌절감을 경험하여 정신건강이나 부적응행동 문제를 일으키기도 한다.

이성 친구에 대한 관심이 높아지지만, 실제로는 동성의 친구를 더 많이 사귄다. 이성교제의 과정에서 청소년들이 이성을 대하는 태도는 매우 소극적이다. 청소년기의 친구관계에 대한 조사에 의하면 친구들을 선택하고 관계를 유지하는데 다음의 다섯 가지 차원이 중요한 영향을 미친다.

- 가치, 성격, 태도, 경험 등의 유사성
- 서로 이해하고, 수용하며 도와주기, 서로 믿고 신뢰를 공유하는 것과 같은 호혜성

- 함께 있으면 즐겁고 편안한 조화성
- 지리적으로 얼마나 가깝게 존재하는지 또는 사귀어 온 기간과 같은 구조적 요인
- 친구의 우수한 자질을 존중하고 좋아하는 정도

3) 청소년기의 직업 선택

청소년기의 직업 선택의 전제조건은 자신에 대한 올바른 이해가 우선이다. 자신의 성격, 적성, 능력에 대한 이해를 바탕으로 직업을 선택해야 한다. 선택한 직업을 얻기 위해 부단한 노력과 희생 및 고통을 감내할 수 있어야 한다. 자신에 대한 이해의 조건은 자아정체감의 형성이 필수적이다.

긴즈버그Ginzberg가 말한 직업 선택의 3단계는 다음과 같다.

① 환상기

이 시기는 개인적 소망을 근거로 직업 선택을 고려하는 시기로 자신의 능력이나 직업기회와 같은 현실적 문제를 전혀 생각하지 않는다. 주로 아동기의 직업관이 여기에 해당된다. 예 장래희망

② 시험기(청소년 초기)

자신 스스로 현실적인 문제를 고려하여 다양한 직업에 대해 탐색하고 직업 선택을 위해 진학문제에 심각하게 고려한다. 그러나 우리나라는 학교 성적으로 결정되는 경우가 많아 직업 선택의 과업이 지연된다.

③ 현실기(청소년 후기)

실제적인 경험이나 교육과 훈련을 통하여 특정한 직업을 선택한다. 남녀 모두 동일하게 거치지만 여성은 가사와 육아의 중요성으로 더 복잡한 현실기를 거쳐 직업을 선택한다.

4) 성역할 정체감

성역할 정체감은 사회가 특정한 성에 대해 적절하다고 인정하는 특성, 태도, 흥미와 동일시하는 과정으로, 성에 따른 사회의 역할 기대를 내면화하는 과정이다. 성적 사회화는

성역할 정체감 과정을 거쳐 청소년기에 성정체감이 확고해지는 과정을 말한다.

성적 사회화의 요소로는 자신이 선호하는 성적 대상을 선택하는 것, 성정체감을 확립하는 것, 적절한 성인의 성역할을 학습하는 것, 성행위에 대해서 이해하고 그 지식을 습득하는 것 등이 있다. 맥카몬은 정형화된 성역할은 여성과 남성 모두에게 몇 가지 점에서 불리하다고 하였다.

고착된 성역할의 문제점을 여성적 측면에서 살펴보면,

- 전통적인 여성역할은 교육체계에서 남성과 다른 불리한 대우를 받게 하고 이는 직장에서 남성보다 낮은 처우를 의미하여 같은 일을 하고도 낮은 임금을 받게 된다.
- 여성의 부정적 자아개념에 기여하게 된다. 특히 청소년기가 되면 여성들은 자신에게 부정적이고 비판적이 되어 낮은 자아개념을 형성하여 직업적 성취를 방해한다.
- 대부분의 여성들은 남성에 비해 결혼 만족도가 낮다. 그 이유는 직장을 다니는 여성들이 남성들에 비해 가사와 양육에 시간과 에너지를 쓰기 때문에 그만큼 직장에 덜 집중한다.
- 여성 스스로를 남성들의 관점에서 평가하게 된다. 즉 외모와 신체에 중점을 두어 자신의 가치를 평가하는 것으로 미에 대한 강조로 인해 심한 스트레스를 받게 된다.

고착된 성역할의 문제점을 남성적 측면에서 살펴보면,

- 일을 통해 정체감을 확립하여야 한다는 사회적 압박으로 인해 직업에서의 위치가 인간으로서의 위치까지 의미하게 되어 받아들이게 되며 마치 남성은 돈을 많은 버는 것이 척도로 받아들여져 압박을 받게 된다.
- 감정을 표현하지 않는 것을 남성다운 것으로 보아서 울어서도 안 되고 강하고 결단력이 있어야 한다고 본다. 이로 인해 우울과 슬픔 등의 감정 표현을 하지 못하고 여성에 비해 사람 간에 친밀감을 가지 어렵다.
- 남성이 여성에 비해 평균수명이 7년 정도 짧은데 그 이유는 생물학적인 요인도 있지만 전통적인 남성의 역할로 인한 억압이 스트레스로 전해져 신체적 건강을 해친다. 또 흡연이나 음주를 하게 되므로 수명이 더욱 짧아진다는 것이다.

아동기에서 청소년기 후기에 이르면서 다음과 같은 과정을 통해 자신의 성에 대한 정체감이 재개념화되고 확고해진다.

- 아동기의 친밀한 동성친구와 나눈 경험은 적절한 성역할 행동에 대한 친구 간의 규범을 알게 해준다.
- 청소년기의 신체적 변화를 자신의 성역할 정체감에 통합하게 된다.
- 청소년기의 호르몬 변화는 생식능력과 성적 충동을 갖게 한다.
- 청소년기를 통과하면서 성인 남성과 여성에게 주어지는 성역할 행동에 대한 사회적 기대를 배운다.

5. 청소년기와 사회복지실천

1) 신체적 발달의 관심영역

(1) 신체적 측면

급격한 신체구조 변화로 인해 청소년들은 자신의 신체에 대해 부정적인 이미지를 형성할 가능성이 크다. 사회복지사는 청소년기의 부정적 신체 이미지로 인하여 야기될 수 있는 여러 가지 심리적 문제나 증상을 다루어야 한다. 사회복지기관에서는 의료기관 등과 연계하여 청소년기의 신체 변화에 대한 이해를 위한 교육프로그램, 식사요법 지도, 몸매관리 프로그램 등을 개발·실시함으로써 청소년들의 건전한 신체발달을 지원할 필요가 있다.

- 성문제 : 과거보다 영양상태가 개선되어 생식기관의 성숙연령이 낮아지고 이전 세대보다 성에 대해 개방적 태도를 보이고 있으며, 대중매체 등을 통한 성적 자극이 많아짐에 따라 성관계를 갖는 연령이 낮아지고 십대 임신과 미혼부모 문제가 증가하고 있다.

  성폭력문제는 1994년부터 성폭력 범죄의 처벌 및 피해자 보호 등에 관한 법률을 제 정하여 시행하고 있으며, 여성 긴급전화 '1366'을 운영하고 있으나, 성폭력 문제는 더욱 심화되고 있다.

사회복지기관에서는 청소년을 대상으로 성에 대한 올바른 이해와 가치관 형성을 위한 프로그램을 실시하기 위하여 학교나 성교육 관련기관과의 협력을 통해 성교육을 실시할 필요가 있다.

청소년복지사업을 담당하는 사회복지사는 초경불안, 몽정불안, 자위행위, 이성으로부터의 성적 요구 등과 같은 성으로 인하여 야기되는 심리적 문제를 해결할 수 있는 상담을 수행할 필요가 있다.

부모나 교사가 성에 대해 개방적으로 의논하고 자신의 생각이나 감정을 표현할 수 있는 분위기를 조성해야 하며, 청소년뿐만 아니라 이들을 다루는 부모나 교사에게도 인식의 전환과 함께 교육적 접근이 이루어져야 한다.

(2) 자아정체감 측면

청소년들의 자아정체감 형성을 지원하기 위해서는 자아발견, 자아성장, 자기주장훈련, 인간관계수련 등과 같은 청소년의 자아발견과 원만한 대인관계 형성을 지원할 수 있는 집단상담 프로그램을 개발하여 실시할 필요가 있다.

진로지도, 청소년 자원봉사활동 프로그램, 호형호제 프로그램, 미리 가본 직장 프로그램, 문화 예술 활동 프로그램 등과 같은 다양한 수련 프로그램을 실시하여, 청소년들이 다양한 사회경험을 통해 자신의 개성과 자질을 발견할 수 있도록 원조할 필요가 있다.

- 집단따돌림 : 집단따돌림은 두 명 이상이 집단을 이루어 지속적이면서도 집요하게 특정인을 그가 소속된 집단에서 소외시켜 구성원으로서의 역할 수행을 제약하거나 인격적으로 무시 하고 괴롭히는 일체의 심리적·신체적 행위를 지칭한다.

  집단따돌림의 유형은 대화 거부하기, 약점을 들추거나 모함하기, 은근히 혹은 공개적으로 비난하기, 하는 일마다 시비걸기, 따돌림의 대상으로 고립시킬 목적으로 그와 가깝게 지내려는 다른 집단구성원에게 위해하기, 바보 만들기, 장난을 빙자하여 괴롭히기 등이다.

  원인은 집단 내에서 유사성이 결여된 한 개인에 대한 집단의 거부반응, 자신과 타인의 차이를 인정하려 하지 않는 집단이기주의, 불안심리를 완화하려는 무의식적 자기방어, 갈등 해소를 위한 표출 등이라 할 수 있다.

피해의 종류는 학업 부진, 등교 거부, 심리적 장애, 소외감, 무기력, 자신감 결여, 우울 증, 자살 등으로 나타날 수 있다.

(3) 가정 내 갈등 측면의 실천

청소년 비행은 대개 가정과 우리 사회가 초기에 적절하게 대처하지 못할 경우 발생한다. 사회복지사는 이러한 갈등을 매우 자연스러운 현상으로 보고 내담자 자신의 느낌이나 행동에 대해 통찰력을 가질 수 있도록 도울 수 있다.

(4) 청소년 비행 측면

청소년 비행이란 12세 이상 20세 미만의 청소년이 저지른 범법행위를 말하는데, 일탈행위라는 점에서 청소년비행은 사회 또는 집단에서 규정하는 규범이나 규칙을 위반하는 일체의 행위라 할 수 있고, 좁게는 청소년이 법을 어겨 소년법정에서 소송의 대상이 되는 행위를 의미한다.

표 10-3 **청소년 비행의 법적 구분**

구분	연령	내용
범죄(犯罪)소년	14~20세 미만	형벌법령에 위배되는 행위를 한 자로 형사책임이 있음
촉법(觸法)소년	12~14세 미만	형벌법령에 위배되는 행위를 한 자로 형사책임이 없음
우범(虞犯)소년	12~20세 미만	㉠ 보호자의 정당한 감독에 복종치 않는 성벽이 있거나, ㉡ 정당한 이유 없이 가정에서 이탈하거나, ㉢ 범죄성이 있는 부도덕한 자와 교제하거나 금전 낭비, 부녀 유혹, 불건전한 오락 등을 하는 자로서 본인의 성격 또는 환경에 비추어서 장래에 형벌법령을 범할 우려가 있는 자를 말.

청소년 비행의 원인에 대해서 학자마다 의견이 다르다.

- 밀러Miller는 사회적 계층 가운데 하위계층의 가치는 사회적 규범에 어긋나는 것들이 많으며 청소년들이 이러한 가치에 순응하면 자동적으로 비행에 가담하게 된다고 하였다.

- 소Shaw와 멕케이Mckay도 우범지역에 거주하는 아동과 청소년들이 일탈적 태도와 기술을 습득할 가능성이 더 크기 때문에 청소년이 비행 발생률이 높은 지역에 거주할수록 비행에 관련될 가능성이 더 크다고 지적한다.
- 클로워드Cloward와 올린Ohlin은 부와 사회적 지위 등을 획득하기 위한 기회의 불평등에 초점을 맞추어 비행을 설명한다. 즉 하위계층의 청소년들도 중산층의 청소년들과 마찬가지로 사회적 성공에 대한 포부를 갖지만, 이들에게는 합법적인 절차와 방법에 의해 목표를 성취할 기회가 주어지지 않으므로 비합법적인 방법인 비행에 의존할 수밖에 없다는 것이다.
- 허쉬Hirschi는 비행 청소년들은 애착attachment, 전념commitment, 참여participation, 신념belif의 네 측면에서 사회와 유대를 형성하고 유지하는 데 실패했다고 주장한다.
  - 참여participation는 사회적인 성공으로 이끌어가는 인습적 활동에 참여하는 것을 가리킨다. 예를 들면, 숙제를 열심히 하는 것은 좋은 직업을 갖기 위한 전제조건인 공부를 잘하는 것에 필수적인 활동이다.
  - 신념belief이란 그 사회의 중심적인 가치체계의 도덕적 타당성을 받아들이는 것이다. 사회적 규칙을 받아들이는데 있어서의 차이가 비행에 관한 여부를 결정하는데 중요하며, 규칙의 구속을 덜 느끼는 사람일수록 비행을 저지르기 쉽다고 한다.
- 정신분석이론에서는 청소년 비행을 유년기의 불행한 경험에서 초래된 성격장애의 증상으로 간주한다. 우리나라에서 청소년 비행문제의 해결을 위한 대책은 주로 사후대책에 국한되어 있다(예: 보호관찰, 교정교육, 갱생보호 등).

처벌 위주보다는 성격과 행동의 교정과 사회 복귀에 초점을 둔 사회복지적 개입이 필요하다. 청소년 교정기관에서는 교정 전문 인력을 확보하고, 비행청소년을 획일적으로 처우하기보다는 개별화된 처우를 해야 하며, 교정시설의 탈시설화를 통하여 일반 사회와 유사한 생활환경에서 교정사업을 시행해야 한다.

일반 사회복지기관에서는 청소년의 비행을 사전에 예방하기 위하여 청소년 가족상담 및 치료를 실시함과 아울러 인근 학교와 연계하여 활발한 학교사회사업을 실시하여야 할 것이다. 비행 가능성이 높은 가출청소년, 학업중단 청소년 지도를 위한 지역사회 조직사업, 비행 또는 범죄 청소년의 사회 복귀를 지원할 수 있는 각종 직업 훈련프로그램이나 대안학교와 같은 교육프로그램 등을 실시할 필요가 있다.

사회복지사들은 가정상담소나 청소년기관을 통해 비행청소년에 대한 상담서비스를 제공하기도 하고, 복지관이나 학교에서 반사회적 행동을 한 청소년들로 집단을 구성하여 지도하기도 하며, 감별소나 보호관찰소 등에서 교정사회복지사로 활동하기도 한다.

(6) 인터넷 중독

인터넷 중독은 인터넷 사용이 지나쳐 이용자의 신체적, 정신적, 경제적, 직업적, 사회적 기능을 심각하게 손상시키는 상태를 의미한다. 인터넷이 지식과 정보의 공유와 시간과 공간의 한계를 초월한 상호 의사소통 등 긍정적인 기능을 가지고 있는 반면, 이를 잘못 활용하여 사이버 공간을 매개로한 범죄와 폭력 등을 일으켜 새로운 청소년 비행문제가 제기 되고 있다.

게임중독은 게임 사용과 관련하여 금단과 내성을 보인다. 인터넷 중독은 인터넷 사용 자체에 탐닉되어 의존성과 내성을 보인다. 인터넷 중독은 고학년 남성일수록 더 많이 발생하며, 중독집단의 청소년은 자존감이 낮고 친구수가 적으며, 가족의 지지조차 적어 전반적으로 삶의 만족이 떨어지는 것으로 나타났다. 이 상태가 지속되면 현실과 가상세계를 구분하지 못하고 가상세계에서의 폭력과 범죄 행위를 현실에 재현하게 된다. 따라서 청소년 중독자들은 인터넷 범죄뿐 아니라 폭력이나 성 비행 같은 현실 속에서의 비행행동도 더 많이 하게 된다.

(7) 음란물 중독

현대 청소년들은 선호하는 만화나 애니메이션, 인터넷 사이트, PC 게임을 통해 손쉽게 음란물에 접촉하고 있다. 청소년들의 음란물 접촉 경험이 증가하는 이유는 음란매체에 대한 접근이 쉬워졌기 때문이다. 핸드폰의 무선인터넷을 통해 부모님의 주민등록번호를 도용하여 음란물에 접촉할 수 있기 때문이며, 비용만 결재되면 손쉽게 음란물을 볼 수 있는 사이트에 접근할 수 있기 때문이다. 그리고 범람하는 스팸 메일 등을 통해 손쉽게 음란물을 접촉할 수 있다.

청소년들은 다양한 매체를 통해 지나치게 많은 음란물을 손쉽게 접촉함에 따라 이에 따른 부작용도 커지고 있다. 음란물을 통하여 청소년들이 그릇된 성의식 및 가치관을 갖게 될 수 있으며, 여성의 성 혹은 성문화와 관련하여 왜곡된 태도를 형성할 수도 있다. 또한 지나친 음란물 접촉은 청소년에게 성 욕구 통제를 힘들게 하거나, 음란물의 내용을 모방하고자 하는 욕구가 생겨나 자칫 성 비행으로 발전될 가능성이 높아질 수 있다.

(8) 우울증

우울증은 청소년기에 비교적 흔히 나타나는 장애로서 견딜 수 없는 울적한 기분이 주요 증상이다. 대인관계의 위축, 권태감, 무력감, 흥미나 즐거움의 상실, 식욕의 현격한 증감, 불면이나 과다 수면, 피로감, 활기 부족 등이 수반된다. 우울증은 아동기에 나타나지만 청소년기에 증가하며, 그 이후에는 줄어드는 경향이 있고, 여성이 남성보다 빈도가 높다. 청소년들은 극심한 피로감, 주의집중장애, 두통, 복통 등의 증상으로 표출되기도 하며, 반사회적 행동이나 문제행동으로 나타나기도 한다.

(9) 청소년 자살

자살은 우울과 밀접한 관계가 있다고 한다. 자살을 기도한 사람들은 대체로 외롭고 소외되어 있으며, 따돌림을 받고 있다고 느끼고 부모나 친구로부터 사랑을 받지 못한다고 생각한다. 청소년기에는 불안, 열등감, 수치심, 죄책감 등과 같은 부정적 정서로 인하여 우울한 증상을 보이는 경우가 많기 때문에 자살의 위험에 노출될 수 있다.

청소년이 자살하는 원인으로는 학업 부진, 진학 실패, 실연, 원하지 않는 임신, 부모의 사망이나 이혼 등이다. 그러나 이러한 것들이 청소년의 자살에 직접적인 원인이라 할 수는 없다. 그들이 과중한 스트레스에 대처할 수 있는 능력을 지니지 못하여 자살만이 유일한 해결책이라고 생각하기 때문에 자살을 하는 것이다. 부모를 비롯한 중요한 타자들과의 대화의 단절로 정신적으로 의지할 곳이 없다고 생각할 경우에 극단적인 행동을 취할 수 있다.

자살을 시도하는 사람들은 자살에 대한 경고와 자살의 의사를 밝히거나, 특유의 행동 유형을 나타낸다. 자살을 시도하려는 사람들은 일반적으로 편지나 일기에 직접 고민을 남기거나 친구나 다른 사람들에게 간접적인 표현을 하는 경우가 많다. 청소년들은 자살하기 이전에 우울한 경향이 증가하고 대인관계가 멀어지고 고립되며, 자살기도에 대한 암시를 하고 학업 성적이 떨어지며, 지나치게 외모에 무관심하다는 것이다. 청소년들을 자살의 위험으로부터 보호하기 위해서는 부모를 포함한 중요한 타자들이 자살의 경고나 의사 및 특유한 행동 유형을 빨리 파악하여 적절한 개입을 취하는 것이 중요하다.

CHAPTER

11

인간의 성장과 발달 : 청년기

1. 청년기의 개념

고교 졸업 전후를 시작으로 해서 직업을 갖고 결혼하여 부모로부터 완전한 독립을 성취하는 시기를 청년기(19~39세)로 본다. 청년기 이전은 준비의 시기이며, 청년기 이후는 실현과 구체화의 시기이다. 신체적·지적 측면에서 가장 정점에 있으며, 사회적 측면에서는 사랑하고 보살피는 능력이 심화되는 시기이다.

동년배들과 성숙한 관계를 맺고, 사회적 역할을 성취하며, 부모와 다른 성인들로부터 정서 및 경제적 독립을 갖추고 직업을 준비하는 등 다양한 역할 탐색과 선택을 하는 시기이다. 청년기의 가장 큰 변화와 발달과제는 직업 준비를 위한 탐색과 결혼이다.

데이비슨Daniel Davison은 '30세 전환기'라 하였고, 많은 젊은 성인은 현재의 생활이 자신이 원하는 것인지에 대해 스스로 반문한다. 그래서 이 시기를 재평가 기간이라고 부른다. 자신의 삶이 잘 되어간다고 느끼는 일부 젊은이들은 그들의 전념을 재확신하고 순탄하게 이 시기를 넘긴다. 그러나 다른 이들은 중대한 위기를 경험할 수 있는데, 이는 결혼생활의 문제, 직업 변동 등으로 발생한다. 그리고 불안이나 우울 같은 정신과적 증상으로 나타날 수도 있다

2. 청년기의 발달과업

1) 에릭슨의 발달과업 : 친밀함 대 고립감

(1) 친밀감

청년기의 발달과업으로 가족 외 다른 사람들과 친밀한 관계를 형성하는 것이다. 청년기에 경험하는 타인과의 친밀감은 정체감 유실에 대한 두려움 없이 타인에 대해 개방적이고 지지적이며, 조화로운 관계를 형성하는 성향이자 능력이다. 친밀감 형성을 위해서는 감정 이입능력, 자기통제력, 타인의 장·단점을 수용하는 능력 등을 갖추어야 한다.

친밀감을 획득하지 못한 사람은 지나치게 자기의식적이고 자신의 사회적 행동과 적응에 대해 걱정하고 불안해하기 때문에 원만한 사회적 상호작용을 하지 못하여 고립감에

빠져든다.

(2) 고립감

에릭슨은 청소년기에 긍정적인 자아정체감을 확립한 사람은 좀 더 쉽게 타인과의 친밀한 관계를 형성하지만, 그렇지 못한 사람은 자신감을 갖지 못하므로 타인과의 사회적 관계에서 고립감을 느끼게 되어 자기 자신에게만 몰두하게 된다고 하였다.

2) 하비거스트Havighurst의 발달과업

- 자기의 체격을 인정하고 자신의 성역할을 수용한다.
- 동성이나 이성의 친구와 새로운 관계를 형성한다.
- 부모와 다른 성인들로부터 정서적으로 독립한다.
- 경제적 독립의 필요성을 느낀다.
- 직업을 선택하고 준비한다.
- 유능한 시민이 갖추어야 할 지적 기능과 개념을 획득한다.
- 사회적으로 책임이 있는 행동을 원하고 이를 실천한다.
- 적절한 과학적 세계관에 맞추어 가치체계를 형성한다.

3) 레빈슨Levinson의 발달과업

- 현실적이지 못하고 다소 과장된 희망을 명확하게 정의해야 한다.
- 청년의 목표를 인정해 주고 기술이나 지혜를 가르쳐 주며 자신의 경력에서 전진할 수 있도록 영향력을 발휘하는 지도자를 발견한다.
- 직업을 선택하고 나아가 경력을 쌓고 발전시킨다.
- 친밀한 관계를 형성한다.

3. 청년기 발달의 특징

1) 청년기의 신체적 발달

청년기는 신체적인 건강상태와 힘이 최적의 상태에 있으며, 건강 수준이 쇠퇴하는 장년기까지 지속되는 경향이 있다. 청년기에는 신장, 체중, 골격, 생식기관의 발달, 호르몬의 변화 등이 두드러진다. 이러한 신체 변화는 개인마다 속도가 다르다. 청년기는 일생동안 가장 건강한 시기이고, 아동기보다 건강한 시기이지만 여성이 남성보다 더 아프다고 보고되는 경향이 있다. 그러나 이것은 성별에서 오는 건강상의 문제와 관련이 있다. 이는 여성이 남성보다 건강관리에 더 신경을 쓰기 때문이다.

청년기에 일어나는 건강상의 문제는 호흡기 관련 문제와 사고로 인한 부상이 많다. 최상의 신체적 상태를 유지하며, 전 생애에 있어서 활기, 힘, 건강이 최고조의 수준에 달한다. 신체능력과 기술을 규칙적으로 사용하면 청년기 이후에도 기능이 지속될 수 있다.

2) 청년기의 감각 및 인지적 발달

(1) 감각

청년기의 감각발달은 최고 수준에 다다르고, 이후 서서히 쇠퇴하게 된다. 감각기관 중 시력은 20세경에 가장 좋다. 청력은 25세 이후부터 감소하기 시작한다. 그리고 미각·후각·통각은 최고 수준에 이르게 된다.

(2) 인지발달

기계적 암기나 지적 과제의 수행속도 등은 10대 후반이 가장 뛰어나지만 판단, 추론, 창의적 사고 등은 청년기는 물론 전 생애를 통해 발달하는 것으로 보는 견해가 우세하다. 피아제Piaget는 청소년기에 형식적 조작사고가 발달한 이후에 인지발달이 거의 이루어지지 않는다고 보았다.

표 11-1 **청년기의 인지발달**

발달단계	Piaget	Arlin	Riegel	Perry	Schaie*
청소년기	형식적 조작사고**	형식적 조작사고	형식적 조작사고	이원론적 사고	습득단계
청년기 (성인 초기)	↓	문제 발견적 사고	변증법적 사고	다원론적 사고	성취단계
중장년기	↓	↓	↓	↓	책임단계 실행단계
노년기	↓	↓	↓	↓	재통합단계

(3) 인지적 변화

베일리(Bayley, 1966)는 웩슬러 성인지능검사를 사용하여 조사한 결과 언어적 검사점수는 청년기에 상승하는 데 반하여 동작성 검사점수는 26세를 정점으로 하강하는 것으로 보고하였다. 또한 연령에 따르는 지능의 변화에 관한 종단적 조사는 지능을 다음과 같은 네 가지 유형으로 구분하였다.

- 결정성 지능 : 언어적 이해력, 수에 관련된 기술, 귀납적 추론과 같이 교육과 경험의 축적을 통해 습득되는 능력
- 인지적 융통성 : 동의어나 반대어를 생각해 내는 것처럼 익숙한 지적 운용의 맥락에서 한 사고로부터 다른 사고로 전환하는 능력
- 시각-운동적 융통성 : 시각과 운동능력의 통합을 요구하는 과제에서 익숙한 방식에서 새로운 방식으로 전환할 수 있는 능력
- 시각화 : 복잡한 그림에서 간단한 형상을 찾아내거나 불완전한 그림을 확인해 내는 것처럼 시각적 자료를 조직하고 처리하는 능력

* 1. 습득단계 : 사회에 참여하기 위한 준비단계로 지식과 정보·기술을 배운다.
2. 성취단계 : 스스로 세운 인생의 목적에 적합한 과업에 최선을 다해 수행한다.
3. 책임단계 : 가족이나 고용인처럼 다른 사람과의 관계에서 책임을 진다.
4. 실행단계 : 가족단위보다 사회체계에 책임을 진다.
5. 재통합단계 : 생물학적 변화에 따라 자기가 하는 일의 목적에 관심을 모은다.

** 형식적 조작기 : 추상적 사고, 가설적/연역적 사고, 체계적/종합적 사고, 은유적 의미를 이해하는 사고 발달

스턴버그는 성인의 지적 기능을 지능의 구성적 요소, 경험적 요소, 상황적 요소로 환경에 어떻게 대처하는가와 관련이 있다고 보았다.

3) 성격발달

(1) 발달과제

이 시기의 발달과제로는 에릭슨(Erikson, 1963)은 성인기 발달과제로 친밀한 관계 수립과 독립성을 주장하였다. 뷸러(Buhler & Massarik, 1968)는 25~30세를 성장과 탐색을 통한 실험의 시기로 보았다. 파트너와 애정과 신뢰를 바탕으로 유대관계를 추구하는 동시에 상호 독립성을 보장받기 원한다고 하였다. 그리고 직업적·재정적·정서적 안정감의 통합성을 추구한다. 또한 뢰빙거(Loevinger, 1976)은 자아를 중시하여 성격에 대한 의식적인 통제를 발휘하도록 감독하는 역할을 수행한다고 하였다. 양식적인 단계에서 자율적인 기간으로 그리고 통합적 단계로 발달한다고 하였다.

(2) 성인의 성격발달에 관한 주요 이론들

① 베일런트 : 그랜트 연구 Grant study

억압과 투사 등의 방어기제가 성인의 성공적인 대처양식으로 작용한다고 보았다. 배우자의 상실, 생물학적 충동, 승진이나 수술 후, 전쟁 시 살인한 경험 등 자아의 생존을 위해서 주요한 갈등을 합리화한다고 보았다.

② 레빈슨 : 초기국면early adulthood

성인기에 진입하기 위해 청년이 완수해야 할 과제를 제시하였다.

- 꿈 : 희망과 생명력을 창출하는 상상적 가능성인 비전을 제시한다.
- 지도자 발견 : 목적을 공유하고 기술과 지혜를 전수함으로써 자신감을 준다.
- 경력 : 직업을 형성하고 경력을 발전시키는 과정이다.
- 친밀한 관계 : 친밀한 가족관계를 형성한다.

③ **굴드 : 환상에서 벗어나기**outgrowing illusions

- 16~22세 : 나는 항상 내 부모님께 속해 있을 것이고 그들의 세계를 믿는다.
- 22~28세 : 내가 지금 잘하고 있는 것일까? 문제발생시 부모님이 개입하실거야!
- 28~34세 : 삶은 단순하고 통제할 수 있으며, 내 안에 중요한 모순은 없다.
- 35~45세 : 미래에 대한 준비로 안정과 안전감을 위한 추동력을 준비한다.

4) 청년기의 사회적 발달

(1) 부모로부터의 독립

부모로부터 정서 및 경제적 독립을 하는 것이 주요 발달과제 중 하나지만, 부모로부터 독립하는 것에 대한 갈망과 분리에 대한 불안이라는 '양가감정'을 갖기도 한다.

양가감정을 최소화하고 자율성을 획득할 수 있도록 지원하기 위해서는 자녀의 자율성을 인정하고, 가족 의사결정에 참여를 격려하며, 자녀를 독립된 개인으로 인정하는 등 부모의 역할이 매우 중요하다.

(2) 성역할 정체감 확립

성역할 정체감은 사회가 특정성에 적절하다고 인정하는 특성, 태도, 흥미와 동일시하는 과정으로, 성에 따른 사회의 역할 기대를 내면화하는 과정을 말한다.

① 여성

아동기에는 성과 관련된 제약을 적게 받지만, 청소년기에는 엄격한 성역할을 강요당한다. 청년기에는 현모양처와 유능한 여성이라는 두 가지 성역할 사이에서 갈등과 긴장을 경험한다.

② 남성

아동기에는 신체적 힘과 공격성, 정서 표현의 억제 등과 같은 전통사회 남성다움과 동일시하려 한다. 청년기부터는 경제적 성취, 정서적 통제와 정서적 민감성의 겸비, 자기주장능력 등과 같은 현대사회의 남성과 동일시하여야 하므로 많은 갈등과 긴장을 경험한다.

현대사회에서 성역할 기대에 많은 변화가 초래되고 있어 남녀를 불문하고 여성적 특징과 남성적 특징을 고루 갖추는 것이 바람직하다는 주장이 우세해지고 있다.

(3) 직업의 탐색과 선택

청년기는 직업을 통해 경제적으로 자립하고 자신의 인생을 개척해 나가면서 자아를 실현하는 시기이다. 청년기에 어떤 직업을 선택하느냐에 따라 청년기의 삶의 방식이 결정될 것이라고 인식하기 때문에 직업 선택에 신중을 기하고 원하는 직업을 갖기 위해 노력한다.

(4) 결혼과 가족 형성

결혼을 하고 자녀를 낳아 부모가 되면서 인생에 정착하는 시기이다. 결혼은 청년기 친밀성과 성숙한 사회관계 성취의 중심에 있다. 청년기에 친밀감이 형성되고 성숙한 사회적 관계가 확립되면서 배우자를 선택하여 새로운 가족을 형성하는 것으로 사랑의 실현, 정서적 안정, 성적 만족, 자녀 출산 등에 기여한다.

4. 직업의 선택과 준비, 배우자 선택

직업이 중요한 이유는 인간은 직업을 통해 경제적으로 자립하고 자신의 인생을 개척해 나가면서 자아실현을 도모한다. 고려할 사항은 개인의 인성과 사회적, 경제적, 직업적 현실과의 조화를 이루는 것이 중요하다.

직업생활의 의미는 직업생활에서의 만족감을 느끼는 것이다. 즉 삶의 질quality of life을 만족시킬 수 있다. 성공적인 직업생활의 영향요인은 자신의 적성과 능력, 흥미 그리고 직업에 대한 준비와 사회화, 직업적 성공이다.

직업은 청년과 성인의 주요한 발달과제이며, 상당한 시간과 에너지를 소모하는 부분이다. 남성은 자아정체감 형성을 중심으로 사회화된다. 여성은 성취의 포부와 가정생활을 병행하는 복합적인 사회화를 경험한다.

1) 직업의 선택과 준비

청년기에 성취해야 할 가장 중요한 발달과업이다. 청년기에는 직업 선택에 신중을 기하고 자신이 원하는 직업을 갖기 위하여 노력한다.

(1) 직업 선택

청년기의 발달과업은 직업을 선택하고 그에 따르는 준비를 하는 것이다. 직업은 경제적으로 자립하고 자신의 인생을 개척해 나가면서 자아실현을 하는 것이다. 직업 선택의 의식적·사회심리적 기반은 대부분 아동기에 뿌리를 두고 있다. 이 시기에 주의를 기울여 직업 선택을 위한 탐색시간, 대안적 가능성을 구상해야 한다.

청년기는 직업을 선택하거나 준비하는 과정으로서 개인적 능력과 특정한 직업이 갖는 요소들이 조화를 이루는지 평가해야 한다.

첫째, 전문적 기술로 대부분의 직업은 그 직업에 고유한 일정한 수준의 기술적 전문성이 필요하다. 그러므로 각 개인은 직업에서 요구하는 기술이나 능력이 있는지 평가해야 한다.

둘째, 권위적 관계로 각 직업에서 직장의 구성원들은 지위와 정책결정에 관해 계급에 입각한 상하관계를 가지므로 정책결정의 통로를 파악해야 한다.

셋째, 그 직업에 존재하는 고유한 요구나 위험요소를 고려해야 한다.

넷째, 동료들과의 인간관계로서 이것에 대한 규범은 협동적 또는 경쟁적인 관계로 구분할 수 있으며 어떤 환경이 사회적 욕구를 충족시켜 줄 수 있는지 판단해야 한다.

(2) 슈퍼의 직업 선택과정

슈퍼Super는 직업 선택을 8단계 과정으로 보았다.

표 11-2 **슈퍼의 직업 선택 8단계**

단계	연령	직업 관련 행동
결정화단계	14~18세	직업에 대한 막연하고 일반적인 생각을 갖고 있다가 점차 자아정체감이 발달함에 따라 직업 정체감도 동시에 발달함
구체화단계	18~21세	다양한 직업과 직업세계에 대해 더 많은 정보를 갖게 되며, 직업에 대한 생각이 보다 구체화되지만 하나의 직업을 선택하는 것은 다른 가능성을 배제하는 인식을 가짐
실행단계	20대 초반	한두 가지의 직업을 시험해 보거나 전문직종에 첫발을 들여놓지만, 실제 직업생활에 직면하면서 어떤 직업을 선택하기 전에 마음을 바꾸기도 함
확립단계	20대 후반	자신이 선택한 직업분야에서 발전이 이루어지고, 자신의 직업을 자아개념의 일부로 간주하기 시작함
강화단계	30대 중반	이전 단계의 전문지식이나 기술에 기초하여 자신의 분야에서 가능하면 더 하면 더 빨리 더 높은 지위에 오르기 위해 노력함
유지단계	40대 후반	자신의 직업분야에서 높은 지위를 획득하게 되고 전문가가 됨
쇠퇴단계	50대 중반	은퇴 시기를 인식하면서 일의 양을 줄이고, 신체적으로나 정서적으로 자신을 분리하기 시작함
은퇴단계	50대 후반 이후	대부분의 직장에서 은퇴하고, 직업 이외에 자신이 만족할 수 있는 새로운 역할을 찾게 됨

(3) 긴즈버그의 직업 선택과정

긴즈버그Ginzberg는 직업 선택의 과정을 3단계로 보았다.

① 환상적 시기

주로 아동기에 해당하며, 개인적 소망에 근거하여 직업을 선택하고 개인의 능력, 훈련, 직업적 기회 등에는 관심을 두지 않는다.

② 시험적 시기

청소년기에 해당하며, 직업에 대한 흥미, 능력, 교육, 가치관 등과 현실적인 문제를 함께 고려하여 직업을 선택하고자 한다.

③ 현실적 시기

청소년기부터 성인 초기에 해당하는 시기로, 특정 직업에 필요한 훈련, 자신의 흥미나 재능, 직업 기회 등을 현실적으로 고려하여 선택한다.

(4) 청년기의 직업 선택과정에 영향을 미치는 여섯가지 요인(O'Neil et al.)

① 가족관련 요인

어린 시절(초기아동기)의 경험, 역할 모델로서의 부모의 직업 등이다.

② 사회관습적 요인

학교 교육, 학벌 중시, 또래집단과의 경험, 대중매체 등이다.

③ 사회경제적 요인

출신계층(사회계층), 성차(성차별), 직업의 수용과 공급 등이다.

④ 상황적 요인

적절한 취업, 교육 기회, 노동조건 등이다.

⑤ 개인적 요인

자기 자신에 대한 기대(직업에 대한 기대), 능력, 흥미, 직업에 대한 태도, 성취 욕구 등이다.

⑥ 심리사회적 요인

자신감의 결여, 실패에 대한 두려움, 자기주장능력의 결여, 역할 갈등 등이다.

(5) 성격 유형에 따른 선호 직업군(Holland)

청년기의 직업은 개인의 생계수단이자 자아실현의 도구일 뿐만 아니라 스트레스를 일으키는 요인이 되기도 한다. 또한 직업은 청년기의 신분을 측정하는 중요한 기준이 되기 때문에 효율적이지 못한 직업 수행은 개인에게 매우 심각한 심리적·사회적 타격을 가할 것이다.

표 11-3 **홀랜드의 유형**

성격 유형	성격 특징	선호하는 직업
현실적 유형	개인의 경제능력, 외모 등 외적 특성을 중시	사물, 도구, 기계, 동물을 다루는 직업(예: 기계공, 농부)
탐구적 유형	지적으로 자신만만하지만 지도자로서의 능력은 부족	새로운 아이디어, 문제 해결, 과학적 활동 관련 직업(예: 과학자, 의사, 작가)

(계속)

성격 유형	성격 특징	선호하는 직업
예술적 유형	직관적이고 독창적이며, 다른 사람에 동조하기 싫어함	언어, 미술, 음악, 연극활동(예: 화가, 음악가, 영화감독)
사회적 유형	타인을 이해하고 돕기를 좋아하며 지도력이 있음	사람들과 함께 생활하고 일하는 직업(예: 사회복지사, 목회자)
기업가적 유형	다소 공격적이나 인기 있고 사교적이며 자신만만한 지도력 겸비	경제적 성공과 조직 목표 달성을 위해 다른 사람을 다루는 직업(예: 정치가, 사업가)
관습적 유형	질서정연하며 동조적이고 수리 및 사무 능력을 겸비	구조화된 환경하에서 정해진 계획에 따라 일을 처리하는 직업(예: 사무원, 은행원)

2) 배우자 선택

(1) 배우자선택이론

① 루빈Rubin의 근접성이론

학교나 직장 등 지리적으로 가까운 관계의 사람을 배우자로 삼게 될 가능성이 크다.

② 이상형배우자이론

개인이 바라는 특성과 특질을 이상적으로 갖춘 인물을 선택한다.

③ 가치의 일치이론

자신의 가치와 의식적이든 무의식적이든 일치하는 사람을 선택한다.

④ 동형배우이론

자신과 유사한 인종적·경제적·사회적 특징을 지닌 상대를 선택한다.

⑤ 보완적 욕구이론

자신에게 부족한 특성을 지닌 상대를 선택하거나 자신이 원하는 유형이 되도록 도와줄 수 있는 사람을 선택한다.

⑥ 조화이론

자신을 이해하고 받아들이며 유사한 인생철학을 지니고 있어서 원활한 의사소통이 가능할 것 같은 상대를 선택한다.

(2) 르위스Lewis의 결혼에 이르는 6단계

① 1단계 유사성의 단계

상호작용의 가능성과 기회가 있는 사람들 중에서 상대를 선택한다.

② 2단계 라포의 단계

상대방에게 자신에 관한 정보를 드러내기 시작하며 관계가 깊어진다. 이 단계에서는 서로간의 유사성 발견과 대화가 잘되는 조화적 관계라는 느낌이 관계를 지속하는 데 중요한 요소이다.

③ 3단계 자기개방의 단계

상호 역할조화와 공감을 발견하는 것이 관계를 지속하는데 중요한 역할을 한다.

④ 4단계 역할탐색의 단계

밀접한 관계 속에서 자신의 역할을 구축해 가고 상대방의 역할에 대한 기대를 형성하는 단계이다.

⑤ 5단계 역할조화의 단계

서로에 대한 역할기대와 역할수행을 조정하여 상호 보완적인 조화를 이루어가는 단계이다.

⑥ 6단계 상호결정의 단계

서로의 역할을 수용하여 확정하고 한 쌍의 동반자로서의 정체감과 일체감을 느끼는 단계이다.

(3) 스턴버그의 사랑의 삼각이론(Sternberg, 1999)

사랑은 친밀감, 열정, 헌신이라는 세 가지 요소를 갖는다.

- 친밀감은 두 사람의 관계 속에서 공유되는 따스함과 밀접함이다.
- 열정은 관계 속에서 경험되는 깊이 있는 강력한 감정(긍정, 부정적 감정 모두 포함)이다.
- 헌신은 어려운 역경에도 불구하고 관계를 지속하기 위한 결정과 의도이다.

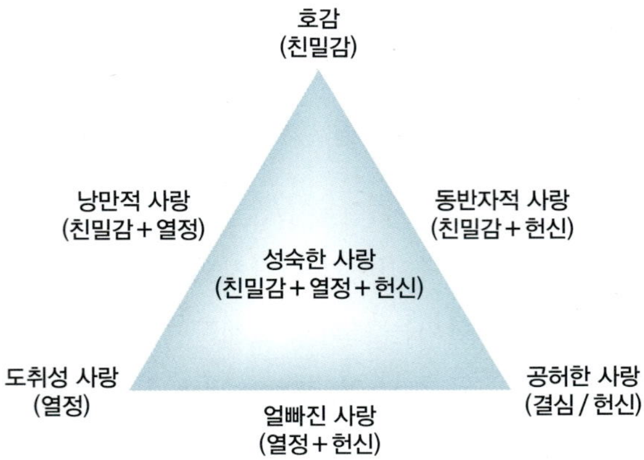

친밀감, 열정, 헌신 세 가지의 조합에 따라 여덟 가지의 유형의 관계가 형성된다.

- 사랑 없음 : 세 요소의 어느 것도 없는 상태. 우연한 상호작용만 존재하는 것이다.
- 좋아함 : 사랑의 한 가지 요소, 즉 친밀감만 경험하는 상태. 가깝게 느끼지만 상대방에 대한 열정은 없다.
- 도취된다 : 열정만 경험한 상태. 이러한 열정은 상대방을 현실적으로 보지 않고 이상적인 대상으로 간주한다.
- 빈사랑 : 헌신만이 있는 상태. 친밀도와 열정도 없다.
- 비현실적인 사랑 : 열정과 헌신의 조합된 상태. 예를 들어, 서로 급하게, 강렬하게 관계를 맺고 결혼을 결심한다.
- 낭만적 사랑 : 친밀감과 열정이 조화된 상태. 헌신은 없다. 낭만적인 사랑은 도취(깊이 빠짐)로부터 시작된다.
- 동반자적 사랑 : 친밀감과 헌신이 조화된 상태. 열정이 존재하지 않는 결혼상태에서 관찰되는 사랑이다. 대부분의 낭만적인 사랑은 궁극적으로 동반자적인 사랑으로 옮겨간다.
- 완전한 사랑 세 요소가 모두 존재하는 상태. 이러한 완전한 사랑을 꿈꾸지만 이를 성취하기란 매우 어렵다.

(4) 결혼에 대한 적응

- 결혼 초기 몇 년은 상호 적응의 과정으로, 이 시기를 보내는 것이 매우 어렵다. 즉 결혼 초기 긴장이나 갈등이 많은 시기로 상호 적응이라는 과업을 성취하지 못할 경우 이혼을 하게 된다.
- 결혼한 부부의 결혼만족도 또는 상호작용의 질을 결정하는 요인은 사회경제적 지위와 결혼생활 기간, 남편의 심리사회적 성숙도 그리고 부부 간의 의사소통 유형이다.

표 11-4 **결혼생활의 만족에 기여하는 요인들**

구분	요인들	
결혼 전부터 존재요인	• 부모의 행복한 결혼생활 • 행복한 아동기 • 연령의 유사 정도 • 정서적 안정의 정도 • 1년 이상의 교제기간 • 결혼에 대한 부모의 인정	• 공통의 취미나 관심사 • 문화적 배경의 유사성 • 직업에 대한 만족도 • 배우자의 욕구에 대한 통찰력 • 삶에 대한 긍정적 태도
결혼 후 기여요인	• 적절한 대화기술 • 민주적 평등주의적 관계 • 성생활의 조화 • 관심의 유사성	• 자녀에 대한 욕구 • 여가활동에 대한 공동 참여 • 시가와 처가와의 원만한 관계

출처 : 이인정 외, 2004: 101

표 11-5 **결혼생활에 갈등을 가져올 수 있는 요인들**

구분	요인들	
결혼 전부터 존재요인	• 부모의 이혼 • 주요한 성격적 특성에서 상대방과의 부조화 • 짧은 교제기간	• 심각한 개인적인 문제 • 외로움이나 가족으로부터 벗어나기 위해 결혼을 선택한 것
결혼 후 기여요인	• 배우자의 지배적 태도 • 배우자에 대한 우월감	• 시가 또는 처가와 함께 사는 것

출처 : 이인정 외, 2004: 102

(5) 성과 친밀성

정서적 유대를 지속하고, 상대의 약점을 공유하고 받아들이며 상호 자신감을 교환하고 신뢰감을 발달시킨다.

① 문화적 차이

아동기에 성역할을 습득하고, 청년기에 사회문화적인 성정체감을 형성한다.

② 성의 차원

히비 고크로스(Harvey Gochros, 1977)의 인인간의 다섯 가지 차원의 육체적인 욕망으로 성(관능), 친밀성, 종족 번식, 성과 관련 없는 성적 활동, 성 정체감 등으로 보았다.

③ 성적 지향성

동성애는 심각한 도덕적·윤리적·영적 문제로 간주되는 관점이나 사회적, 고용상의 통념상 노동시장 진입에 어려움이 있다. 청소년 시기에 성정체감 형성에 적극적인 대안이 필요하다.

④ 성치료

성적인 친밀감과 함께 정서적 표현도 중요하며, 상호 욕구에 대해 성공적으로 적응하기 위해서는 충분한 의사소통이 필요하다.

(6) 결혼과 다른 선택들

① 결혼과 동거

- 결혼 : 가족을 형성하고 자녀를 양육하여 합법적으로 성행위를 할 수 있고, 배우자의 정서적 욕구를 충족시키며, 결혼생활을 통해 성숙하게 된다. 가사분담과 결혼 전에 몰랐던 결점과 습관을 발견하는 등의 갈등에 대처하는 방법을 발견해야 한다.
- 동거 : 전통적 가정의 개념이 무너지고, 젊은 세대의 가치관의 개방에 기인한다. 관계의 모호성뿐만 아니라 상호 신뢰성과 헌신성 등 적응의 어려움이 크다.

② 이혼

도시산업사회에서 점차 증가하는 추세이다. 연령, 학력, 소득이 낮을수록 이혼률이 높다. 부부와 아동의 생활을 붕괴시키고 상실감과 분노를 경험하게 한다. 정신적 고통을 경험하는 자녀의 발달에 우선적 관심을 기울여야 한다.

③ **독신**

독신의 장점으로는 직업 선택 및 여가를 자유롭게 즐길 수 있다는 점이다. 하지만 단점으로는 결혼한 사람들로 이루어진 사회체계의 적응문제, 자존감에 영향을 미치게 된다.

5. 자녀의 출산과 양육, 청년기의 사회복지실천

1) 자녀의 출산과 양육

자녀의 출산과 양육과정은 새로운 적응이 필요한 급격한 변화를 동반한다. 자녀 출생으로 인한 주요한 삶의 변화는 부부 간의 사랑을 연결해 주고 외로움을 감소시킨다. 부부는 부모역할을 시작하게 되며, 그로 인해 삶의 형태가 변모한다. 그리고 부모가 되는 기쁨도 있지만 결혼생활의 행복감이 떨어질 수도 있다.

부모가 된다는 것은 새로운 삶의 경험과 발전의 기회이다. 양육에 따른 부담감으로 인해 위기가 발생할 수도 있다. 하지만 부모역할을 수행하는 과정에서 수반되는 어려움으로는 수면 부족으로 인한 고통, 새로운 의무감과 가사의 분담문제에 직면, 부부 간의 질투심 유발, 부부 간의 양육방침의 차이로 인한 결혼생활에 더 많은 긴장과 갈등이 유발된다.

자녀 출산 이후 부부 간의 적응상태를 적절히 유지하기 위해서는 부모로서의 역할전환에 대한 준비가 되어 있어야 하고, 부부 간의 역할과 책임에 대한 재조정을 포함한 전체 가족생활의 재조정이 이루어져야 한다.

2) 부모되기

청년기는 원래의 가정을 떠나 독립된 일가를 이루는 시기로, 결혼을 통해 가족을 구성하고 새로운 가족관계망이 생긴다.

(1) 부모의 양육과제

표 11-6 로시의 부모가 되는 4단계

단계	주요 내용
기대단계	임신으로 새로운 역할을 인식하는 시기이다.
허니문단계	부모와 자녀 간의 애착이 형성되는 시기이다.
안정단계	부모의 역할을 정립하고, 가족과 지역사회 문제에 대처하는 학습 시기이다.
종결단계	막내 자녀가 가정을 떠나는 시기이다.

(2) 부모가 되는 것과 관련된 의사결정

부모가 되는 것과 관련된 의사결정으로는 '아이를 가질 것인가 말 것인가', '아이를 갖는다면 언제쯤 가질 것인가', '아이는 얼마나 낳을 것인가' 등에 대한 의사결정으로 고민을 하게 된다.

(3) 한부모

한부모의 원인으로는 이혼율의 증가와 10대 미혼모의 사생아 때문이다. 빈곤은 스트레스를 유발하고 아동에 대한 정서적·재정적 지원을 감당하기 어렵게 한다. 성숙한 한부모가정이 아동을 양육하고 미래를 준비할 수 있도록 적절한 지원이 필요하다.

(4) 첫 자녀를 가진 후의 적응을 순조롭게 하기 위한 조건들

- 부모로의 역할 변화에 대한 준비가 되어 있어야 한다.
- 육아에 관련된 교육을 충분히 받아 숙지하여야 한다.
- 부부 간의 역할과 책임에 대한 재정의와 그에 대한 만족스러운 합의가 이루어져야 한다.

(5) 부모됨의 동기

표 11-7 **부모됨에 대한 학자의 견해**

학자	주요 내용
에릭슨(Erikson)	부모가 되고자 하는 동기는 태어날 때부터 타고난다고 본다.
라빈(Rabin)	• 숙명적인 것 : 인간이 자녀를 두고 싶어 하는 것은 자연의 섭리이다. • 이타주의적 동기 : 부모가 됨으로써 자녀에게 헌신적으로 도움을 준다. • 자기도취적 동기 : 자녀에게 필요한 사람이라는 확신, 성적 능력이 있는 건강한 성인으로 인정받는다 등이 있다. • 도구적 동기 : 자신이 못다 이룬 꿈이나 소원을 자녀를 통해 대신 이루려고 하거나, 손자녀를 낳아 자신의 부모를 즐겁게 해 드린다는 등.
야페(Jaffe)	• 자녀를 통해 노동력을 확보하여 가정의 경제적 차원에서 도움을 얻는다. • 자녀에게 부모된 자로서 권력을 행사함으로써 만족을 얻는다. • 자녀를 통해 사회적으로 좋은 위치에 선다. • 자신을 통해서 부모를 기쁘게 해준다. • 자녀를 통해 자신의 성장할 수 있는 계기를 삼는다. • 자녀를 기르는 과정에서 만족감을 느낀다.

(6) 자녀양육

자녀양육은 정서적·인지적 학습이 요구되는 어려운 과정이다. 따라서 자녀의 성장에 따른 부모의 양육방식에 변화가 필요하다. 영아기에는 계속적인 부모의 보호와 관심이 필요하다. 유아기에는 자율성 획득을 돕기 위한 부모의 훈육과 인내가 요구된다. 그리고 아동기에는 또래집단과의 관계 형성 및 기술 획득과 재능 발휘를 위해 부모의 도움을 필요로 하며 가정 밖 새로운 세계에 대한 탐색을 위한 새로운 경험이 요구된다.

3) 청년기와 사회복지실천

청년기의 사회복지실천에는 여러 가지 필요충분조건이 있다. 조건들을 살펴보면 다음과 같다.

첫째, 신체적 건강의 유지이다. 규칙적 운동과 균형 잡힌 영양 섭취가 필수이다. 또한 지역주민들을 위한 운동시설과 프로그램을 실시하거나 지역 보건소 등과 연계하여 신체적 건강 유지를 위한 식단 배포 프로그램이나 식사요법 등의 프로그램을 실시해야 한다.

둘째, 부부관계의 강화이다. 초기부부관계 적응을 원조하기 위해 의사소통훈련, 부부이해하기 등의 프로그램 실시하여야 한다. 이혼 예방 프로그램으로 부부상담, 부부캠프프로그램을 실시할 필요가 있다. 그리고 사회적 지원망 형성하기 위하여여 지역주민모임을 활성화할 필요성이 제기된다.

셋째, 자녀양육기술의 습득이 필요하다. 자녀 출산과 양육지식 준비를 위한 예비부모교육 프로그램을 시행하여야 한다. 또한 산모·신생아도우미 사업 등을 활용하여 산후조리와 자녀양육을 지원하여야 한다. 그리고 맞벌이부부 가정, 한부모 가정 등 자녀양육에 어려움을 겪고 있는 가정을 위해서는 자녀양육을 지원해 줄 수 있는 다양한 프로그램을 실시할 필요성이 제기된다.

넷째, 여가프로그램의 개발이 필요하다. 직장에서 받은 스트레스를 해소할 수 있도록 지원함과 동시에 부부 공동참여를 활성화하여 부부가 함께 하는 여가문화를 조성하여야 한다. 또한 탁아프로그램의 병행 실시, 프로그램 실시시간의 탄력적 운영을 통해 보다 많은 사람들이 참여할 수 있도록 해야 한다.

(1) 자율성 확립

청년이 취업을 하거나 대학에 진학하는 시기로, 부모는 자녀의 자율적 행동을 신뢰하거나 묵과하는 경향이 많다. 특히 부모와 떨어져 사는 청년은 전적으로 자신의 자율적인 결정에 의존해야 한다. 사회복지사들은 이들의 자율성 확보를 위한 개별 상담서비스는 물론 다양한 집단 프로그램을 통하여 도움을 줄 수 있다.

(2) 자기주장능력

자기주장능력은 정체감과 도덕적 관점을 형성하는 핵심 부분으로, 자기주장은 직설적이지만 무례하지 않은 행동을 말한다. 이 능력은 사회복지사와 내담자 모두에게 강조되는 능력이다. 교육자로서 사회복지사는 내담자의 대인관계의 효과성을 강화하기 위해 자기주장원칙을 가르칠 수 있다.

(3) 친밀감 형성능력

친밀감 형성능력은 청년기에 있어서 좀 더 높은 수준의 사회화 기능과 이성에 대한 적응기능, 인격도야의 기능, 오락의 기능, 배우자 선택의 기능에 가장 직접적으로 영향을 미치는 중요한 개인적 심리체계이다.

① 이혼

부부 모두에게 스트레스, 우울증, 죄의식, 외로움, 실패감, 낮은 자존심, 자아의 상실, 자기비난 등을 가져오게 하며, 자녀에게 비행, 범죄, 정신장애의 간섭적인 요인으로 작용한다. 이혼으로 겪게 되는 어려움은 자녀 양육문제, 경제적 곤란, 역할 상실, 사회적 고립, 부모-자녀 간의 갈등, 대인관계의 문제, 이혼한 전 배우자와의 관계, 일상생활의 가사문제 등이다.

버만과 더크는 이혼한 사람들의 스트레스 대처를 위해 사용하는 다양한 전략과 대응방식으로 데이트를 하거나 새로운 친구를 사귀는 것과 같은 사회활동, 공부를 다시 시작하거나 상담자에 의논하는 것과 같은 학습에 관련된 활동, 무엇이 잘못된 것인지를 숙고하고 이혼에 대하서 개인적으로 이해하고자 하는 노력, 이혼에 관련된 감정을 표현하고 털어놓는 것, 취직을 하거나 자립하고자 시도하는 것 그리고 집을 가꾸거나 아이들을 더 열심히 돌보는 것과 같은 가족에 관련된 활동 등을 들었다.

② 배우자 학대

남편 또는 아내가 다른 한편의 배우자에게 신체적·정서적·성적으로 위해를 가하는 것이다. 원인은 다양하다. 개인적 요인으로 알코올중독이나 습관성 음주, 약물 남용, 정신장애, 스트레스, 학대 받은 경험, 배우자 학대에 대한 관찰학습, 경험 등이 있다. 가정적 요인으로는 부부갈등, 가부장적 가족구조 등이다. 사회적 요인으로는 경제적 무능력, 실직 등이다. 문화적 요인으로는 배우자학대를 부부 간의 일로 간주하고 단순 부부싸움으로 여기는 전통적 태도 등이다. 예방책으로는 가정이나 사회에서 학대를 묵인하는 태도·관습·가치 등을 제거, 빈곤·실업 등과 같은 학대를 유발할 수 있는 사회적 요인 감소, 교육 및 가족치료 등이 있다.

표 11-8 **배우자 학대 증상 및 수준**

정도	일반적 기준	스트라우스(Strauss)의 기준
낮음	• 언어적 위협, 신체적 손상 또는 의료적 치료가 필요치 않을 때	• 상대편에게 무엇인가를 던지겠다고 위협하는 것(폭력을 경험했을 때와 같은 공포를 경험하기 때문에) • 물건을 던지거나 부수거나 치거나 차는 것, 실제로 상대편에게 물건을 던지는 것, 상대편을 밀거나 잡거나 밀치는 것
중간	• 상대편에게 무엇인가를 던지는 것, 밀거나 잡거나 미치는 것, 빰을 때리는 것, 차는 것, 차거나 물거나 주먹으로 치는 것, 신체적 손상, 단기간의 의학적 치료가 필요한 경우	• 빰을 때리는 것, 차거나 물거나 주먹으로 때리는 것, 치거나 물건을 가지고 때리는 것, 마구 때리는 것
강함	• 임신 중의 상처, 목을 조르거나 달아 매는 것, 심하게 맞는 것, 총이나 칼로 위협하는 것, 칼을 쓰거나 던지는 것, 피해자증후군 보이는 것, 성적으로 학대하는 것, 심각한 신체적 손상, 또는 장기간의 의료적 치료, 입원 가료 혹은 안전을 위해 다른 곳으로 옮겨야 하는 것	• 총이나 칼로 위협하는 것, 실제로 총이나 칼을 사용하는 것

CHAPTER

12

인간의 성장과 발달 : 장년기

1. 장년기의 개념

1) 일반 개념

장년기는 다른 어떤 시기보다 경제적으로 안정되어 있고, 삶의 다양한 영역에서 경험을 통해 지혜를 터득한 상태이며, 직장에서도 높은 지위와 책임을 가지고 있기 때문에 많은 사람은 장년기를 인생의 황금기 또는 전성기라고 한다.

또한 장년기는 인간의 발달과정에 있어 결정적인 시기로, '샌드위치 세대', '빈둥지증후군의 세대', '상실감의 시기', '제2의 사춘기' 혹은 '정체성 위기의 시기' 등으로 다양하게 표현되고 있다.

① 지도적인 세대command generation

위엄과 전문성으로 사회적 환경을 효율적으로 조정함과 동시에 새로운 규범을 창조하며 스스로가 명령자이며, 지도자로서 주된 정책 결정자로 활약한다.

② 양쪽에서 협공 받는 세대caught generation

노부모는 중년의 자녀로부터 보살핌을 필요로 하고 자녀들은 학업 수행이나 직장생활 등의 시작으로 보살핌을 받아야 함으로 중년은 자녀와 부모의 역할을 동시에 이중적으로 수행해야 한다는 관점이다.

③ 교량세대bridge generation

죽음을 받아들이고 인생에서의 지나친 꿈을 버리는 반면 안정되고 교량역할을 하는 시기이다.

④ 샌드위치 세대sandwitch generation

앞세대와 후세대의 중간에 놓인 세대로 저체성에 갈등을 겪게 된다.

⑤ 제2의 사춘기E. Leshan

사춘기에 나타나는 일시적인 심리적·정신적 혼란과 불안감 등을 중년기에 또 다시 경험한다.

⑥ 빈 보금자리기empty-nest period

자녀 독립에 따른 부모역할의 감소(빈둥지증후군)로 인해 공허함을 느끼게 된다.

장년기는 신체적으로 퇴행이 이루어지고 이러한 신체적 변화가 가지고 오는 심리적 위축과 적응의 문제 등의 위기를 극복해야 하는 시기로, 인생의 쇠퇴기로 규정하는 사람도 있다. 이렇게 볼 때 사람에 따라 장년기는 인생의 전성기가 될 수 있으나, 여러 한계성에 대한 부담감으로 인해 많은 위기를 경험하는 시기이기도 하다. 이 시기는 에릭슨의 생애주기 7번째 단계인 성인기 중·장년기, 즉 인생의 중반기에 해당하며, 그는 이를 생산성generativity(생성) 대 정체stagnation(침체)의 시기라고 한다.

2) 인생주기에서의 장년기

(1) 공자

- 四十而不惑 : 40세는 모든 유혹에 맞설 수 있다.
- 五十而知天命 : 50세는 천명을 안다.
- 六十而耳順 : 60세는 남의 말을 순순히 듣고 거슬림이 없었다.

(2) 탈무드

- 40세는 이해를 할 나이
- 50세는 상담을 해줄 나이
- 60세는 지혜와 연륜을 갖춘 연장자가 될 나이

(3) Solon

- 35~42세는 도량이 넓어지고 후덕해지며, 무익한 행위를 하지 않는다.
- 42~56세는 말과 정신이 절정에 이른다.
- 56~63세는 기능은 할 수 있으나 말과 재치가 예전처럼 민활하지 못하다.

(4) Buhler

- 45세에서 60세 사이

- 생물학적으로 성적 재생산 능력의 상실기
- 사회적으로 목표 추구를 위해 고투한 결과를 자기평가

3) 융Jung의 개념

(1) 자기실현의 과정

그동안 성취했던 것과는 다른 활동이나 영역에 관심을 돌리는 시기인 동시에 자기self를 실현하는 과정을 시작하는 단계이다. 40세 이후로 갈수록 남성은 여성적인 측면을, 여성은 남성적인 측면의 발달을 이루는 성격 변화가 나타나기도 한다.

(2) 개별화의 시기

장년기가 전환의 시기라는 것을 가장 먼저 지적한 사람은 융이다. 융에 의하면 사람들은 삶의 전반부에 자신의 외부세계를 다스리지만, 삶의 후반부에는 개인적인 질병이나 사망을 지배할 수 없다는 것을 이해하면서 점점 더 내면세계에 초점을 맞추기 시작한다고 한다. 융은 이러한 전환을 가리키기 위해 '개별화'라는 개념을 사용하였다.

(3) 전환기

융이 말한 4가지 전환기는 다음과 같다.

첫째, 죽음의 필연성 혹은 인생의 유한성 문제에 직면하여 실존적인 측면에서 '얼마나 살았나'보다는 '얼마나 더 살 것인가'를 생각하고 삶이 유한하다는 것을 깨닫는다.

둘째, 30대 후반에서 40대 중반이 되면 세대상의 위상에서 변화를 느낀다.

셋째, 신체적 능력의 감퇴와 노화를 실감한다.

넷째, 가족 내의 역할 변화가 위기를 가져온다.

4) 골만Goleman의 개념

장년기가 관계 형성이 심화되고 다른 사람의 욕구에 더욱 온정적이 되는 시기라고 했다. 결혼생활과 직장이 안정적인 개인은 다른 사람들에게 공감적이며 그들을 도울 수 있을 정도로 안정감을 가지고 있다고 지적하였다.

5) 골드스타인Goldstein과 랜다우Landau의 개념

중년은 직장 및 가정과 관련하여 자신의 자아를 검토하고 자신의 기대와 역할을 재검토하게 된다고 지적하였다. 이때 자신이 늙어가고 있는 현실을 인식하고 우울해지는 경향이 있으나, 이런 과정을 통해 궁극적으로 자신의 정체감을 갱신하고 통합하게 된다.

2. 장년기의 발달과업

1) 주요 발달과업

장년기의 주요 발달과업은 크게 4가지로 볼 수 있다.

- 신체적 변화에 대한 적응
- 부부 간의 애정 재확립
- 중년기 위기의 극복
- 직업활동에의 몰두와 여가선용

2) 굴드Gould가 제시한 장년기에 벗어나야 할 다섯 가지 비합리적 가정

- 안전이 영원히 지속될 것이라는 가정
- 자신과 자기가 사랑하는 사람들에게 죽음이 일어나지 않을 것이라는 가정
- 배우자 없이 사는 것이 불가능하다는 가정
- 가족 밖에서는 어떠한 삶이나 변화도 존재할 수 없다는 가정
- 자신이 순수하다는 가정

3) 학자별 주요 발달과업

(1) 에릭슨 : 생산성 대 침체(30~60세)

생산성이란 한 세대가 다음 세대에게 물려줄 문화와 사회질서를 유지하고 발전시키며 살아갈 기초를 구축하는 것을 의미한다. 개인의 사후에도 존속될 사회를 위해 개인적, 공적 수준에서 기여 하는 능력으로 구체적인 예는 다음과 같다.

- 자녀 출산, 양육, 자손의 성취
- 자녀 이외의 젊은이에 대한 관심과 보호
- 기술적 생산품, 아이디어, 책, 예술작품 등 창조적인 작업

생산성의 완성은 한 사회의 생존과 발달에 중요하다. 이런 공헌은 평등과 인권을 향한 마틴 루터 킹이나 간디의 생동처럼 기념비적인 것일 수 도 있으나 대부분은, 예를 들면 대인서비스 기관에서 자원봉사 활동을 하는 것처럼 널리 알려지지 않는 활동이다.

이 시기의 사람들은 생산성을 성취하기 위해 자녀를 돌보고 능동적으로 직업에 몰두하며, 사회의 발전에 관심을 갖고 노력하며 살아간다.

- 자기 인생의 목표 달성이 사회를 위한 의미 있는 기여에 실패했다고 느낄 때 침체를 경험한다.
- 침체는 심리적 성장의 결핍을 의미하는 것으로, 자신의 에너지와 기술을 오직 자기 만족을 위해서만 사용한다.
- 이러한 침체는 주로 직장에서 승진의 탈락, 노부모 부양, 부부갈등과 이혼 등으로 인하여 무능력을 경험할 때 형성되며, 새로운 기술의 발달과 생활양식의 변화도 장년기 성인 침체에 이르는 원인이 된다.

(2) 레빈슨Levinson의 발달과업

남성의 생애구조와 생애시기, 변이에 관한 레빈슨의 발달에 대한 입장은 레빈슨은 성인기 생활 변천에 관한 모종의 발달이론을 구축했다. 생애구조life structure는 레빈슨 이론의 핵심으로, '한 개인의 삶에 근간이 되는 패턴이나 설계가 어떤 특정한 시기에 나타나는 것'을 말한다. 한 개인의 생애구조는 그 개인과 환경 간의 상호작용으로 형성된다. 레빈슨 이론에 따르면, 삶은 여러 차례 변한다. 레빈슨은 이런 일련의 생활 변천을 일정한 구조로 바라보았다. 전성인기(출생~22세), 성인 초기(17~45세), 성인 중기(40~65세), 성인 후기(60세 이후), 이 시기가 서로 중첩되는 동안 사람들은 자기 나름의 생애구조를 형성한다.

변이기transitional period는 각 시기 내의 어떤 기간에 이루어지기도 하고, 이들 각 시기가

서로 맞물려 5년 정도에 거쳐 찾아오기도 한다. 이때 남성은 자신이 수립한 생애구조를 재검토한 뒤 삶을 재구조화할 수 있는 기회를 탐색한다.

① 성인 초기의 변이(17~22세)

전성인기와 성인기 사이를 왔다 갔다 한다. 대학 진학이나 군복무는 가족 내에서 어린 아이로 남느냐 아니면 완전한 성인의 지위에 도달하느냐 사이에서 제도가 제공하는 일종의 변이이다.

② 성인 초기의 생애 구조(22~28세)

이 시기는 이른바 '어른의 세계로 들어가는 것'을 말한다. 이 시기에 젊은이는 비로소 한 사람의 어른이 되고, 성인 초기의 생애구조를 수립한다. 이 국면에서 중요한 2가지 특징은 '꿈'과 '훌륭한 조언자'이다. 이 시기 남성은 미래에 대한 꿈을 품는데, 이러한 꿈은 좋은 조언자를 발견하면서 크게 영향을 받는다.

③ 30대의 변이(28~33세)

이 시기 남성은 자신의 삶을 다른 각도로 바라본다. 별 문제없이 30대 변이기로 잘 들어가는 남성도 있지만, 지금의 생애구조를 견디지 못하고 새로운 대안을 찾는 데 어려움을 겪는 이들은 위기를 경험한다.

④ 성인 초기에서 생애구조의 절정(33~40세)

이 시기는 '정착'의 시기를 예고한다. 정착기의 막바지인 30대 후반에 이르면, 이른바 '독립적인 남성되기becoming one's own man, BOOM'라 칭하는 시기가 찾아온다. 이 시기의 남성은 대개 조언자에게서 독립하고, 아내나 상사, 자녀, 친구, 애인, 동료 등과 갈등하기도 한다.

⑤ 성인 중기의 변이(40~45세)

성인 중기의 변이는 초기의 과업을 완수하는 동시에 중년기의 요령을 터득하며 자신에게 초점을 맞춘다. 이 시기 남성은(이제 죽음이라는 문제에 좀 더 민감해지므로) 자기 생애의 거의 모든 측면에 의문을 제기한다. 대부분의 남성은 이 시기가 상당히 심각한 위기임을

레빈슨의 성인 중기 혹은 장년기(40~60세) 발달과업

- 지혜와 판단력이 정절에 달하는 일에 몰두한다.
- 제자나 후배의 후견인으로서 그들을 지도하고 이끌어준다.
- 젊은 시절에 설정한 꿈과 현실 사이의 괴리를 발견하고 스스로 추구해 오던 목표를 재평가한다.
- 노화의 증상과 신체능력의 감소를 확인하게 되며 다가올 죽음을 생각한다.

알아차린다. 지금까지의 가치를 재검토한다. 또한 이 시기 남성의 대부분은 중년의 위기를 경험한다. 중년기는 내부의 갈등과 외부의 요구 때문에 좀 더 동정적이고 성찰적이며, 사려 깊고 덜 포악하며, 자신과 타인을 좀 더 너그럽게 사랑할 필요가 있다. 이런 과제에 실패한 사람은 점점 침체되고 진부한 삶을 살게 된다.

⑥ 성인 중기의 생애구조(45~50세)

40대 중반에 이른 남성은 생활구조를 새롭게 시작하는데, 여기에는 새로운 선택을 포함한다. 성공적인 사람은 자기 인생에서 새로운 측면을 꽃 피우도록 기회를 활용하기 때문에 중년기가 인생에서 가장 만족스러우며 창조적인 시기라고 여긴다.

⑦ 50대의 변이(50~55세)

대부분의 남성은 이 시기에 완만한 위기를 경험한다. 자신이 지나온 발자취를 돌아보고 앞으로 나아갈 방향을 계획하는 또 다른 시간이다.

⑧ 성인 중기에서 생애구조의 절정(55~60세)

일반적으로 안정된 변이기로, 남성은 중년기의 생애구조 틀을 마무리 한다.

⑨ 성인 후기의 변이(60~65세)

이 시기는 중요한 전환점으로, 중년기가 끝나는 시기이자 성인 후기를 준비하는 시기이다.

(3) 하비거스트Havinghurst의 발달과업

하비거스트는 발달과업으로 6가지로 보았다.

첫째, 10대에 돌입한 자녀들을 책임감 있고 성실한 성인으로 성장하도록 돕는 것이다.

둘째, 성인으로서의 사회적 책임감을 성취하는 것이다.

셋째, 여가시간을 활용하는 것이다.

넷째, 배우자와의 인격적 관계를 형성하는 것이다.

다섯째, 장년기의 생리적 변화를 수용하고 적응하는 것이다.

여섯째, 노화해 가는 부모들에게 적응하는 것이다.

(4) 펙Peck의 발달과업

① 지혜의 중시 대 육체적 힘 중시

이 시기를 성공적으로 적응하는 사람은 육체적 힘이 쇠퇴해져도 정신적 능력인 지혜가 이를 보완할 수 있음을 인식한다.

② 대인관계의 사회화 대 성적 대상화

이혼이나 배우자의 사망으로 인해 경험하는 사회적·신체적 변화는 대인관계를 성적 친밀성이나 경쟁심보다는 친구 사이를 강조하는 관계로 재정의하도록 한다.

③ 정서적 융통성 대 정서적 빈곤

정서적 융통성은 한 사람 또는 한 활동에 정서적으로 투자하던 것에서 다른 사람 여러 활동으로 정서적 투자를 전환하는 것을 말한다. 부모의 사망, 자녀의 독립, 친지의 사망 등에 의하여 정서적으로 관계의 단절을 경험하게 된다. 이때 감정을 다른 사람이나 다른 활동에 재투자하지 못하면 정서적 빈곤을 경험하게 된다.

④ 지적 융통성 대 지적 경직성

자신의 견해와 활동에 대한 융통성과 새로운 사고에 대한 수용력이 요구된다. 새로운 정보 수집을 중단 또는 거부하는 사람들은 지적 성장이 느리고 자신의 삶을 무가치하게 느낀다. 반면에 새로운 경험과 배움을 수용하는 사람은 과거의 경험과 더불어 새로운 지혜를 활용할 수 있다.

3. 장년기의 신체적 발달

1) 신체적 변화

(1) 건강의 변화

비교적 양호한 건강상태를 유지하고 있지만, 신체적 능력과 건강이 감퇴되기 시작한다. 40대 초반에 신진대사가 저하되고 건강문제가 나타나기 쉽다. 고혈압에 따른 여러 성인병의 위험에 노출되어 있다. 주요 사망원인으로 암, 심장질환, 사고 및 뇌졸중이 있다.

(2) 신체 구조상의 변화

척추 사이의 디스크의 감퇴로 인해 신장이 줄어든다. 40세 이후부터는 신진대사의 둔화로 인해 허리둘레와 체중이 늘고 배가 나오기 시작하며 머리카락이 빠지기 시작한다. 피부는 탄력이 줄어들고 주름이 생기며, 수분이 줄어들고 건조해져 때로는 갈라진다.

(3) 신체기능의 저하

활기를 잃고 육체적 힘이 약화되며 질병에 대한 저항력이 약해지고 질병 회복능력이 감소한다. 심장기능, 위·장관에서의 효소 분비의 저하 및 변비와 소화불량의 위험, 신장기능 감소, 전립선 비대 등이 나타난다. 관절염, 당뇨병, 심장병, 고혈압 등과 같은 심각한 성인병에 걸릴 가능성이 높다. 감각기관의 노화로 인하여 시력 저하, 원시, 청각이 쇠퇴한다.

(4) 에너지의 변화

에너지 수준이 감소하고 신체적 작업능력이 저하된다. 힘든 활동 후 에너지 보충을 위한 시간이 많이 필요하다. 질병 회복시간이 오래 걸린다. 급하게 에너지를 쓰는 것보다 인내를 요구하는 일을 더 잘해 낸다.

2) 성적 변화

장년기 성적 변화에 있어서 중요한 영역 중 하나는 부부 간 성문제에 대한 효과적인 의

사소통이다. 많은 전문가는 장년기의 성적 변화가 보편적이므로 이러한 변화를 배우자와 의사소통하면 서로를 더 잘 이해할 수 있으며 대처방안을 모색하는데 용이하다고 한다.

자신의 연령에서 자연스럽게 경험할 수 있는 성적인 변화를 이해하고 수용하여 이에 대해 긍정적이고 적극적으로 대응할 수 있는 방안을 모색하는 것이 필요하다.

(1) 여성의 갱년기 : 폐경기

월경을 시작한 지 30~40년 정도가 된 40대 후반에서 50대 초반의 여성이 폐경을 경험한다. 약 10% 미만의 여성은 40세 이전에 조기폐경을 경험하기도 한다.

폐경이 이루어지면 생식능력을 상실하고 여성호르몬(에스트로겐)이 1/6정도로 줄어들며 자궁과 유방이 퇴화하는 등 다양한 신체적 증상과 심리적 증상을 경험한다. 또한 에스트로겐의 감소로 골다공증이 발생하고 두통, 메스꺼움, 현기증, 골반통, 유방 통증, 호흡장애 등이 나타난다. 오르가즘의 경험이 짧아지고 성 윤활유도 감소한다.

① 생물학적 변화

- 나팔관은 짧아지고 작아진다.
- 질은 탄력이 줄고 짧아진다.
- 자궁은 오그라들고 단단해진다.
- 작열감 : 갑자기 상체에 열이 나는 느낌, 땀이 나고 얼굴이 붉어지고, 현기증이 난다 (폐경기 여성의 50%).
- 머리카락과 외성기 부분의 체모가 숱이 적어지거나 음순이 탄력을 잃는다.
- 유방도 탄력을 잃고 더 작아진다.
- 체중이 늘어 체형 변화(줄기도 한다)한다.
- 가려움, 두통(불면증), 팔다리 윗부분의 근육은 탄성을 잃는다.
- 입 주위에 수염이 날 수도 있다.
- 폐경기 뒤에 여성 중 1/4은 골다공증을 경험한다.

② 심리반응

긍정적인 면은 줄어들지만 부정적인 측면을 증가한다. 가벼운 우울증, 일시적인 정서불안, 분노감, 자기비하, 충족감의 결여 등을 경험한다.

(2) 남성의 갱년기

정자나 정액 생성의 종결을 의미하지 않으며, 여성에 비해 비교적 늦게 찾아오는 것이 일반적이다. 갱년기가 되면 남성호르몬의 생산이 감소되어 정자의 활동성이 저하되어 수정 능력이 감소하며, 성적 능력이 저하되지만 성적 무능력을 초래하지는 않는다. 남성의 성적 무능력은 남성호르몬 분비의 감소보다는 성공에 대한 과도한 욕심, 정신적 피해, 과음과 과식, 만성질환, 성적 수행에 대한 실패 공포 등에 의해서 유발된다.

- 생물학적 변화 : 머리숱이 적어지고 희어짐, 주름이 많아지고 허리둘레에 군살이 생김, 육체의 힘이 약해진다. 심장, 전립선, 성적 능력, 가슴둘레, 신장, 청력, 위장도 변한다. 테스트로겐(체모 성장과 낮은 목소리 등 남성 2차 성징의 활동 자극, 성기관의 퇴보 막음)의 생성 감소한다.
- 심리적 반응 : 부정적인 반응은 노화나 실패를 두려워하거나, 여성의 성적 능력을 두려워하거나, 성행위 중 실패할지도 모른다는 공포, 죽음에 대한 공포, 우울증(어린 시절 꿈에 대한 재평가, 새로운 성적인 바람이나 환상, 잃어버린 기회에 대한 슬픔, 자신의 가치에 새로운 질문을 던지면서 시작. 이전의 열성을 되찾기 위해 혹은 의혹과 공포를 흔들기 위해 더 심하게 일을 하고 운동을 더 많이 하고, 더 젊은 여자를 찾는 것으로 자신을 내몰 수도 있다), 그리고 자살을 들 수 있다. 불만은 많아지고 승진은 끝나게 된다. 40~50세에 일에서의 목표를 달성하지 않으면 결코 그것을 성취할 수 없음을 깨닫는다.

① 장년기의 위기(인생의 불확실한 시기)

이혼, 외도, 직업의 변경, 사고 그리고 자살기도 등이다. 자신의 결혼과 가족생활을 재평가한다. 자신은 누구이며, 인생에서 진정 원하는 것이 무엇인가를 검토한다. 초조, 성생활의 감소, 우울증, 기억과 집중력 감퇴, 성욕 감퇴, 피곤, 수면곤란, 신경과민, 관심이나 자신감 결여, 우유부단, 감각마비와 쑤심, 위기감, 그리고 홍분한다. 두통, 현기증, 변비, 울음, 작열감, 오한, 가려움증, 발한, 수족냉증이 발생한다.

② **외도**

외도에 대한 보고는 연구마다 차이가 있다. 평균적으로 남편 중 25~50%, 그리고 아내 중 15~25%가 외도한다. 외도하는 이유는 부부 간의 성관계에 만족하지 못한 것, 배우자가 장기간 병을 앓고 있거나 성기능 이상 또는 별거를 하고 있을 때, 어떤 사람은 애정을 얻기 위해, 호기심을 충족하기 위해, 흥분을 찾기 위해, 정복이라는 의미에서 성관계를 하기 위해, 배우자에게 복수하기 위해, 어떤 이는 자신에게 더 많은 사랑과 애정을 주지 않은 배우자를 벌주기 위해서 그리고 복합적인 이유이다.

외도를 하지 않는 것은 사랑하는 관계에서 신뢰를 깨뜨리고 부부관계에 해가 되며, 외도에서 얻을 수 있는 이익이 그 결과의 불이익에 못 미친다는 현실적인 이유와 배우자에게 매우 큰 상처를 주는 것이기 때문이다.

외도의 결과로 가장 나쁜 결말은 이혼이다. 하지만 결혼에서 존재하는 문제를 인식하여 해결하는 계기가 된다. 마지못해 받아들이고 별다른 말도 하지 않고 적응하는 경우도 있다. 경제적으로 배우자에게 의존적이거나 자존감이 낮거나 과거에 배우자에게 받은 정서적인 학대에 이미 적응, 이혼하는 데에 비용이 많이 들고, 사회적인 편견과 고독 때문에 배우자의 외도를 감수하거나 합의하기도 한다.

(3) 갱년기 보건

첫째, 남성의 갱년기 보건에서 중요한 것은 갱년기의 증상은 정상적인 생리상의 변화이며 질병이 아니므로 건강을 위협하는 것이 아니다. 감정을 안정시키고 명랑한 기분을 유지하며 신체 안팎의 새로운 균형관계를 조성하여 스트레스나 우울을 없앤다. 방안으로는 합리적인 영양 섭취와 생활의 규율을 들 수 있다.

둘째, 여성의 갱년기 보건에서 중요한 것은 낙관적 적극적으로 생리 변화를 파악한다. 예를 들면, 서클활동, 스포츠 활동 등이다. 화목한 가정이 되려면 남성의 위로와 배려는 특히 중요하다. 약물치료는 갱년기 여성은 다이아제밤, 리브륨, 베프로바메이트 등의 진정제를 적절하게 복용하여 수면과 정신 안정을 확보한다.

4. 장년기의 심리적 발달

1) 인지적 특성

장년기 정신기능의 잠재력은 거의 변함이 없고, 인지기능은 성인기 후반까지 향상된다. 하지만 많은 사람들이 정신적·신체적으로 적극적이지 못하다. 어휘력과 언어능력이 발달한다. 창조적 생산성으로 인해 과학자, 학자, 예술가의 최고의 실적은 보통 40대에 나오며, 60대와 70대에도 높게 유지되는 경향이 있다. 통합적 사고능력 향상으로 보고, 읽고, 듣는 것을 자신의 학습과 경험으로 통합하여 사고한다. 그리고 실질적인 문제 해결 능력이 정점에 달한다.

2) 인지발달

인간의 인지발달은 대략 25세 무렵부터 하강곡선을 그리는 것으로 알려지고 있다. 그러나 연령의 증가에 따른 인지지능의 쇠퇴가 거의 없거나 매우 적으며, 인지지능의 쇠퇴가 있다고 하더라도 종류에 따라 변화의 정도는 다르다는 주장도 있다.

신체능력의 감소와 더불어 인지능력이 감소한다. 인지능력은 감소하지 않으며 오히려 특정 측면의 인지능력은 강화된다. 단기적 기억력은 약화되어 새로운 것을 학습하는 능력은 저하되지만 장기적 기억력에 있어서는 변화를 발견할 수 없고 오히려 오랜 인생의 경험에서 터득한 지혜 때문에 문제 해결능력이 높아진다.

홈Hom과 도날드슨Donaldson은 장년기의 지적 능력을 결정성 지능과 유동성 지능으로 구분하여 살펴보아야 한다고 주장하였다.

① 결정성 지능

경험, 교육훈련 등을 통하여 후천적으로 획득된 지능으로, 어휘, 일반상식, 언어이해 등을 포함한다.

② 유동성 지능

유전적, 신경생리적 영향에 의해 발달되는 지능으로, 뇌와 중추신경계의 성숙에 비례하여 발달한다. 경험이나 지식의 축적에 영향을 받지 않는 능력이다.

이러한 두 가지 지능은 절정에 달하는 시기가 각기 다른데, 유동성 지능은 10대 후반에 절정에 도달하고 성년기부터는 점차 감소하는 반면, 결정성 지능은 성인기의 교육 경험을 결과로 생의 말기까지 지속적으로 증가한다.

3) 심리적 체계의 변화 : 심리적 위기

(1) 장년기의 성격 변화

35~40세의 장년기 초기에는 외적으로 팽창하는 시기이며 자아가 발달하고 외부세계에 대처하는 역량을 발휘한다. 가정을 이루며 경력을 쌓고 사회적 성공을 얻기 위해 온 힘을 기울이는데 이를 위해 대체로 남성은 남성적 측면을 여성은 여성적 측면을 발달시키게 된다. 40세 이후의 장년기는 외부세계에 쏟았던 에너지를 자기 내면으로 돌리려 한다. 또한 남녀는 반대의 성적 측면을 나타내는데 남성들은 여성적 측면을, 여성들은 남성적 측면을 나타낸다.

따라서 남성들은 공격적 야망이 줄어들고 그동안 소홀했던 대인관계에 관심을 갖게 되는 반면, 여성들은 좀 더 공격적이고 독립적이 된다. 이것이 중년기 부부의 갈등을 초래하는 원인이 된다.

중년 이후 삶의 태도는 선입견이 없어지는 시기이다. 선악에 대한 기준이 약해진다. 출신상의 콤플렉스를 떨쳐낸다. 외형보다는 됨됨이로서 사람을 본다. 과거의 사고들이 인품이 되는 시기, 정의감보다는 자비심이 더 크게 작용하는 시기, 주변 변화에 담담하게 준비하는 자세를 갖는 시기이다. 알아서 물러날 줄 아는 자세를 갖는다. 자식이 독립하게 된다.

(2) 심리적 건강으로서의 개별화

개별화는 장년기*에 자아를 외적, 물질적 차원으로부터 내적, 정신적 차원으로 전환시키는 것을 의미한다. 외부세계의 적응이라는 목적이 어느 정도 성취된 인생 후반기는 내면세계로 시선을 돌려 자기를 강화하는 것이 목적이다. 개별화 기간 중에는 페르소나, 그

* 융의 이론에는 중년기라는 표현을 사용한다.

림자, 아니마, 아니무스에 변화가 생긴다. 개별화과정은 장년기 혹은 그 이후에 나타나며 이 시기 성격 본성의 변화로 인한 냉혹한 위기를 견뎌야 한다. 개별화된 인간은 자긍심이 높고, 의식과 무의식 수준의 자기를 잘 알게 된다.

(3) 중년의 위기

장년기에는 신체적 노화, 직업생활 및 가족생활에서의 변화에 성공적으로 적응해야 하는 과업을 지니고 있고, 자아의 성장에 더 큰 관심을 가지므로 중년기의 위기를 경험할 가능성이 높다. 그러나 중년기의 위기가 반드시 존재하는 것인가에 대해서 학자들 간에 합의에 이르지 못하고 있으며 문화에 따라 차이가 있다는 점에 대해서만 서로 동의하고 있다.

(4) 빈둥지증후군Empty nest syndrome

자녀가 독립해서 떠남으로써 부부만 남게 되는 현상을 뜻한다. 인생의 무의미함을 느끼고, 자신이 더 이상 쓸모없게 되었다는 느낌을 갖기도 한다. 그러나 실제로 '빈둥지 시기'가 되었을 때, 부모로서의 책임에서 벗어나 자신을 더 이상 아내로서 또는 어머니로서 정의하지 않으며 정체성에 다른 의미를 부여하고 자신감, 안정감, 독립심을 나타내기도 한다.

5. 장년기의 사회적 발달

1) 안정된 가족생활환경

(1) 가정의 운영

가정은 인간의 성장과 정신건강을 조성하는 장으로서 이러한 환경을 창출하는 것이 장년기의 과제이다. 이를 위해서 장년기 부모는 가족성원의 지위에 따라 책임과 권리를 공평하게 배분하고 가족생활과 관련된 합리적 의사결정을 할 수 있는 능력이 필요하다.

가족주도형 의사결정구조가 가장 바람직하다. 가족주도형 의사결정구조를 가진 가족에서는 가족성원들 모두가 가족문제에 대한 의견이나 해결책을 제시하며, 자녀의 참여도나 만족도가 높다.

장년기의 부모들은 대부분 자녀들이 청소년기에 접어들게 됨으로써 자녀와의 갈등이 일어날 가능성이 많아지게 된다. 따라서 장년기 성인들은 외부의 사회적 관계망과 가족생활 간에 역동적 균형성을 유지하기 위한 노력을 하여야 한다.

(2) 건강한 가정의 특성

건강한 가정의 특성으로는 가족의 유대, 가족의 의사소통, 가족의 문제 해결 수행능력, 가족구성원이 공유하는 가치체계를 들 수 있다.

(3) 부부관계 유지

가정에서 가장 중심이 되는 것은 부부이다. 부부관계를 건강하고 활기 있게 유지하기 위해서 부부는 안정과 신뢰, 공감을 성취하도록 노력해야 한다. 중년기는 부부 간에 적응과정의 어려움을 극복하고 진정한 동반자로서의 의식을 강화시켜 나가는 시기이다. 자녀가 어느 정도 자율적으로 생활하게 되면서 부부는 전보다 더욱 밀착된 관계로 발전한다. 자녀들이 독립하게 되면서 중년기의 부부는 부모의 의무로부터 해방되어 부부 간에 많은 시간을 갖게 되면서 결혼생활의 만족도가 높아진다.

결혼만족도는 신혼 초에 최고치에 다다르게 되고, 자녀 출산 후 감소하기 시작한다. 중년에 자녀와의 갈등(사춘기)으로 가장 좋지 않다. 진수기에 다시 최고치(제2의 신혼기) 진수기에는 노후생활 준비라는 도구적 성격으로 부부관계가 재조직되는 단계로, 이때의 만족도는 건강, 자원 등 부부관계의 질에 달려 있다. 진수기는 여성 지배의 절정기라고도 한다.

결혼만족도에 영향을 주는 요인들은 남성은 성 만족도(51.7%), 의사소통(8.2%), 결혼지속지수(3.7%), 처가관계(2.7%), 기타(51.7%) 순으로 나타났으며, 여성은 의사소통(17%), 성 만족도(7.2%), 시댁관계(3.7%), 기타(71.2%) 순으로 나타났다. 대화가 많은 부부일수록 성적 만족도도 높은 것으로 나타나 두 요인을 분리해 생각할 수 없다. 배우자와의 대화가 무익하다고 느끼고 혼자 문제를 해결한다면 결혼생활이 위태로운 것으로 볼 수 있다.

(4) 건강한 결혼관계 유지 조건(뉴만 & 뉴만)

부부는 각자 개인적인 성장과 부부로서의 성장을 위하여 헌신하여야 하며, 효과적인 대화체계 개발을 개발해야 하며, 갈등 해결을 위한 창의적 방안을 가져야 한다고 하였다.

2) 자녀와의 관계

자녀들이 청소년기나 장년기가 되기 때문에 이들에 대한 지원과 지도가 필요하다. 청소년 자녀가 자아개념을 발달시키고 자아정체감을 확립하도록 지원해야 한다. 청소년들이 자율적이면서 독립적으로 행동할 수 있도록 지지하고 안내하며 지원할 책임이 있다. 중년기 후반에는 자녀가 장년기가 되어 취업과 결혼을 해야 하기에 새로운 부모역할이 요구된다.

3) 자녀교육 및 훈육

(1) 학령전기~아동기

부모가 규칙을 설정하고 자녀들이 이에 순응하도록 훈육하고, 자녀들이 해야 할 일을 적절히 수행할 수 있도록 원조하는 교육자 또는 비서로서의 역할을 수행해야 한다.

(2) 청소년기

부모와 자녀의 관계를 재조정해야 한다.

(3) 자녀 독립기

자녀를 성인으로서 인정하고 그들의 의사를 존중해 주며, 결혼 준비를 지원할 뿐만 아니라 출가한 이후에도 지속적인 관심과 지원을 할 수 있어야 한다.

(4) 장년기

자녀의 성장에 성공적으로 적응하기 위해 자녀와의 효율적인 의사소통, 자녀의 학교교육과 진로의 선택의 문제, 자녀의 독립으로부터 발생하는 부모의 빈둥지증후군을 극복하여야 한다.

4) 친구관계의 발달

친구관계에서 남성은 중·장년기 초기에는 우정보다는 일을 중시한다. 이때 접촉대상들은 주로 직장에서의 사람들이다. 후기에는 다시 우정을 중시, 친목을 꾀한다. 정신적 성숙과 연륜에 의해 부부동반으로 동창회 등을 한다.

여성은 안정적인 우정을 지속해 나간다. 일과 우정의 입지가 대립되나 그것을 역이용하여 보완기능을 한다. 중년기 후기에는 우정활동이 사회적 역할로 대치된다. 우정활동을 통하여 과거에 포기했던 일들을 다시 시도한다. 이 시기 이성친구는 직장, 동창회, 부부모임에서 만난 사람들이다.

5) 노부모 공양

부모의 건강이 약화되어 보호를 요하는 시기는 대개 자녀들의 중년기와 일치한다. 중년기 성인의 부모가 만성적인 질병이 있거나 부모 중 한 사람이 사망하면 부모와 자녀의 역할이 전환되어 중년기 성인은 그들의 부모를 부양하고 보살펴야 하는 역할을 담당하게 된다.

성인 자녀는 자신의 부모를 위해 재정적인 지원뿐 아니라, 그들을 위하여 여러 가지 일을 도와주는 역할을 한다. 이들은 대부분 충분히 준비되지 않은 상태에서 부모에 대한 간병의 책임을 맡게 되며, 자신을 길러준 부모를 거꾸로 돌봐야 하는 역할전도로 인해 중년기에 해당하는 자녀들이 심리적 충격을 받기도 한다.

6) 직업관리, 직업적 성취와 직업전환

(1) 계층과 연령대에 따른 직업만족도

장년기의 직업생활은 가족의 생계 유지나 사회적 관계 면에서 큰 영향을 줄 수 있기 때문에 굉장히 중요한 요인이다. 장년기에는 대부분 직업 내에서의 직무 수행능력이 매우 높은 편인데, 이는 오랜 경험을 통해 축적된 지식으로 높은 수준의 직무성취도를 보이기 때문이다.

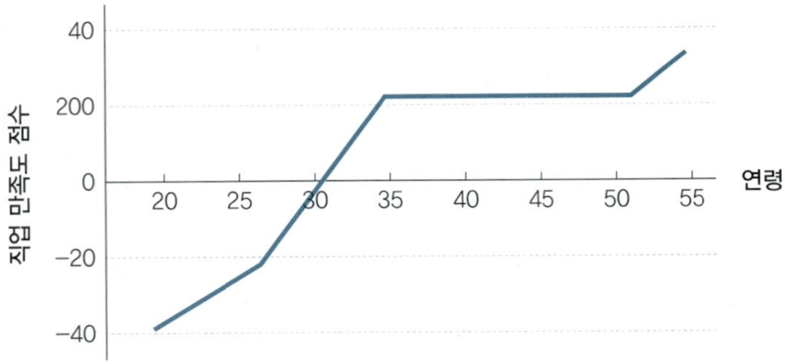

연령과 직업만족도

선택적 능력 발휘를 통한 보상이 가능하다. 즉 자신의 핵심적인 업무에 집중하고, 다른 업무에 대해 위임하거나 업무량을 줄여 자신의 직무에 필요한 기술을 최고 수준으로 유지하는 등 자신의 강점을 최대한 살리고 약점을 최소화하여 높은 생산성과 직무 수행을 높일 수 있다.

장년기에는 직업적 성취도가 최고조에 이를 가능성과 직업적 전환을 해야 하는 가능성이 공존하는 시기이기 때문에 직업으로 인해 야기되는 긴장이 많은 편이다.

(2) 직업전환

장년기에는 직업적 성공의 기회인 동시에 직업을 바꾸어야 하는 위기상황에 직면하기도 한다. 직장생활의 성취감과 리더십을 발휘를 위해 유의해야 할 요소이다. 직장의 상사나 동료로부터 신임을 얻을 수 있는 대인관계 기술을 습득하여야 한다. 그러한 전술에는 독단, 합리성, 아첨, 제재, 상호 교환, 상관에게 호소, 방해, 제휴 등이 있을 수 있다. 자신의 직업의 권력구조를 확인하고 그 구조 내에서 자신의 위치를 확립하여야 한다. 직업에 따라 필요로 하는 정보나 기술의 획득을 위하여 부단한 노력이 필요하다.

장년기에 이루어지는 직업전환은 크게 자발적 직업전환과 비자발적 직업전환으로 나눌 수 있다. 자발적 직업전환은 개인의 동기나 성격, 취업 기회 등 자신의 의지에 따라 이루어지는 것을 말한다. 대체로 비전문직에 종사하는 사람이나 적극적인 성격의 소유자가 많은 편이다. 비자발적 직업전환은 개인의 직무 수행능력의 저하, 회사나 사회 전체가 불황상태에 있는 경우에 많이 나타나며, 이러한 현상으로 인해 본인의 의지와 상관없이 실직자가 되거나 명예퇴직, 정리해고 같은 상황이 발생하게 된다. 비자발적 퇴직의 경우에 퇴직에 대한 재정적 대비를 하지 못했기 때문에 가정에 경제적인 문제가 발생할 수 있다.

7) 여가활동

여가활동은 휴식, 기분전환, 사회적 성취 및 개인적 발전을 위해서 활용하는 제반 활동이다. 여가활동의 효과는 개인적 관심을 표현하는 수단이 되며, 다양한 사람들과 서로 교류하고, 신체적·정신적 기능을 개선시킬 수 있으며, 자신에 대한 긍정적 느낌을 갖게 한다. 휴식·기분전환 및 사회적 성취를 도모하며 스트레스에 대처할 수 있게 한다.

현대사회에서는 이전에 비해 평균수명의 연장, 주 5일제 근무, 조기정년제도 같은 요인으로 인해 여가시간이 크게 늘어났다. 하지만 대부분이 적절한 여가활동을 하지 못하고 있어 이러한 여가활동의 문제가 중·장년기의 중요한 과제로 등장하고 있다.

여가를 사용하기 위해서는 예비사회화가 필요한데, 우리나라에서는 학업적 성취나 지식의 습득에 치중되어 있기 때문에 여가의 중요성이 무시되고, 대부분의 사람들이 예비사 회화의 기회를 갖지 못하고 있다.

건전한 여가생활을 위해 늦어도 장년기에는 여가에 대한 예비사회화가 이루어져야 하고, 이를 위해 장년기 성인들을 대상으로 하는 여러 가지 사회교육 프로그램이나 여가선용 프로그램에 참여해야 할 것이다.

장년기 여가활동의 선택에는 다음과 같은 상황을 고려해야 한다. 첫째, 자신의 적성을 고려하여야 한다. 둘째, 가능하면 신체적 건강에 유익한 여가 및 취미 활동을 개발하는 것이 좋다. 셋째, 부부가 함께 할 수 있는 활동을 개발하는 것이 좋다.

6. 사회복지실천에서의 관심영역

1) 장년기의 위기 : 마모어Maror

보편적 스트레스 상황에 대한 이해와 이에 대한 적절한 대처방안을 모색하는 것이 필요하고, 이러한 상황을 원조할 수 있는 스트레스 대처 프로그램 등과 같은 전문적 개입이 필요하다.

- 신체의 노화
- 사회적 문화에 대한 스트레스 증가
- 경제적 스트레스 증가
- 이별과 상실감으로 인한 정신적 스트레스 증가

2) 신체적 발달의 관심영역

(1) 성인병과 갱년기장애

① 성인병

장년기에는 신체구조의 변화와 신체기능의 저하로 인해 성인병에 걸릴 위험성이 증가한다. 사회복지기관에서의 기능은 성인병 예방을 위한 건강교육이나 건강상담 프로그램을 실시하고, 건강관리와 유지를 위한 운동시설을 설치하여 지역 주민들에게 개방한다.

만성질병이나 장애를 앓고 있는 장년기 성인이 있거나 병약한 노인을 부양하는 장년기 성인이 있는 가족에 대하여 가정봉사원을 파견하거나 간병인을 연결시켜 주어 이들의 회복과 간호를 지원해 준다. 뇌졸중, 교통사고 등으로 인하여 중도장애인이 된 장년기 성인의 재활을 지원하기 위한 각종 재활 프로그램을 실시한다.

② 갱년기장애

갱년기에 접어들면서 발한, 두통, 불면증, 수족냉증, 이명증, 우울증 등이 나타나는 신체적·생리적·정서적 장애를 말한다. 즉 장년기가 되어 인체가 점차 노화되면서 갱년기 동안에 나타나는 심신의 기능장애이다.

주요 증상은 발한, 두통, 불면증, 식욕 부진, 이명증, 우울증, 불안감, 초조감 등의 생리적·정서적 장애, 요통, 근육통, 관절통 등의 운동신경장애, 비만, 고지혈증 등의 신진대사장애, 수족냉증, 현기증 등의 신체적·생리적 장애 등이 있다.

장년기에 나타나는 갱년기장애에 수반되는 신체적 변화에 적절히 적응할 수 있도록 원조하고, 우울증·불안 등의 정신장애를 사전에 예방하기 위하여 장년기 성인을 대상으로 한 개인상담, 집단상담, 부부상담 등을 사전에 강화해야 한다.

성적 무능력으로 인하여 고통을 받는 장년기 남성이나 그 배우자를 성치료 전문기간에 의뢰할 수 있는 체계를 갖추는 것이 바람직하다.

3) 심리적 발달의 관심영역

장년기의 인지기능 유지를 지원하기 위한 프로그램을 실시해야 한다. 특히 노년기의 대표적인 기질성 정신장애인 치매는 단기기억장애가 특징인데 장년기부터 저하되기 시작하는 단기기억능력을 제고시킬 수 있도록 치매 프로그램을 개발, 실시해야 한다.

생리적 변화, 직업에서의 실패, 부부갈등과 이혼 등이 원인이 되어 나타나는 장년기 위기를 성공적으로 지원할 수 있는 프로그램을 실시한다. 여성의 잠재능력을 발견시켜 자아실현을 원조할 수 있는 여성 사회교육 프로그램이나 여가선용 프로그램을 실시한다.

장년기 위기상황에 직면하여 각종 정신질환 증상을 보이는 장년기 성인들의 치료를 지원하기 위한 직접 심리치료를 실시하거나 정신병원에 의뢰할 수 있는 체계를 마련한다.

4) 사회적 발달의 관심영역

(1) 실직(실업), 직업 스트레스

직업에서 발생할 수 있는 문제로 실직(실업), 직업 스트레스 등을 들 수 있다.

- 실업unemployment은 어느 연령층을 막론하고 대단히 위협적인 사건이다. 특히 중년기의 실업은 수입 상실로 인한 경제적 어려움뿐만 아니라 자존심을 상실하게 하며, 가정생활을 어렵게 한다. 자녀교육을 포함한 많은 금전적 지출에 대비하기 어렵기 때문에 재정적인 압박 등으로 많은 스트레스를 받게 된다.
- 보통 실직한 성인은 휴식단계 → 구직 노력단계 → 구직에 대한 회의단계 → 무기력

단계의 4가지 심리적 단계를 경험한다.

- 직업스트레스도 장년기 남성들에게 심각한 문제이며, 이것은 과로사, 높은 질병률 등의 현상으로 나타난다.
  - 개인적 차원 : 신체적 건강의 유지, 특수한 직업기술의 소유, 가족의 사회적 지지, 실업에 대한 인지적 이해능력, 직업 상실의 예상과 준비, 융통성·경험의 개방성·탄력성 등에 따라 다르게 나타난다.
  - 재정적 자원, 사회적·국가적 차원 : 고용의 안정, 정년의 연장, 퇴직 후의 직업재훈련 프로그램, 고용보험제도의 활성화 등의 차이가 나타난다.

장년기에 처음으로 취업을 원하거나 재취업을 원하는 경우에는 직업훈련과 고용알선 사업을 실시해야 하며, 자발적 직업전환을 원하는 경우에는 심리상담 서비스, 직업 및 창업정보 제공, 장단기 직업훈련, 고용알선 등의 서비스를 제공해 준다.

(2) 가족과 관련된 문제

부모의 건강이 약화되어 보호를 요하는 시기는 대개 자녀들이 장년기에 있는 시기와 일치한다. 장년기 성인 자녀들은 부모와의 관계에서 역할전도와 간병의 부담(재정적 부담, 신체적 부담, 정서적 부담)을 경험한다.

① 가족해체

이혼 가정의 자녀들이 건강한 정서적 적응과 유지를 위해 사회복지사는 다음 문제에 주안점을 두고 도와주어야 한다. 자녀는 부모의 결혼이 끝났다는 사실을 받아들여야 한다. 자녀는 부모가 겪는 갈등에서 한걸음 물러나 자신의 생활과 활동에 전념해야 한다. 자녀는 부모의 접촉, 가정상황, 부모의 규칙과 가족의 일상생활 등에서 느끼는 다양한 상실에 대처해야 한다.

자녀는 부모에 대한 분노와 자기비난이라는 감정을 알고 대처해야 한다. 이혼에 관련해서 부모를 용서하고, 분노를 멈추고, 현재와 미래에 대해 충실할 필요가 있다. 자녀는 자기와 타인과의 관계에 대해 현실적인 감각을 유지해야 한다.

② 기러기 아빠와 펭귄 아빠

- 기러기 아빠 : 자녀의 유학을 위해 자신은 국내에 남아 있고 자녀와 아내를 해외에 보낸 뒤 자신은 돈을 벌어 해외로 보내는 가족현상이다. 현재 많은 문제가 제기되고 있으나, 꾸준히 증가하는 추세이다.
- 펭귄 아빠 : 기러기 아빠의 한 종류. 펭귄 아빠의 어원은 같이 날아가고 싶어도 경제적으로 여의치 않아 날아가지 못하는 의미를 담고 있다. 대다수의 기러기 아빠가 펭귄 아빠에 속한다고 볼 수 있다.

③ 기타

지역 주민들이 장년기에 안정된 가족생활을 영위할 수 있도록 지원을 한다. 개인상담 및 가족상담을 통하여 가족 내 갈등을 사전에 예방하고, 아동·청소년·노인 장애인의 보호와 재활을 지원하기 위한 각종 서비스를 실시하여 장년기 가족의 미흡한 기능을 보완해 주고, 부랑인 복지서비스, 시설보호사업 등을 실시하여 해체된 가족기능을 대체해 준다.

CHAPTER

13

인간의 성장과 발달 : 노년기

1. 노년기의 개념

65세부터 죽음에 이르기까지 인생의 마지막 단계로서 신체적 능력의 쇠퇴와 사회적 관계의 축소 그리고 사회경제적 지위의 하락과 같은 쇠퇴가 일어나는 시기이다.

노인의 정의에 대해 국제노년학회에서는 "노인이란 노화과정에서 나타나는 인간의 생리적·심리적·환경적 변화가 상호작용하여 발생하는 복합적 과정이라고 하면서 나이의 증가에 따른 환경 변화의 적응에 어려움이 있는 사람이며, 자신을 통제하고 통합하는 능력이 결핍된 사람"이라 정의하였다. 하지만 노년기의 시점에 관한 견해는 다양하여 시작 연령을 일률적으로 규정하기는 어렵다.

뉴가르텐(Neugarten, 1974)은 노인을 3가지로 분류하였다. 첫째, 연소노인young-age이다. 55~64세로, 아직 사회적으로 일을 하고 있으며 그들의 삶과 사회에서 절정기에 있는 노인이라고 했다. 둘째, 중고령노인middle-age이다. 65~74세로, 퇴직한 사람이 대부분이며 건강상태가 양호하고 취미생활을 할 풍부한 시간을 가지고 있는 노인을 말한다. 셋째, 고령노인old-age이다. 75세 이상의 일을 하기 어렵고 신체적으로 노쇠하고 질병에 걸린 경우가 많으며, 가장 빈곤하며 가장 외롭고 가장 약한 노인이라고 정의한다.

브린(Breen, 1969)과 비렌(Birren, 1959)은 노인을 생리적 및 생물학적인 면에서 퇴화기에 있는 사람, 심리적인 면에서 정신기능과 성격이 변화되고 있는 사람 그리고 사회적인 면에서 지위와 역할이 상실된 사람으로 보았다.

우리나라 「노인복지법」에서는 65세 이상인 자를 말하고, 국민연금 수급연령으로 볼 때 노인은 60세를 기준으로 분류하고 있으며, 기초노령연금제도나 각종 경로우대제도 또한 65세를 기준으로 격차가 발생한다.

윤진(1985)은 노인의 연령을 신체적 또는 달력의 나이chronological age, 신체적 성숙이나 건강 수준에 따른 생물학적 나이biological age, 심리적 성숙과 적응에 따른 심리적 나이psychological age, 사회규범에 따른 사회적 나이social age, 자신이 스스로 느끼는 자각적 나이selfawaring age 등 다섯 개로 분류하고 있는 것과 같이, 노인을 분류할 때는 여러 측면에서 종합적으로 고려해야 할 필요성이 있다.

이 시기는 에릭슨의 생일 주기 8번째 단계인 노년기(60세~사망), 즉 마지막 단계에 해당하며, 그는 이를 자아통합integrity 대 절망despair의 시기라고 했으며, 그에 의하면 이 시기 특징은 절망적인 심리·사회적 위기의 출현보다는 오히려 자아발달의 지금까지 단계의 통합과 평가의 시기라고 보았다.

2. 신체적 발달

1) 노화

노화란 나이를 먹는다는 의미로서 시간의 흐름에 따라 늙어가는 현상을 말하는 것이다. 노화란 시간의 흐름에 따라 인간 유기체 전체에 보편적이며 점진적으로 일어나는 신체적, 심리적, 그리고 사회적 변화의 과정이다. 즉 노화는 일면적인 현상이 아니라, 노인의 개인적 요인(예: 유전, 질병, 성격, 학습능력, 생활력 등)과 환경적 요인(예: 사회적 지위, 가족관계, 지역성, 민족성 등)간의 복잡한 상호작용에 의해 나타나는 다면적인 변화의 과정이다.

2) 노화에 관한 이론(김동일, 2000)

(1) 활동이론activity theory

하비거스트(Havighurst, 1963)에 의해 처음 주장된 이론으로서 노년기에 들어서도 지속적으로 활동하고 퇴직으로 잃어버린 역할을 대체할 수 있는 역할을 찾아 지속적으로 활동을 해야 성공적인 노년을 맞이할 수 있다는 이론이다.

(2) 은퇴이론disengagement theory

커밍Cumming과 헨리Henry가 주창한 이론으로 나이가 들면서 삶들은 은퇴와 함께 사회적 활동을 줄이고 조용히 지내는 것은 정상이며 이것이 노인과 사회 모두를 위해 기능적이라는 이론이다.

(3) 현대화이론modernization theory

코길Cowgill과 홈스Holmes가 제시한 이론으로 근대화가 이루어지면서 노인은 지식과 정보 면에서 젊은이에게 뒤처지기 때문에 노인의 지위가 약화되고 불리하게 된다는 이론이다.

(4) 역할이론role theory

노화에 잘 적응하는 것은 노년기에 맞는 역할 변화를 어떻게 잘 받아들이는가에 달려 있다는 이론으로 인간은 자신이 수행하는 사회적 역할에 의해 자신의 사회적 존재의 의미를 확인하고 자아개념을 지킨다는 주장이다. 노년기에는 새로운 역할의 취득이 별로 없어 역할을 상실하고 사회적 정체감과 자아존중감이 흔들리게 된다. 이에 대한 대처방안으로 이유로는 노인들에게 완장을 채워 주는 완장장치를 제시한 바 있다.

3) 성공적인 노화

성공적인 노화는 내적, 심리적 측면뿐만 아니라 외적, 사회적 측면을 가진다. 자신의 지나 온 삶을 긍정적으로 받아들이고 일상적 활동이나 대인관계에 만족을 느끼며, 가정과 사회에서 적절한 역할을 수행하고 자존심과 존엄성을 유지하면서 자율성·독립성·개방성을 갖는 원숙한 성격을 소유해야 한다. 일상생활을 영위하는데 필요한 충분한 경제적 능력이 있어야 한다. 노인에 대한 가족, 친척, 친구, 이웃 등의 관심과 사회적 지지가 필요하다.

(1) 분리이론

노년기는 사회적, 심리적으로 철회하는 선천적 경향을 지니고 있다는 주장한다(Cumming & Henry, 1961). 장년기의 다양한 역할과 사회관계에서 점차 물러남으로써 반응하는 과정을 분리disengagement라고 한다. 분리이론에 의하면 노인들은 외부세계의 사회적 활동으로부터 스스로 철회하고 타인에 대한 관심도 감소한다. 사회적 철회는 자신에 대해 더욱 몰두하고, 대상에 대하여 정서적 관심이 감소하는 노년기의 발달적 성향과 밀접한 관계가 있다. 따라서 연령 증가에 따른 개인의 사회적 분리는 인생 만족을 증가시키는 중요한 요인이라는 것이 이론의 핵심이다.

(2) 활동이론

분리이론과는 반대로 장년기의 능동적이고 적극적인 생활양식을 노년기에도 지속하는 것이 노인들에게 긍정적인 영향을 준다는 주장(Havighurst et al., 1968). 이 이론에서는 사회적, 심리적 분리가 노년기에 일어나는 것을 인정하지만, 노년기 동안의 인생 만족은 계속적인 활동과 높은 상관성이 있다고 강조한다. 성공적인 노화를 이룩한 사람은 높은 수준의 사회적, 정서적 및 물리적 참여를 유지한다.

(3) 성격과 생활양식이론

성공적인 노화를 효과적으로 설명할 수 있는 포괄적인 관점의 이론으로, 이것은 노화의 유형과 성공적 노화는 개인적인 성격을 바탕으로 한다고 보았다.

4) 신체적 특성

(1) 일반적 변화

세포의 노화는 뼈와 근육의 위축으로 키가 줄어들고 등이 굽어지며, 피하지방이 감소하여 전신이 마르고 체중도 감소하며 주름 많아진다. 방어능력의 저하되어 잠재하고 있던 질병이 출현하거나 질병이 발생할 경우 급격하게 상황이 악화되어 죽음을 맞이하는 경우도 있다. 예비능력의 저하로 조직의 예비능력이 저하되어 일상생활의 적응능력이 떨어져 힘든 상황이 발생할 수 있다. 회복능력의 저하로 만성적 질환을 가진 노인은 다른 합병증도 쉽게 올 수 있어 사소한 원인으로도 중증 상태에 빠지는 경우가 있다.

(2) 소화기계 변화

소화기계는 길고 근육으로 된, 입에서 시작하여 항문으로 끝나는 관으로 구강, 인후, 식도, 위, 소장 및 대장을 포함한다. 침샘, 간, 담낭, 췌장과 같은 기관은 위장관의 외부에 위치한 분비샘으로 소화에 필요한 소화효소를 관 내로 분비하고 저장한다. 효소작용, 위액, 타액의 양이 줄어들어 소화가 힘들어진다.

(3) 호흡기계 변화

호흡기계는 환경과 폐실질 조직 사이의 가스 교환을 담당한다. 호흡기계는 크게 두 영역으로 구분된다. 상기도는 비강, 구강, 인두로 구성되며, 하기도는 기관, 폐, 폐실질 조직으로 구성된다. 폐의 크기가 줄어들어 산소 활용이 줄어든다.

(4) 심혈관계 변화

심장은 노화에 심장의 크기가 줄고 심장의 지방분이 늘어나며 심장근육은 늘어지며 말라붙는다. 감염, 환경오염 물질, 좋지 못한 생활습관 등에 의해 심장이 쉽게 손상받으며 동맥경화증 발생률도 높다. 노화에 따른 심혈관계의 변화는 심박출량 및 1회 심박출량 감소, 심박동수 감소, 그리고 혈압이 상승한다.

심혈관계의 변화는 인체의 모든 장기에 산소와 영양소의 공급에 차질을 주므로 노화의 가장 중요한 변인이다. 65세 이상 노인의 가장 큰 사망원인은 심혈관계 질환이다. 이로 인하여 병원에 입원하는 비율과 비용부담이 점차적으로 증가한다.

(5) 근골격계 변화

근골격계의 변화는 겉으로 현저하게 나타난다. 전형적인 노인의 모습은 굽은 허리, 가늘고 긴 팔과 다리, 다리를 넓게 벌리고 비틀거리는 걸음 등 근골격계의 구조와 기능상의 변화가 지표이다. 뼈조직은 화학적 구성의 변화로 다소 엉성해서 잘 부서진다. 근골격계의 노화는 이와 같은 외모의 변화는 물론 일상생활기능에 크게 영향을 미친다. 노화가 진행됨에 따라 근골격계의 많은 변화와 함께 골다공증, 낙상, 골관절염 등의 건강문제가 올 수 있으며, 경우에 따라 노인에게 사망이나 장기간 재활의 필요성을 요구하게 되는 상황을 초래한다. 노인에게 적당하고 규칙적인 운동은 피로 감소, 신체적 기능 향상뿐만 아니라, 관절질환, 폐렴, 변비, 우울과 같은 다양한 건강문제도 감소시킬 수 있다.

(6) 생식 및 비뇨기계 변화

노인은 성호르몬의 감퇴로 성적 흥분 시 일어나는 심혈관계의 급격한 반응이 둔화되고 속도도 느려진다. 테스토스테론, 에스트로겐이나 프로게스테론과 같은 순환 호르몬의 감소로 인해 성적 흥분, 오르가즘, 주변 생식기 등에 변화가 올 수 있는데 이들 생리적 요인은 정신적 요인과 상호작용하여 노인의 성기능에 많은 영향을 미친다.

노화에 따라 신장기능은 다른 어떤 조직이나 기관에 비해 그 변화가 현저하다. 노인의 신장기능은 전체적으로 감소하는 가운데 외상이나 질환이 발생하면 변화가 가중되어 취약성이 증가한다. 잔뇨량이 늘어나고, 방광의 용적이 감소되어 자주 소변을 보게 된다. 요실금은 특히 노인에게 매우 중요한 문제로 신체적 문제뿐만 아니라 심리적, 사회적, 재정적으로 많은 어려움을 겪게 된다.

(7) 피부계 변화

노인에게 피부장애는 흔하게 나타나며 때로는 정상적 노화과정과 구별하기가 매우 힘들다. 노인은 노화로 인하여 피부가 얇아져 쉽게 손상되는 경향이 있으며 피하조직의 감소로 인하여 저체온이나 오한, 압박에 대한 손상 등의 위험 또한 높다. 피부장애를 일으키는 주요 원인은 햇볕에 장시간 노출이며, 각화증·피부암·진균감염·피부염·착색·건선 및 소양증 등이 흔하게 발생한다.

피부는 나이가 들어가면서 주름이 생기고 늘어지며, 흰머리가 생기고 머리가 벗어지기 시작한다. 노인에게도 피부는 미적 가치로서 중요하여 개인의 자존감 및 자아개념에 많은 영향을 미친다.

(8) 신경계 변화

신경계의 기능적 변화는 거의 없지만, 신경조직의 일부는 점차 섬유세포로 대체된다. 신경계의 구조와 기능의 변화는 개인의 유전적 특성과 외상이나 질환에 침범받은 특정 뇌 부위에 따라 여러 요인의 복합적 작용에 의해 일어난다.

노화와 더불어 신경계는 노인에게 경미한 기억력 손상, 인지능력 감퇴를 초래하고, 수면 양상, 시각, 청각, 걸음걸이, 자세의 변화를 일으킨다. 젊은이들에 비해 중앙신경계에 의한 정보 처리속도가 늦어 모든 행동이 더디고 사고를 유발하기도 한다. 뇌조직은 대사 혹은 산소공급의 변화에 민감하고, 뇌와 같은 신경계의 기능 손상은 질병과 환경 변화에 의한 대사 혹은 산소 공급의 변화로 인해 촉발된다.

(9) 내분비계 변화

갑상선질환과 당뇨병과 같은 내분비계 질환은 노인에게 흔하게 발병하지만 증상이 확실하지 않으므로 진단을 내리는 것은 어려운 경우가 많다. 노인에게서는 생화학적 변화와 생리학적 변화가 복합적으로 발생하므로 관찰된 증상을 호르몬 분비 장애만으로 설명하기에 적절하지 못하다. 따라서 호르몬의 생리적 변화와 질병의 병적 변화는 엄격하게 구분한다.

일반적으로 뇌하수체, 부신 등의 내분비관은 노화에 의해 큰 변화가 없지만 당 대사 및 갑상선 분비 호르몬, 에스트로겐 분비는 노화에 따른 변화를 나타낸다. 노인은 젊은 사람과 비교하여 볼 때 노화와 관련해 근육질량이 감소되기 때문에 기초대사율이 감소한다.

(10) 치아

잇몸이 수축되고 치아 색깔은 점점 황색으로 변한다. 잇몸질환을 경험하는 노인이 점차 늘어난다.

(11) 목소리

후두연골조직이 딱딱해지면서 탄력이 줄어들어 목소리에 힘이 없어진다. 말은 느려지고 말을 멈추는 시간도 길고 잦아진다. 뇌에 병리학적 변화가 있는 경우, 말이 분명해지지 않을 수 있다.

(12) 감각기계 변화

자극에 대한 민감성이 둔화, 민첩하게 반응하지 못하며 적절한 정보를 받지 못한다.

① 촉각

피부 건조와 주름이 늘어서 거칠어지기 때문에 촉각이 떨어진다.

② 청각

일반적으로 고음을 듣는 능력이 가장 먼저 영향을 받는다. 노인성 난청현상, 목소리 구별의 감수성이 낮아지고, 변별력이 약화되어 대인관계문제를 가져온다. 사회적 고립, 우울증, 정서장애가 발생하기도 한다. 65~79세는 45~64세 때보다 청력의 손실이 5배가량 높고, 남성의 청력 손상 경험이 여성보다 많다.

③ 시각

대개의 수정체, 각막, 망막, 조리개, 시신경의 약화로 초래된다. 어둠과 밝음의 상이한 수준에 적응할 수 있는 시력은 떨어지고, 색깔 변별능력 감퇴, 백내장, 안압의 상승, 시력 저하, 실명에까지 이를 수 있는 녹내장에 걸리기 쉽다.

④ 미각과 후각

미각은 후각과 관련이 있다. 80세 이상에서는 5명 중 4명이 후각기능에 주요한 손상을 입고 있으며, 절반 이상은 전혀 냄새를 맡지 못한다. 후각과 미각이 손상된 사람은 식욕을 잃게 되어 종종 영양 부족에 시달린다.

⑤ 통각

감각기관의 노화로 외부자극에 대한 식별능력 속도가 느려진다.

3. 인지적 변화

1) 정신운동기술

노인도 젊은이가 할 수 있는 일은 거의 할 수 있지만, 단지 그 속도가 느릴 뿐이다. 자신의 환경을 평가하고, 어떤 결정을 내리고, 그것을 행동으로 옮기는 데 오랜 시간이 걸린다. 새로운 자료를 학습하는 속도가 느리고 기억에서 정보를 도출할 성공률이 줄어든다. 신체운동과 정신활동은 속도, 힘, 스테미너 등의 상실을 줄인다.

2) 지적기능

노년기의 기억능력은 일반적으로 노화에 따라 서서히 감퇴된다고 알고 있으나 아직 이 내용을 지지할 만한 연구결과가 없다.

기억력은 노화에 따라 단기의 기억력이 장기의 기억력보다 감퇴하며, 들은 것을 기억하기보다는 본 것을 기억하는 것이 더 어렵다고 보고되고 있다. 따라서 새로 습득한 정보를 잠시 저장하였다가 더듬어 내는 데 어려움을 겪지만 반면 오래 기억하는 장점이 있다. 이는 배운 직후에는 많이 잊어버리지만 일단 한번 기억한 것은 매우 오래 기억하는 노인의 특성을 의미하는 것이다. 특히 정보가 매우 빠르게 제시되고 전후관계에 대한 암시가 없는 상태에서 노인의 기억력은 매우 낮다.

노인들의 지능검사 성취도는 낮아지나 실제적인 지적 능력은 떨어지지 않는다. 반응시간이나 시각정보를 운동반응으로 전환하는 능력과 기억, 문제 해결, 정보 처리과정 등을 포함하여 다양한 측면에서 반응속도가 둔화되지만 개인차가 존재하며, 지식과 실용적 능력을 결합한 개인의 능력인 지혜가 발달한다.

스키너는 노년기 인지적 쇠퇴를 막는 방법으로 타인과 언어적 상호작용을 촉진, 대화를 많이 할 것, 책을 읽고 논문을 작성할 것 그리고 좋은 아이디어가 떠오를 때 즉시 행동화할 것 등을 들었다.

3) 성격의 변화

성격 특성은 우울증 경향의 증가, 내향성과 수동성의 증가, 경직성의 증가, 조심성의 증가, 의존성의 증가, 생에 대한 회상의 증가, 친근한 사물에 대한 애착심, 생애의 나날이 짧아지고 있음을 느끼는 시간 전망의 변화, 유산을 남기려는 경향 등이 강해진다.

표 13-1 **노년기의 성격 유형**

성격 유형	성격적 특징
성숙형	매사에 신중하며 은퇴 후의 변화를 수용하고, 과거에 집착하지 않으며 여생이나 죽음에 대해 과도한 불안이 없음
방어형	노화에 따른 불안을 방지하기 위하여 사회적 활동 및 기능을 계속 유지함
은둔형	은퇴 후 과거에 힘든 일이나 복잡한 대인관계에서 벗어나 조용히 수동적으로 보내는 것에 만족함
분노형	젊은 시절 인생의 목표를 달성하지 못하고 늙어버린 것에 비통해하고, 실패 원인을 외부에 투사하여 남을 질책하고, 자신의 늙음에 타협하지 않으려는 유형
자학형	지난 인생에 대한 후회가 많고 불행이나 실패의 원인을 자신에 있다고 여겨 자신이 무가치하고 열등하다고 생각하여 의기소침하거나 우울증을 보임

4. 심리사회적 변화

1) 심리적 변화

(1) 심리적 조절

노년기를 의미 있고 기쁘게 만들기 위해서는 반드시 필요한 3가지 기본 심리적 조절이 강조된다. 고정된 일 역할로부터 '자기분화', 신체 중시로부터 '신체에 관한 초월', 자기에의 몰두에서 '자기로부터의 초월'이 있다.

(2) 생애에 관한 회고

대부분의 노인들은 과거의 삶과 미래에 대해 평가 위주의 회상을 한다.

(3) 하위 지위와 연령 차별

원시사회에서는 노인들이 존경받아 높은 사회적 지위를 차지하였으나, 산업화되면서 어르신들은 빈곤의 대상이 되었고 사회적 지위가 떨어졌다. 노인들의 하위 지위는 늙었다는 이유로 부정적인 이미지와 태도를 갖는 연령 차별과 밀접히 관련한다.

(4) 영성과 종교

종교는 노년기 노인들의 정서적 풍요로움을 증진하는 중요한 요소이다.

2) 사회적 관계

(1) 부부관계

가족생활의 관심이 자녀로부터 배우자에게로 이동하게 되어 부부관계가 더욱 중요하다. 배우자는 인생의 반려자로서 더욱 소중한 사람으로 인식되며, 자신이 의지하고 대화하며 의논할 수 있는 훌륭한 대상이다. 노년기 부부관계는 비교적 안정적이며 결혼생활의 만족도가 중년기보다 더 높게 나타난다.

배우자의 사별은 인생에서 가장 심각한 스트레스로서 정서적으로 우울증, 의기소침, 분노, 죄의식, 비통함, 불안감, 사망한 배우자에 대한 끊임없는 상념 등을 경험한다. 노년

기의 형제자매 관계는 서로에게 정서적 지지는 물론 다른 도움도 줄 수 있다

(2) 친구관계

친구관계는 가족관계에서 전통적으로 제공되었던 온정과 동반자 의식을 대신하게 된다. 친구와의 친밀감은 역할상실 또는 신분상실에도 불구하고 자신이 여전히 가치 있고 필요한 존재라고 느끼기를 원하는 노인에게 특히 중요하다.

(3) 부모-자녀관계

성인 자녀와 적절한 유대관계를 형성하고, 서로 간에 부모와 자녀로서의 역할을 적절히 수행하면서 협력해 나가야 한다. 자녀에게 일방적인 의존하기보다는 가능한 한 교환론적 입장에서 상호 지원체계를 유지하는 것이 필요하다.

(4) 손자녀와의 관계

노인들은 조부모의 역할을 수행하게 되며, 이러한 역할은 노년기의 삶의 중요한 의미한다. 조부모는 손자녀에 대한 직접적인 의무감이나 책임감이 없기 때문에 순수한 애정적 관계에서 유대감을 형성하고 돌볼 수 있다. 노이가르텐과 웨인스타인의 조부모 유형을 5가지로 설명하였다.

- 재미추구형 : 함께 즐기며 상호관계에서 손자녀의 놀이 동료가 되어 준다.
- 거리두기형 : 멀리 떨어져 사는 경우 생일이나 공휴일에 손자녀와 정기적으로 만나지만 아이들의 생활에는 거의 관여하지 않는다.
- 대리부모형 : 손자녀의 부모가 일하거나 혹은 직장에 나가는 편모이므로 상당히 많은 부분 돌보아주는 책임을 떠맡는 경우이다.
- 공식형 : 조부모의 약 3분의 1이 이에 해당하는 가장 보편적인 유형으로, 모든 자녀양육의 책임을 부모에게 넘기고 간헐적으로 아기를 돌보는 등 손자녀와의 관계를 제한하는 형이다.
- 가족지혜보존형 : 가족의 지혜 원천으로 조부모 특히 조부가 지혜, 기술, 자원을 베풀고 부모 및 손자녀들은 이에 복종하는 다소 권위적 관계이다.

성별에 따른 조부모 역할의 차이(Cherlin & Furstenberg, 1986)

할머니가 할아버지보다 손자녀와 더 친밀하고 더 좋은 관계를 유지하는 경향이 있으며, 대리부모 역할을 담당하기가 쉽다고 언급한다. 이 연구에서는 외조부모가 친조부모보다 손자녀와 더 가까우며 위기 시에 더 많이 관여하는 경향이 있다.

3) 사회적 변화

(1) 지위와 역할의 상실

노인은 산업사회의 가장 중요한 직업역할을 상실하였으므로 지위로 인한 위엄과 명예는 낮아진다. 노인은 퇴직으로 경제적 능력이 약화되고, 이에 따라 사회적 지위도 점차 저하한다. 사회적 측면에서의 노인의 지위와 역할은 공식적이고 제도적인 역할은 낮아지며, 비공식적이고 희박한 역할은 증가한다.

① 노년기 역할 유형

- 제도적 역할 : 분명한 지위와 역할은 있는 것으로 직업, 가족, 사회계급, 종교단체 등에서 공적인 지위를 맡고 그 지위에 따른 규범적인 역할 기대, 책임과 권한, 책임을 이행하지 못했을 경우 불이익이 분명히 있는 경우이다.
- 희박한 역할 : 지위는 있는데 역할이 없거나 있어도 아주 희박하며, 이를 소홀히 한데 대한 불이익이 매우 적은 상태의 역할을 말하는데, 유명무실한 역할과 무정형적 역할로 구분된다.
- 비공식적 역할 : 공식적 지위는 없으나 역할만 있는 형태이다.
- 무역할 : 지위도 역할도 없는 상태인데 이러한 경우 생활이 고립적이며 아무런 유형으로도 볼 수 없다.

② 지위와 역할의 상실에 따른 노인들의 대처방식

퇴직 이후 사회적 역할을 상실한 노인들이 남은 인생을 소일하는 형태는 건강상태, 경제적 능력, 학력 수준 등과 밀접한 관련이 있으며 다음과 같이 다양하게 대처하고 있다.

- 근로형 : 파트타임, 부업과 같은 노동으로 건강과 인과관계를 유지하는 형이다.
- 한거형 : 독서, 그림, 음악, 서예 등으로 취미활동을 즐기는 형이다.
- 사회오락형 : 골프, 낚시, 등산, 여행 등으로 취미, 인간관계 유지 및 정보교환을 하며 지내는 형이다.
- 자기완성형 : 교양강좌, 토론회, 세미나 등에 참여하여 자기실현을 기하는 형이다.
- 참여활동형 : 자원봉사활동 등 각종 사회활동을 하는 형이다.
- 폐쇄형 : 건강상 거동이 불편하고 나이 드는 것을 한탄하며 인생을 포기하고 집에 있는 형이다.

(2) 미망인 역할

평균 수명의 연장과 가족단위의 축소, 자녀수의 감소로 인한 자녀 양육기간의 단축 등으로 노부부만 사는 기간은 연장되었으며, 이로 인해 노년의 원만한 부부관계 유지는 노후 삶의 만족도를 결정하는 가장 중요한 요소 중 하나가 되었다.

노년기에 가장 힘든 새로운 역할에 대한 적응은 자신의 배우자를 상실했을 때에 일어난다. 이때 많은 노인에게 이러한 상실은 슬픔이나 우울뿐만 아니라 극심한 혼란을 가져오며, 혼자 남은 사람들은 이제 사회적으로나 가정에서 배우자가 없는 채로 기능하는 것을 배워야 한다.

사별로 인한 슬픔과 애도를 극복하기 위한 전략으로 재스트로와 커스트-애시만은 다음과 같이 설명하였다.

- 상실감을 표현, 이를 극복하기 위한 계획에 대하여 이야기한다.
- 우울에 빠지지 않도록 주의, 자신의 삶에 능동적으로 참여한다.
- 죽음의 불가피성에 대하여 수용한다.
- 혼자 있지 말고 가족이나 친구들과 함께 보낸다.
- 삶의 목표와 의미가 되돌아올 것을 믿고 노력하도록 유도한다.
- 아플 때는 반드시 의사의 진료를 받으며, 병이 사별의 어려움에 관련되었을지도 모른다는 것을 의사에게 이야기해야 한다.

- 의도적인 균형 잡힌 식사와 적당한 운동, 휴식을 추구한다.
- 중대한 결정들은 정서적으로 안정될 때까지 연기한다.
- 홀로 남은 여성 노인들의 문제 가운데 한 가지는 재정적 자원의 감소이며, 대부분 홀로된 사람에게 배우자 상실은 정서적 지지의 상실을 의미한다.

표 13-2 **정서적 고통의 강도와 지속되는 기간 4단계**

단계별	주요 내용
충격단계	분노, 죄책감, 당황, 혼란스러움 같은 정서적 증상과 답답하고 숨이 가쁜 신체적 증상 등이 나타난다.
그리움의 단계	죽은 사람에 대한 그리움으로 그 사람이 살아있는 것처럼 느끼고 돌아올 수 있으면 무엇이라도 하겠다는 타협의 마음을 보인다.
절망의 단계	강한 슬픔은 감소하나 죽은 사람을 다시 만날 수 없다는 것을 깨달으면서 절망, 우울에 빠진다.
회복의 단계	사별 후 1년 이내에 나타나며 일상 활동을 재개하고 평온한 감정으로 죽은 사람을 회상할 수 있게 된다.

(3) 조기퇴직 문제

노동시장 안정을 위해 조기퇴직이 증가하는 추세이다. 개인적으로 제반 여건이 좋지 못한 상황에서 퇴직한 노인들의 생활은 여러 문제에 봉착하게 된다.

① 노년기에 있어 일의 의미

- 노인 개인 차원 : 생활비 및 용돈의 소득원 확보, 자기유용감과 정체감의 부여, 사회적 관계망의 유지기능, 신체 및 정신적 건강유지, 소일 또는 여가활용의 기회까지도 제공한다.
- 거시적 차원 : 의존적인 소비계층으로 간주하던 노인데 대한 사회적 인식의 개선을 도모, 국가의 생산성 제고와 사회보장비용 절감 효과까지 얻을 수 있게 된다.

② 퇴직자의 역할 적응 단계

표 13-3 **퇴직자의 역학 적응 단계**

단계별	주요 내용
퇴직 전 단계	• 자신의 직업, 그 사회적 상황에서 자신을 분리할 준비를 한다. • 정년퇴직 후의 생활에 대해 구체적 상상을 하기 시작한다.
밀월단계(허니문단계)	• 퇴직 직후에 얼마간은 그동안 하고 싶었던 일들을 하면서 행복을 느낀다.
안정단계	• 퇴직 직후 일상생활이 자리를 잡는 시기이다.
휴식과 긴장완화 단계	• 활동을 줄이고 쉬는 시기로서 활동량 감소가 특징이다.
환멸단계	• 퇴직 후 생활이 자신이 기대하던 것과 다른 것을 깨닫아 의기소침해지고 우울해진다. • 퇴직 전 가졌던 꿈들을 비현실적이었을수록 공허와 우울을 겪는다.
재지향단계	• 환멸단계의 우울한 상태에 있던 사람이 자신을 수습하는 시기이다. • 새로운 참여와 사회적 지지를 모색한다.
수용·인정단계	• 어떤 변화든지 손쉽게 다룰 수 있는 몇몇 기준을 개발한다. • 자신의 삶을 편안하고 예측할 수 있는 방식으로 다룰 수 있게 해준다. • 삶은 대체로 안정되고 만족스러운 상태이다.
종결단계	• 질병, 장애로 독립적인 생활이 감소하고 가족의 원조에 의존하게 된다.

(4) 사회적 지지

정서적 차원이나 실제적 생활에서 관심과 도움을 주고받으며, 개인의 가치와 존엄성을 확신시켜주고, 대화와 상호작용의 관계망에 속하게 해주는 것 등을 포함한다(Dunkle, Roberts & Haug, 2001). 사회적 지지는 특히 노년기 후기에 삶의 만족을 유지하고 신체적 한계를 극복하는 데 중요한 역할을 한다.

노년기 후기에는 배우자와 친지의 사망 등으로 인해 사회적 지지가 감소할 가능성의 증가(Johnson & Troll, 1992), 사회적 지지의 근원으로는 가족의 지지가 증가하고, 사회적 지지의 유형으로는 도구적 지지가 증가하는 경향(Rogers, 1997)이 있다. House(1985)의 노년기 후기의 사회적 지지 세 가지 방식은

- 의미있는 관계 지속 : 의미 있는 관계를 지속시켜 줌으로써 고립을 막아준다. 사회적 지지가 풍부한 노인은 삶의 만족도가 훨씬 높다.
- 사회적 지지 : 사회적 지지를 제공하는 사람들은 노인의 실제적 일상생활에 도움이 된

다. 정보, 조언, 교통 편의, 식사, 건강에 관련된 도움과 같은 중대한 자원을 제공한다.

- 부정적 영향 완화 : 사회적 지지의 존재는 건강에 미치는 스트레스의 부정적 영향을 완화해 주며 심각한 질병의 경과로부터 노인들을 보호하는 역할도 한다. 노년기 후기에 의미 있고 지지적인 사회적 관계를 갖는 것은 정신적, 육체적 건강의 유지에 매우 중요하다.

5. 노년기의 발달과업

1) 자아통합과 죽음

(1) 통합성(에릭슨)

① 자아통합

통합성은 일생 동안 일어났던 사실들을 두려움 없이 수용하며 죽음에 직면할 수 있는 능력이다. 자신의 과거 및 현재의 인생을 바라던 대로 살았다고 받아들이고 만족스럽고 의미있게 생각하며 다가올 죽음을 인정하고 기다리는 태도를 갖는 것이다.

② 절망

자기의 과거 및 현재의 인생을 후회스럽고 불만스럽게 생각하고 다시 한 번 기회가 주어진다면 다르게 살겠다는 생각이며, 죽음 앞에 남은 시간이 너무 짧아 어떻게 할 수 없기 때문에 불안·초조해하는 것을 의미한다.

(2) 죽음

큐블러-로스(Kubler-Ross, 1969)는 중년기 말기 암 환자들은 '부정-분노-타협-우울-수용'이 라는 다섯 단계를 거쳐 죽음에 적응해 나간다고 했다.

죽음에 대한 태도에서 죽음을 두려워하는 2가지 이유는 다음과 같다.

① 죽는 과정에 관련된 두려움

죽음이 고통스러울 것이라는 생각, 혼자서 죽음을 맞게 될 것이라는 걱정, 자신이 고통받는 것을 사람들이 보는 것이다. 그리고 자신의 사고와 신체에 대한 지배력을 잃게

표 13-4 **큐블러-로스의 죽음에 대한 적응단계**

단계	죽음에 대한 반응 양상
부정단계	불치병을 인정하지 않고 의사의 오진이라고 생각한다.
분노단계	'왜 나만 죽어야 하지?'라고 생각하며, 건강한 사람을 원망하고 주변 사람들에게 화를 낸다.
타협단계	죽음을 받아들이며 해결하지 못한 인생과업을 해결할 때까지라도 살 수 있도록 기원하고, 불가사의한 힘과 타협한다.
우울단계	주변 사람과 일상생활에 대한 애착을 보이고, 이런 것들과 헤어져 한다는 점 때문에 우울증이 나타난다.
수용단계	죽음 자체를 수용하고 마음의 평화를 회복하여 임종에 직면한다.

되는 것 등이 있다.

② 죽음의 결과에 관련된 공포

죽음 이후 미지의 세계에 대한 두려움, 자기가 잊혀질 것이라는 점, 가족이나 친지들이 자신의 죽음에 대해 겪을 슬픔, 신체가 소멸되는 것 그리고 사후세계에 존재할지도 모르는 벌과 고통 등이다.

2) 심리적 적응

펙(Peck, 1968)은 노년기에 심리적으로 적응해야 할 과업으로 다음 3가지를 제시했다.

(1) 직업역할 몰두에서 자기분화로 전환

퇴직의 상황에 빨리 적응하고 새로운 활동에 만족을 얻을 수 있도록 자기 가치가 재평가되어야 한다.

(2) 신체몰두에서 신체초월로 나아가기

노화로 인한 건강상태와 외모의 변화에 초월함으로써 인간관계와 창조적 정신능력에서 행복을 정의할 줄 안다.

(3) 자기몰두에서 자기초월로 나아가기

죽음에 직면한 상황에 적응하여 죽음을 긍정적으로 수용하고 성공적인 노화를 이끈다.

3) 하비거스트의 발달과업(Havinghurst, 1972)

생의 발달단계는 생의 주기에 따라 6단계로 구분되고, 각각의 발달단계에 주어진 과업을 그 단계에 완수하면 행복해지며 다음 단계의 발달과업도 잘 수행할 수 있게 된다고 보았다.

하비거스트가 제시한 마지막 6단계인 노령기의 발달과업은 다음과 같다.

- 1단계 : 신체적 힘과 건강의 약화에 따른 적응
- 2단계 : 퇴직과 경제적 수입 감소에 따른 적응
- 3단계 : 배우자와의 죽음에 대한 적응
- 4단계 : 자기 동년배 집단과의 유대관계 강화
- 5단계 : 사회적 역할을 융통성 있게 수행하고 적응하는 일
- 6단계 : 생활에 적합한 물리적 생활환경의 조성

4) 적응발달과업이론(Clark & Anderson, 1977)

노령기 누구나 직면하게 되는 5가지 적응과업은 다음과 같다.

- 노화의 현실과 이로 인한 활동 및 행동에 제약이 오는 것을 자각하는 것이다.
- 신체적 및 사회적 생활반경을 재정의하는 것이다.
- 노화로 인한 제약 때문에 종전처럼 만족시킬 수 없는 욕구를 다른 방법으로 만족시키는 것이다.
- 자기의 평가기준을 새로이 설정하는 것이다.
- 노령기의 생활에 맞도록 생활의 목표와 가치를 재정립하는 것이다.

6. 노년기의 사회복지실천의 대상이 되는 문제

1) 우울증

노년기는 대개 건강이 약화되고 가정적·직업적·사회적 역할을 상실하면서 우울증에 빠지기 쉽다. 증상으로는 식욕부진, 심한 피로감, 불면증 등의 기능장애를 일으키며, 자

살 충동, 체중의 변화, 불면증, 부적절한 죄악감, 기억상실증, 집중력의 상실, 죽음에 대한 사고 등이다.

예방책으로는 가족, 친구, 이웃, 종교단체 등을 포함한 사회관계망을 형성하여 노인과 밀접한 관계를 맺게 하거나, 인지행동치료를 통하여 부정적인 사고를 긍정적으로 인식하고 수정하도록 한다. 우울증적 증상과 자살은 상관관계가 매우 높다. 65세 이상 노인들의 자살률은 100명당 21.4명이다. 이 수치는 청·장년기의 사람들의 자살률의 2배 정도에 해당한다. 초고령의 나이에 있는 노인들의 경우에는 무려 85%를 넘어선다.

자살 가능성이 높은 노인에 대한 질문

- 지금의 삶이 살만한 가치가 없다고 생각한 적이 있습니까?
- 어르신의 현재 상황에서 희망이 없다고 생각하십니까?
- 진실로 자신을 해칠 생각을 해본 적이 있습니까?
- 지금 현재 스스로 자살할 생각을 하고 있습니까?
- 그렇다면, 자살에 대한 구체적인 계획을 세운 적도 있습니까?
- 자살하는 것에 대해 어떻게 생각하십니까?

2) 노인성 치매

노인성 치매senile dementia는 노인에게 나타나는 만성적 혼돈, 망각, 성격 변화 등과 같은 인지적·행동적 기능장애를 의미한다. 즉 노인에게 나타나는 대표적 정신장애로 기억·언어·시각과 공간의 지각·사물인지 등과 같은 인지능력의 장애 및 우울증, 자기중심적 행동, 충동적 행동, 피해망상증, 수면장애 등과 같은 행동장애를 일으키는 증상을 말한다.

알츠하이머형 치매는 뇌세포의 점진적인 기능의 저하에 기인하며, 대뇌피질 내에 있는 세포의 퇴화에 원인이 있는 것이다. 현재까지 특별한 치료방법이 없다. 혈관성 치매는 동맥경화, 고혈압, 당뇨, 심장질환, 흡연, 고지혈증이 있는 사람이 뇌혈관이 막히면서 뇌세포가 파괴되는데 원인이 있다. 초기 치료에 진행을 막거나 지연시킬 수 있고 약물치료가 가능하다.

대책으로는 치매 예방프로그램, 치매노인을 보호하기 위한 프로그램, 그리고 치매노인 가족의 부양 스트레스를 지원할 수 있는 사업 등을 실시하여 치매노인이 가정과 지역사회에 잘 적응하며 살아갈 수 있도록 하며, 수발, 간병, 가사원조 등의 가족의 보호와 국가의 장기요양보호정책이 필요하다.

3) 노인학대

노인의 배우자, 자녀, 또는 다른 부양자에 의해서 노인에게 행해지는 신체적, 정서적, 경제적 학대 및 방임을 말한다. 유형은 4가지로 나타난다. 첫째, 신체적 학대이다. 노인에게 가해자가 손, 발, 주먹이나 도구 등을 이용해 신체적 고통이나 손상을 입히는 것이다. 둘째, 정서적 학대이다. 노인에게 모욕을 주거나 무시하거나 욕설을 퍼붓거나 공포심을 일으키도록 위협을 가하거나 정신적으로 스트레스를 주는 것이다. 셋째, 경제적 학대이다. 생활비를 제공하지 않거나, 노인의 재산을 불법적으로 빼앗는 것이다. 넷째, 방임이다. 음식, 주거, 의복, 건강, 보호 등을 제대로 제공하지 않거나, 수발을 의도적으로 잘못하거나 하지 않는 것을 말한다.

(1) 노인학대의 원인

① 노인의 개인적 특성

노인의 성격적 특성, 정신장애, 알코올 중독, 무기력감 등이 학대를 유발하기도 한다.

② 노인의 의존성

노인이 장애, 질병, 치매 등을 가지고 있어서 의존적일 때 노인학대가 일어나게 된다.

③ 가해자의 개인적 특성

가해자의 성격적 특성, 정서장애·정신장애, 알코올 중독, 약물 중독 등에 의해 학대를 하기도 한다.

④ 부양자의 부양 스트레스

부양자의 신체적·정신적 스트레스, 부양 미숙, 부양능력의 결여 등에 의해 학대가 일어나게 된다.

⑤ 가정 환경적 요인

가정의 경제적 문제, 가족관계의 불화, 재산문제, 힘의 갈등 등에 의해 노인학대가 일어나게 된다.

⑥ 세대 간의 학대의 전이

어려서 부모에게 학대를 받고 자란 자녀가 성인이 되어서 노부모를 학대하기도 한다.

⑦ 사회문화적 요인

사회의 노인 차별, 가치관의 변화, 사회보장 및 노인복지서비스의 결여 등과 같은 요인들에 의해서도 노인학대가 일어나게 된다.

(2) 노인학대문제의 해결방안

① 공적기관에 의한 노인학대 전국적 실태조사 실시

노인들을 노인학대의 노출로부터 방지하여 그들의 기본적인 삶의 권리를 보호하기 위해서는 노인학대의 실태를 정확하게 파악하는 것이 선행되어야 한다.

② 노인학대 전문가의 양성

노인학대 문제를 전문적으로 다룰 수 있는 전문가의 양성이 시급하다.

③ 학대 유형에 따른 서비스의 다각화

노인학대는 사례별 역동이 다르므로 학대의 정도, 빈도, 심각성, 유형에 따라 접근방법이 달라져야 하며, 각 전문가 집단의 다원적인 도움을 받을 수 있는 방안이 강구되어야 한다.

④ 일시보호, 격리를 위한 장·단기 보호 시스템 구축

학대를 피해 갈 곳 없는 노인들을 임시로 보호할 수 있는 일시보호소가 마련되어야 하며, 노인들이 학대의 상황에서 벗어나 안정을 취하면서 법적, 경제적 지원 및 사회복지서비스를 제공받을 수 있는 방안이 연구되어야 한다.

⑤ **피학대노인 및 학대가족에 대한 치료적 서비스 제공**

학대를 받은 노인들은 신체적 손상만큼 정신적 손상이 매우 크다. 학대를 받은 노인들에 대한 위기 개입 및 치료적 상담활동을 통해 노인들의 생활과 정서를 안정시키는 노력이 불가피하며 또한 학대자들 역시 정신적으로 불안하거나 과중한 스트레스를 가진 경우가 많으므로 학대자들에 대한 프로그램이 노인학대 예방과 감소를 위해 필수적 요건이다.

4) 고용 및 소득 보완

국가적 차원에서는 사회보험체계의 완비와 공적부조제도의 확충을 통해 노년기의 안정적 소득기반을 보장할 수 있어야 하며, 정년 연장 및 고령자고용촉진법의 엄격한 시행, 노인을 위한 사회적 일자리 창출 등을 통해 노인에게 고용 기회를 보다 많이 부여해야 할 것이다.

사회복지기관에서는 은퇴준비 교육프로그램, 노인 취업 알선, 공동작업장 등을 통해 경제 활동에 참여할 수 있는 기회를 부여하여 노인의 무위의 문제를 해결함과 동시에 안정적 소득기반 확충에도 기여해야 할 것이다.

5) 건강 약화와 보호문제

신체기능의 저하로 야기되는 만성질환으로 고통을 받을 가능성이 높아지며, 이러한 노인성 질환은 대부분 만성적인 경과를 거치게 되고 치료보다는 장기간의 보호를 필요로 하는 특성을 지니고 있기 때문에, 노년기에는 의료비 부담과 수발 및 간호에 대한 불안이 증가하게 된다.

일상생활활동능력activities of daily living, ADL의 감소가 75세 이후에 가속화되며, 특히 85세 이후에 두드러진다. 장기적 보호long-term care의 필요성이 증대된다.

죽음을 앞둔 말기환자에 대한 지원으로 호스피스hospice가 있으며, 호스피스 보호에 있어 사회복지사의 기능은 다음과 같다.

- 고통의 완화

- 중요한 관계의 보존
- 예견된 슬픔에 대한 촉진
- 잔여 갈등의 해결
- 내담자의 본래 모습 지원과 통제 지원

죽음과 사별은 매우 고통스러운 사건이므로 사회복지실천에서 관여하여야 하며, 죽음과 애도에 대한 사회복지실천 방안으로는 다음과 같은 것이 있다.

① 정서적 지지 제공

사회복지사는 임종에 직면한 노인의 관심사에 대하여 경청하고 수용해야 한다.

② 비심판적인 수용

자신의 죽음에 지배력이 없는 것에 대한 노인의 분노, 절망 등을 표현할 수 있도록 한다.

③ 건강을 상실하지 않도록 지지

사회복지사는 사별로 인한 슬픔과 애도의 과정에 있는 노인들로 하여금 정서적 고통을 극복하고 슬픔, 죄책감으로 인해서 건강을 상실하지 않도록 지지해야 한다.

6) 여가생활

노년기의 주요 심리적 문제 중 하나인 고독과 소외를 극복하고 효과적인 여가활용을 도모할 수 있는 프로그램을 집중적으로 개발하여 실시하는 것이 필요하다.

노인에게 여가생활은 휴식·취미·오락·문화·교육·건강 증진 등과 관련된 제반활동을 통해 노인의 다양한 욕구를 충족시키고 고독·소외감·역할 상실 등을 해결하며, 건강을 유지할 수 있게 한다.

노인의 여가생활은 주로 TV 시청, 라디오 청취, 친구·친척들과의 만남, 종교생활, 신문·책 읽기, 화투·장기·바둑 등의 오락, 운동, 등산, 낚시, 정원 손질 등을 통해 이루어지고 있다.

7) 사회심리적 고립과 소외에 따른 세대통합 프로그램

세대통합 프로그램intergeneratinal program은 '두 세대 간의 협력, 상호작용 및 교환을 증가시키는 활동 또는 프로그램'으로 정의되며, 노인세대와 젊은세대 간에 기술, 지식, 또는 경험을 공유하는 것을 포함하며, 궁극적으로 의미 있는 접촉을 통해 양 세대 간의 올바른 이해와 긍정적인 관계 향상을 도모한다는 명백한 목표를 가진다.

프리드만과 버틀러(Fridmann & Butler, 1977)는 세대통합 프로그램의 이점을 다음과 같이 주장하였다.

- 젊은이와 노인이 상대방에게 가지고 있는 고정관념을 극복한다.
- 젊은이에게 문화적 유산, 전통, 역사에 대한 중요함을 고취시킨다.
- 각 연령단계에 있는 개인이 공유하는 가치와 존중에 대한 이해를 발달시킨다.
- 다른 세대의 욕구를 충족시키기 위한 다른 한 세대의 힘을 입증한다.
- 다양한 배경, 연령, 경험을 가진 사람들의 상호작용 기회를 제공한다.
- 함께 협력하는 공동의 자원을 통해 각 연령의 사람들의 욕구를 확인할 수 있다.
- 사회에서 형성되는 비자연적인 연령 분리를 방지한다.
- 젊은이와 노인 집단의 영향력에 대한 지역사회의 인식을 증가시킨다.
- 모든 집단의 사람들의 욕구를 충족시킬 수 있는 공공정책을 발달시킨다.
- 지역사회서비스를 통해 무능력하고 건강이 나쁜 노인들, 그리고 학교 퇴학 위기에 처한 청소년과 같은 특별한 사람들의 부족함을 채운다.
- 함께 일하지 않은 사람들과 집단 사이에 지역사회 파트너십을 발달시킨다.

8) 범죄 피해문제

힘, 민첩성 등이 떨어지면서 어르신들이 범죄 피해자로 노출된 상태이며, 많은 어르신들이 범죄에 대한 지속되는 공포 속에 생활하고 있다. 어르신들이 피해를 입은 주된 범죄 유형은 강도, 폭행, 주거 침입, 절도, 무례한 행위, 사기 등을 들 수 있다. 어르신들은 경찰이나 사법기관과 관계하는 것을 꺼리기 때문에 범죄 피해를 보고하지 않으며, 도둑 때문에 집을 비우는 것을 두려워한다.

9) 노인의 성문제

노인의 성에 대한 무지와 편견을 극복하고 문제를 해결하기 위한 다양한 사회적 체계를 마련하는 것이 필요하다. 사회복지적 측면에서의 대책으로는 성에 대한 올바른 정보 제공, 재혼을 위한 상담사업 및 프로그램의 제공, 노인의 성에 대한 전문 상담소나 성상담 전문가를 육성해야 한다.

참고문헌

강봉규(2000). 인간발달. 동문사.

강상경(2011). 인간행동과 사회환경. 나남.

곽효문(2005). 사회복지행정론. 뜨락출판사.

구혜영(2015). 인간행동과 사회환경(2판). 신정.

권중돈(2014). 인간행동과 사회환경 : 이론과 실천. 학지사.

김선희, 강혜원, 나기석, 손덕순, 임경선(2012). 인간행동과 사회환경. 신정.

김영호(2010). 인간행동과 사회환경(개정). 양서원.

김정희 외 4인(2004). 아동발달심리. 동문사.

박경애(2002). 인지, 정서, 행동치료. 학지사.

서혜석, 송유미, 이미영(2009). 인간행동과 사회환경. 청목출판사.

손광훈(2008). 인간행동과 사회환경. 공동체.

손병덕, 성문주, 백은령, 이은미, 최인화(2014). 인간행동과 사회환경. 학지사.

송성자(2003). 가족과 가족치료. 도서출판 법문사.

양정남, 정민숙, 최은정, 권구영, 박일연(2009). 인간행동과 사회환경. 청목출판사.

엄신자(2008). 인간행동과 사회환경. 인간과복지.

오창순, 신선인, 장수미, 김수정(2010). 인간행동과 사회환경. 학지사.

유종해, 박경희, 김동현 편저(1984). 행정학 사전. 고시원.

윤순임 외 14인(2000). 현대 상담·심리치료의 이론과 실제. 중앙적성출판사.

이근홍(2015). 인간행동과 사회환경(3판). 공동체.

이영실, 나임순, 유해종, 이재용, 정창훈(2013). 인간행동과 사회환경. 창지사.

이용호(1981). 애들러 심리학 입문. 백조출판사.

이윤로(2006). 인간행동과 사회환경. 창지사.

이인정, 최해경(2007). 인간행동과 사회환경(2판). 도서출판 나남.

이인정, 최해경(2003). 인간행동과 사회환경. 나남출판사.

이종복, 전남련(2011). 인간행동과 사회환경(2판). 학현사.

임은희(2010). 인간행동과 사회환경(개정판). 양서원.

장휘숙(2001). 전 생애 발달 심리학: 인간발달. 박영사.

정옥분(2000). 성인발달의 이해. 학지사.

정옥분(2003). 아동발달이론. 학지사.

정옥분(2007). 발달심리학. 학지사.

정은(2014). 인간행동과 사회환경(2판). 학지사.

정인석(2003). 트랜스퍼스널 심리학. 대왕사.

조복희 외 3인(2004). 인간발달. 교문사.

조흥식, 김혜래, 신은주, 우국희, 오승환(2010). 인간행동과 사회환경. 학지사.

최경석 외 5인(2001). 한국사회복지의 이해. 인간과복지.

최옥채, 박미은, 서미경, 전석균(2004). 인간행동과 사회환경. 양서원.

최옥채, 박이은, 서미경, 전석균(2015). 인간행동과 사회환경(5판). 양서원.

통계청(2000). 인구 동태 통계 연보.

표갑수, 유옥현, 박영, 김현진(2012). 인간행동과 사회환경. 신정.

한국가족관계학회 편(2000). 가족학. 도서출판 하우.

한국사회복지연구회(1991). 사회복지의 사상. 이론과 실천.

홍숙기(2000). 성격심리. 박영사.

Adler, A. 1927. Understanding Human Nature. New York: Garden City Publishing Co.

Adler, A. 1939. Social Interest :A Challenge to Mankind, New York: Putnam.

Adler, A. 1956. The Individual Psychology of Alfred Adler A Systematic Presentation in Selections from His writings. H. R. Ansbacher(Ed.). New York: Basic Books, 1956, Understanding Human Nature. New York: Garden City Publishing Co.

Adorno, T. W. 1950. The Authoritarian Personality. New York: Harper and Row.

Allport, G. 1961. Pattern and Growth in Personality. New York Holt, Rinehart and Winston.

Ashford, J. B., LeCroy, C. W., & Lortie, K. L. 2009. Human Behavior in the Social Enviornment : A Multidimensional Perspective(4th ed.) Belmont: Thompson Learning.

Assagioli, R. 1905. 정신통합 : 원리와 기법에 대한 편람. 김민예숙 역. 춘해대학 출판부.

Assagioli, R. 1973. Psychosynthesis. New York: Viking Penguin.

Baldridge, J. V. 1975. Sociology A Critical Approach to Power, Conflict and Change. New York: John Wiley and Sons Co.

Bales, R. F. 1965. The Equilibrium Problem in Small Group. New Yor : Knopf.

Baltes, P. B. & Smith, J. 1990. The Psychology of Wisdom and It's Ontogenesis, New York: Cambridgse University Press.

Bandura, A. 1971. Analysis of Modeling Processes. Chicago: Atherton, Aldine.

Bandura, A. 1977. Social Learning Theory. Englewood Cliffs, N.J.: Prentice-Hall.

Barker R. L. 1995. The Social Work Dictionary(3rd ed). Wahington, DC: NASW press.

Bee H. L. 1997. The Developing Child. New York Longman.

Berk, L. 1994. Infants and Children: Prenatal thought Middle Childhood. MA Ally & Bacon.

Botwinick. 1984. Aging and Behavior : A Comprebensive Integration of Research Findings. New York : Springer.

Breuer, J. & Freud, S. 1895. Studies and Hysteria. New York: Nervous and Mental Disease Publishing Co.

Bronfenbrenner, U. 1979. Ecological of Human Development. MA: Harrard University Press.

Bronfenbrenner, U. 1989. Ecological Systems Theory. In R Vasta(Ed.), Amals of Child Development. Greenwich, CT: JAI Press, 187-251, Greenwich, 1995. The Ecology of Human Development Experiment by Nature and Design.

Bronfenbrenner, U. & Crouter, A. C. 1983. The Evolution of Environmental Model in Developmental Research, New York: Wiley.

Brooks, J. B. 1991. The Process Parenting(3rd, ed.). CA: Maytield Publishing Company.

Brown, M. Y. 1983. The Unfolding Self Psychosynthesis and Counseling. Los Angeles, CA: Psychosynthesis Press.

Brown, R. 1988, Group Processes: Dynamics with and Between Group. New York: Blackwell.

Burger, J. M. 2000. Personality. Belmont, CA: Wadsworth/Thomson.

Burrus-Bammel, L. L. & Bammel, G. 1985. Leisure and Recreation. New York: Van Nostrand Reinhold.

Cain, D. J. 1987. Carl Rogers's Life in Review. Person-Centered Review, 2:476-506.

Canda, E. 1988. Conceptualizing Spirituality for Social Work: In Sight Diverse Perspectives. Social Thought, 13(1):30-46.

Chess, S. & Thomas, A. 1986. Temperament in Clinical Practice. New York: Guilford.

Chess, W. A. & Norlin, J. M. 1988. Human Behavior and The Social Environment a Social System Model. Boston, H.A.: Allyn and Bacan.

Corsini, R. J. 1979. Current Psychotherapies. IL F. E, Peacock Publishers, Inc.

Costanzo, P. R. & Shaw, M. E. 1966. Conformity as a Function of Age Level. Children Development, 37:967-975.

Cotton, B. W. 1996. The Contribution of C. G. Jung to Transpersonal Psychiatry. Basic Books, A Member of The Perseus Book Group.

Cox, D, 1985. The Missing Dimension in Social Work Practice. Australian Social Work, 38(4):5-11.

Davis, K. 1949. Human Society. New York: Macmillan Co.

Denton, R. 1990. The Religiously Fundamentalist Family Training for Assessment and Treatment. Journal of Social Work Education, 20(1):6-14.

Dunham, A. 1970. The New Community Organization. N.Y. : Thomas Y, Crowell, Co.

Duursma, S. A., Raymaker, J. A., Boereboom, F. T. J., & Scheven, B. A. A. 1991. "Estrogen and Bone Metabolism". Obstetrical and Gynecological Survey, 47:38-44.

Erikson, E, H. 1959. Identity and The Life Cyde. New York: International University Press.

Erikson, E, H. 1968. Identity Youth and Crisis. New York: W. W. Norton.

Evans, R. I. 1967. Dialogue with Erik Erikson. New York: Harper& Row.

Evans, R. I. 1969. Dialogue with Erik Erikson. New York: Dutton.

Freud, S. 1905. Three Contribution to The Theory of Sex. New York: The Modern Library.

Freud, S. 1923. The Ego and The Id. New York W. W, Norton & Co., Inc.

Frisch, R. E. 1991. Puberty and Body Fat. In R. M. Lemer, A. C. Petersen & J. Brooks Gunn(Eds). Encyclopedia of Adolescence. New York: Garland.

Gelfand, D, M. 1969. Social Learning in Childhood. Belmont, California: Brooks/Cole.

Germain, C. B. 1991. Human Behavior in Social Environment: An Ecological View. New York: Columbia University Press.

Ginsburg, E. 1990. Career Choice and Development. San Francisco: Jossey-Bass.

Giovannoni, J. M. & Brillingsley, A. 1995. Family one-Parent Encyclopedia of Social

Work, National Association of Social Workers.

Hall, C. 1954. A Primer of Freudian Psychology. New York: Mentor Book.

Hamilton, G. 1971. A Theory of Personality: Freud's Contribution to Social work, in H. J. Parad(Ed.), Ego Psychology and Dynamic Casework. New York: PSAA, pp.21-24.

Harighurst, R. J. 1972. Developmental Tasks and Education(3rd ed.). New York: Harper & Row.

Hartfield, E. & Rapson, R. 1993. Love, Sex and Intimacy. New York: Harper Collins.

Hayachi, Y. & Ende, S. 1982. All-night sleep Polygraphic Recofdings of Healthy Aged Person: REM and Slow Wave Sleep. Sleep, 5:277-283.

Hetherington, E. M. 1981. Children of Divorce. New York: Academic Press.

Hetherington, E, M. & Cox, R. 1978. The Aftermath of Divorce. Washington, DC: National Association for the Education of Young children.

Hillery, G. A. 1955. Definitions of Community: Areas of Agreement. Rural Sociology, 20.

Hjelle. L. A. & Ziegler, D. J. 1981. Personality Theories. McGraw-Hill Intemational Book Company.

Hjelle. L. A. & Ziegler, D. J. 1992. Personality Theory(3rd ed). New York: McGraw-Hill.

Hodges, H. M. 1971. Conflict and Consensus: An Introduction to Socidlogy. New York: Harper and Row.

Homans, G. C. 1950. The Human Group. New York: Harcourt, Brace, & World.

Hurlock, E. B. 1965. Adolescent Development. New York: McGraw-Hill Book Co., Inc.

Hutchison, E. D. 2010. Dimensions of Human Behavior: Person and Environment(4th ed). Thousand Oaks: Sage.

Johnson, H. M. 1960. Sociology A Systematic Introduction. New York Harcourt Brace.

Jordan, C. & Franklin, C. 1995. Clinic Assessment for Social Workers, IL Lyceum Books, Inc.

Jung, C. G. 1953. The Relations Between the Ego and The Unconscious, The Collected works of C. G. Jung. Vol. 7. Two Essay in Analytic Psycbology. Prienceton: Princeton University Press.

Jung, C. G. 1961. The Structure and Dynamics of Psyche. Collective work, Vol. 8, Princeton, N.J.: Princeton University Press.

Jung, C. G. 1961. Memories, Dream, Reflection. New York: Vintage Books.

Jung, C. G. 1968. The Archetypes and the Collective Unconscious. Collected Work, vol.

9 Part 1. Princeton, NJ: Princeton University Press.

Jung, C. G. 1975. The Transcendent Function. Princeton, NJ: Princeton University.

Kagen, J. 1991. Temperamental Factors in Human Development, American Psychologist, 46:856-858.

Kat, D. & Robert L. K. 1978. The Social Psychology Organization(2nd ed), New York: John Wiley.

Kirschenbaum, H. 1979. On becoming Carl Rogers. New York: Delacorte.

Kosnik, W., Winslow, L., Kline, D., Rasinski, K. M., & Sekuler, R. 1988, Visual change in daily Life Throughout Adulthood. Journal of Geronthlogy 43:63-70.

Kubler-Ross, E. 1969. On death and dying. New York: hacmillan.

Kubler-Ross, E. 1975. Death : The Final Stage of Growth, New York: Prentice-Hall.

Labouvie-Vief, G. 1986. Modes of Knowing and Life-span Cognition. Paper Presentation at the Meeting of the American Psychological Association. Washington, DC: APA.

Lamnann, M. A. & Reidman, A. 1988. Marriage and Families. Wads Worth Publishing Company.

Lefrancois, G. R. 1990. The Lifespan. Wadsworth Publishing, Co.

Levy, L, H. 1970. Conceptions of Personality. New York: Ballantine Books.

Liebowitz, M. 1983. The Chemistry of Love. Boston: Little, Brown and company.

Lindeman, E. C. 1921. The Community. New York: Association Press.

Long, J. D., Anderson, J., & Williams, R. 1980. Life Reflections by Older Kinsmen about Critical Life Issues. Educational Gerontology, 16:61-71.

Lopata, H. Z. 1981. The Meaning of Friendship in Widowhood. In L. D. Steinberg(Ed.), The Life Cyde : Reading in Human Development. New York: Columbia University Press.

Maclver, R. M. 1921. The Elements of Social Science. The Macmillan Press.

Maddi, S. R. 1980. Personality Theories A Comparative Analysist(4th ed.). Illinois: The Dorsey Press.

Malatesta, C. Z. & Izard, C. E. 1984. Emotion in Adult Development. Beverly Hill, CA: Sage.

Martin, G. & Pear, J. 1992. Behavior Modification. Englewood Cliffs, NJ: Prentice Hall.

Maslow, A. H. 1963. Toward a Psychology of Being. Princeton, NJ: Van Nostrand.

Maslow, A. H. 1964. Values and Peak Experience. Columbus: Ohio State University Press.

Maslow, A, H. 1971. The Farther Reaches of Human Nature. New York Viking Press.

Mead, M. 1935. Sex Temperament in Three Primitive Society. New York Morrow.

Minuchin, S. 1974. Family and Family Therapy. Combridge, Massachusetts: Havard University Press, re, R., 1, 198). The Developing Human Clinically Oriented embryology. Philadelphia: Saunders.

Murray. H. A. 1959. Vicissitudes of Creativity. In H. H. Anderson(Ed.). Creativity an Cultivation. New York: Harper.

Muuss, R. E. 1996. Theories of Adolescence. New York: McGrow-Hill.

Newman, B, M. & Newman, P. R. 1984. Development Though Life: A Psychosocial Approach. IL: The Porsey Press.

Northen, H. 1988. Social work with Group. NY: Columbia University Press.

Nye, R. D. 2000. Three Psychologies: Perspectives from Freud, Skinner, and Rogers(6th ed). Pacific Grove: Brooks/Cole.

Parsons, T. 1960. Structures and Process in Modern Societies. Glencoe, ILL: Free Press.

Pavlov, I. P. 1928, Lectures on Conditional Reflexes. New York: International Publishers.

Payne, M. 1991. Modern Social work. Chicago, IL: Lyceum Book, Inc.

Peck, R. C. 1968. Psychological development in the Second Half of Life. Chicago: University of Chicago Press.

Piaget, J. 1952. Autobiography. worcester, Mass: Clark University Press.

Piaget, J. 1974. The Origins of Intelligence in Children. New York: International University.

Robbins, S. P. 1983. Organization Theory: The Structure and Design of Organization. Englewood Cliffs, NJ: Prentice-Hall.

Roberts, R. W. & Nee, R. H. 1970. Theories of Social Casework. The University of Chicago press.

Rogers, C. R. 1959. A theory of Therapy, Personality and Interpersonal Relationship as Developed in the Client-Centered Framework. New York: McGraw-Hill.

Roggins, S. P., Chatterjee, P., Canda, E. R.(2011). Contemporary Human Behavior Theory: A Critical Perspective for Social Work(3rd ed). Boston: Allyn & Bacon.

Ruble, D. N. & Brook, G. J. 1982. The Experience of Menarche. Child Development, 53: 1577-1566.

Santrock J. W. 1995. Life-Span Development, Wisconsin : Brown & Benchmark, Inc.

Schaie, K. W. 1983. The Seattle Longitudinal Study A Twenty-one-year Investrigation of Psychometric Intelligence. New York: Guilford.

Schriver, J. M. 2001. Human Behavior and Social Encvironment, Massachusets: Allyn & Bacon.

Schriver, J. M. 2014. Human Behavior and the Social Environment-Shifting Paradigms in Essential Knowledge for Social Work Practice(6th ed.). Boston: Allyn and Bacon.

Selman, R. L. 1980. The Growth of Interpersonal Understanding: Developmental and Cinical analysis. New York: Academic Press.

Shaffer, D. R. 1999. Developmental Psychology Childhood and Adolescence(5th ed). Brooks/Cole.

sheiman, D. L. & Slomin, M. 1988. Resources for Middle, Childbood. New York: Garland.

Sherif, M. & Sherif, C. W. 1956. An Outline of Social Psychology. New York: Harper & Row.

Smat, M. S. & Smart, R. C. 1982. Children Development and Relationships. New York: MacMillan Publishing Co., Inc.

Sonnenschein, S. 1988. The Development of Referential Communication: Speaking to Different Listeners. Child Development, 59:694-702.

Sorokin, P. A. 1948. Society, Culture, and Personality. New York: Haper and Row.

Specht, R. & Craig, G. 1982. Human Development: A social work Perspective. Englewood Cliffs, NI: Prentice-Hall Inc.

Sternberg, R. J. 1986. A Triangular Theory of Love. Psychological Review, 92:119-135.

Sternberg, R. J. 1990. Wisdom and it's Relations to Intelligence and Creativity. Cambricge, England Cambridge University Press.

Suh, E., Diener, E. & Fujita, F. 1996. Event and Subjective well-being: Only Kecent Events Matter. Journal of Personality Social Psychology, 1091-1102.

Sumner, W. G. 1969. Folkways. New York: New American Library(First published in 1907).

Thomas, E. J. 1970. Behavioral Modification& Casework. In Robert & Nee(Eds.), Theories of theories of social casework. Chicago: University of Chicago press.

Tsitouras, P. D. & Bulat, T. 1995. The Aging Male Reproductive System. Endocrinology and Metabolism Clinics of North America, 24:297-315.

Tuckman, B. W. & Jensen, M. A. C. 1977. Stages of Small Group Development Revisited Group and Organizational Studies, 2:419-427.

Turk, D. C., Ruby, T. E. & Salovey, P. 1984. Health Protection: Attitudes and Behavior of LDN Steachers and College Students. Health Psychology, 3:189–210.

Turner, F. J. 1996. Social Work Treatment(4th ed). The Free Press.

Tuner, J. S. & Helms, D. B. 1983. Lifespan Development(2th ed). Halt-Saunders Internatinal Editions.

Vail, E. 1982. A Personal Guide to Living with Loss. New York: John Wiley & Sons, Inc.

Vincentia, J. 1987. The Religious and Spiritual Aspects of Clinical Practice: A Neglected Dimension of Social Work. Social Thought, winter, 12–23.

Warren, R. 1963. The Community in America. Chicago: Rand Mcnally & Co.

Weber, Max. 1947. The Theory of Social and Economic Organization. New York: Free Press.

Weinstein, N. D. 1984, Reducing Unrealistic Optimism About Illness. Susceptibility, Health Psychology, 3:431–457.

Weitzman, L. J. 1985. The Divorce Revolution: The Unexpected Social and Economic Consequences for Women and Children in America. New York: Free Press.

Windle, M. 1991. The Difficult Temperament in Adolescene: Associations with Substance Abuse, Family Support and Problem Behaviors. Journal of Clinical Psychology, 47(2):310–316.

Wright, P. H. 1989. Gender Differences in Adult's Same and Cross-Gender Friendships. Newbery Park: Sage Publication.

Zastraw, C. 1990. Introduction of Social Welfare. Bolmont, CA: Wadsworth.

Zastrow, C. & Kirst-Ashman, K. K. 2012. Understanding Human Behavior in the Social Environment(9th ed). Belmont: Brooks/Cole.

Zivian, M. T. & Darjes, R. W. 1983. Free Recall by Inschool and Out of School Adults: Perfomance and Metamemory. Developmental Psychology, 19:513–520.

찾아보기

ㅇ

저자 소개

김정훈

광운대학교 대학원 박사

현재 오산대학교 실용사회복지과 교수

저서 사회복지법제론(공저), 노인상담론(공저), 사회복지실천기술론(공저), 비영리조직운영관리론(공저)

조인상

평택대학교 대학원 사회복지학과 박사수료

현재 오산대학교 아동보육과 교수

저서 부모교육(공저)

정문경

조선대학교 대학원 사회복지학 박사

현재 칼빈대학교 대학원 사회복지학과 교수

저서 비영리조직운영관리론(공저)

인간행동과 사회환경

2019년 9월 2일 초판 인쇄
2019년 9월 5일 초판 발행

지은이 | 김정훈·조인상·정문경
발행인 | 유제구
발행처 | 파워북
주 소 | 경기도 고양시 일산동구 호수로 358-25
동문타워 2차 529호
전 화 | (02) 730-1412
팩 스 | (031) 908-1410
등 록 | 1997년 1월 31일 제2014-000067호
값 20,000원
ISBN 978-89-8160-409-7 (93330)